Sergius Golowin Lustige Eid-Genossen

Sergius Golowin

Lustige Eid-Genossen

Aus der phantastischen Geschichte
der freien Schweiz

Atlantis

Atlantis Verlag Zürich und Freiburg im Breisgau
© 1972 Atlantis Verlag AG, Zürich
Satz und Druck: Gebr. Fretz AG, Zürich
Einband: Buchbinderei Weber, Winterthur
Printed in Switzerland
ISBN 3 7611 0391 3

Inhalt:

Die wilden Bergleute	7
Vom Glauben der «Wilden Leute»	11
Volk der Gestirne	15
Brückenkopf für orientalische Ketzer	20
Die Mär vom wunderbaren Sennen	24
Von heiligen Kühen und Bären	28
Alle Macht der Jugend – Reich der freien Mädchen	33
Hexenkunde: Durch das Dunkel zum Licht	39
Drogen und Helden	45
Die wahren Herren der Feudalzeit	49
Das faule Volk der Eidgenossen	55
Die Politik der Fest-Freude	60
Ur-Bild Tell	65
Gottesfreunde im Oberland	68
Baden: Hauptstadt der Wollust	73
Der heilige Bergler	78
Die Drohung der Kommunen	83
Ruhestörer in der Hochschule – vor 444 Jahren	88
Bauernkrieg mit geistigen Mitteln	94
Die Gesamtheit als Geschichts-Forscher	98
Tells Wiedergeburten	102
Gottes barockes Welt-Theater	106
Die Erleuchtung des Gemsjägers	110
Der schlechteste Untertan	115
Der Soldat und seine Fee	119
Geschäft mit dem Blut	123
Der Krieger als Philosoph	127
Götter des Rokoko	131
Ketzer des Industrialismus	135
Der Kräuterarzt als Revolutionär	139
Gasthäuser der Demokraten	145
Mystischer Alpinismus	149
Aufbruch nach Utopien	153
Vom Wirtshaus-Poeten zum Zeitungsschreiber	158
Ur-Schweiz im 19. Jahrhundert	162
Das Volksleben als Schauspiel	168
Soldaten ohne Uniform	172
Der geheime Weltkrieg	176
Rassisten gegen «Bergleute»	180
Schach allen Thronen: Bakunin und Co.	184
Glücks-Alchimie der Gesellschaft	189
Sehnsucht nach Atlantis und Neu-Helvetien	193
Johanna Spyri im Untergrund	197
Der alte Mann und die Jugend	202

Die Sagenwelt der Gebirge ist ein dichterischer Ausdruck der phantastischen Wirklichkeit ihrer Menschen

Die wilden Bergleute

Mögen sie nun Härd-(Erd-) oder Bärglütli, Feen im Waadtland, Wallis, und «Dialen» in Graubünden, «Heiden» oder (was offenbar gleichbedeutend ist) «Sarazenen» heissen – für die Sagen des Alpenlandes waren sie, ziemlich übereinstimmend geschildert, das wahre Urvolk der Gebirge.

«Und in den Höhlen wohnen der wilden Männlein viel, / Schwarzlockig, bräunlich, blitzschnell treiben sie dort ihr Spiel...», schrieb A. von Flugi, wenn er vom Prättigau dichtete.[1] Den alten Urnern waren «die Hochgebirge durch wilde Männer und Berggeister, wunderbare, den Menschen freundliche, den Guten hilfreiche, den Bösen schreckhafte Wesen bewohnt».[2] Die «zahlreichen geräumigen Höhlen» der gebirgigen Teile von Solothurn, mit denen häufig Namen wie Heidenhöhle, -loch, -stube, -fels, -küche verbunden sind, «umgeben Sagen von Bergmännlein mit geheimnisvollem Schleier».[3] Für das Bernbiet sind sie nicht etwa unheimliche Geister, sondern Leute «mit Fleisch und Blut, die mancherlei Künste und Kräuter kennen... und nur der Bosheit oder der Verfolgung weichen mussten. In den meisten Tälern des Oberlandes nennt man sie... ‹Wildi Lüt›.»[4] Man kann spielend für jeden Kanton solche Berichte zusammenstellen.

Wenn sie fast allgemein auch «Heiden» heissen, so verstand man eben unter diesem Ausdruck «die als wild gedachte Bevölkerung der vorhistorischen beziehungsweise vorchristlichen Zeit».[5] «Bärglütli», «Bärgmannli» sind diese sagenhaften Bewohner der Gebirgshöhlen, die Hirten der Gemsen und Bewacher der Kristalle.[6] Aber als «Birgsmann» bezeichnet man zum Beispiel «im ganzen Glarnerlande» auch den Gemsjäger, also den Menschen, der vor allem dem wildesten Alpenleben treu blieb.[7] Und genau gleich lautete nach dem Chronisten Etterlin der gemeinschaftliche Name jener Stämme, die den ersten Bund der Eidgenossen schlossen: Das Volk jener Länder, «die man jetzt nennt Uri, Schwyz und Unterwalden», habe ursprünglich «pirglütte» geheissen, «da sie also in den wilden Pirgen (Bergen) und Landen, da vor ihnen kein Mensch Wohnung gehabt hat, ihre Wohnung hatten».[8]

Mit diesen geheimnisvollen «Bärglüten», «Wilden Leuten» oder «Heiden» begann also für die Menschen der alten volkstümlichen Kulturen zwischen Jura und Alpen ihre unmittelbare Urgeschichte. Auch wir müssen uns darum um sie kümmern, wenn wir den geistigen Hintergrund jener Männer und Frauen verstehen wollen, die sich später zu den «ewigen» Bünden zusammenschlossen.

Unheimliche Ahnen

Im zur Verherrlichung des eidgenössischen Haupthelden gedichteten Urner Tellen-Spiel schildert ein Herold die Einleitung jenes Kampfes zwischen Freiheit und Sklaverei: Die Urner werden als «aus der Landschaft Skythia (Cithia)» eingewandert vorgestellt.[9] Solche Vorstellungen ergriffen offenbar recht rasch ein gewaltiges Gebiet. Für die im 15. Jahrhundert angeblich «nach Lut (Laut) und Sag alter Chroniken» verfasste Dichtung «Vom Herkommen der Schwyzer und Oberhasler» sind zumindest auch Teile der von Bern her beherrschten Oberländer aus fernen Reichen eingewandert[10]: Die Quellen für all diese wunderbaren Wanderungen sind verständlicherweise immer sehr dunkel – Etterlin bezog sich auf «alte wahre Historien», Stumpf etwas später auf eine unauffindbare «gemeine Schwytzerchronik».[11] Skythen, Goten, Schweden, Friesen, Römer, Sachsen wurden da zur bunten Auswahl fröhlich als Ahnen genannt: Beim Nürnberger Sigismund Meisterlin (gestorben 1488) sind es plötzlich die Hunnen – nach dem Tode ihres grossen Königs Attila hätten sie sich eben in die Gebirge zurückgezogen; sogar das Wort Berg-Senn, diese Bezeichnung des Alpenhirten, wurde hier als das Nachleben des Namens des Hunnenhäuptlings «Senner» erklärt...[12]

Man hat später viel über diesen Sagenkreis gespottet, ihn häufig genug «widerlegt» und dabei vollständig vergessen, dass es seinen Verbreitern ausschliesslich darum ging, durch Annahme eines von den «alamannischen Insassen der flacheren Gegenden»[13] verschiedenen Ursprungs das Rätsel der Eigenart jener volkstümlichen Kulturen der Alpen irgendwie zu erklären. Man wollte sich, gleichgültig, welche wohlklingenden Namen man zur Kennzeichnung der Ahnen einsetzte, stolz an die «grossen Freiheiten» besinnen, die sie durch alle Zeiten zu bewahren wussten: Vorbildlich, wichtig war allein «ihre Treue und Weisheit, so sie unter ihnen selbst hatten und brauchten».[10]

So wurde dies auch von den Gegnern der freiheitlichen Überlieferungen verstanden – Berner Räte, die sich 1742 mit dem aufrührerischen Geist der Oberländer herumzuschlagen hatten, sahen die Schuld an dem unruhigen Treiben in Herkunftssagen, die hier noch immer «durch mündliche Erzählungen den Nachkommen eingeprägt» blieben.[14]

Doch gerade damals, als die Schreiber des Absolutismus alle Volksüberlieferung verachteten, erhob sich langsam eine neue Geschichtsschreibung, die überzeugt war, dass auch Sagen «unstreitig auf wirkliche, aber für uns dunkle Tatsachen» zurückgehen.[15] Man schwärmte für die Alpentäler, die stets «Aufenthalt ungezwungener Bergleute» gewesen seien, und war überzeugt, dass sich in ihnen die Stämme der wilden Montani, Alpini, Taurisci, Ardyer einst nicht einmal «der Tyrannie und Unterdrückung» der römischen Kaiser unterworfen hatten.[15] Die «Bergleute», so übersetzte man alle soeben angeführten keltischen und lateinischen Bezeichnungen, wurden damit ebenso als Helden des Kampfes gegen Rom erlebt, wie man ihre Nachfahren als Mitzerstörer der mittelalterlichen Feudalordnung zu preisen begann!

Nachbarn der Gemsen

«Leichtfüssig und flink sind sie wie die Bergziege, deren Milch ihre Kinder trinken», schilderte auf alle Fälle der Römer Plinius die unbezwingbaren Eingeborenen der rätischen Alpen.[16] «Gemsen gleich von den Bergen herniedersteigend», kennzeichnet mehr als ein Jahrtausend später Abt Johannes von Victring die Eidgenossen, denen er vorwirft, sie hätten «die Blüte der Ritterschaft» erschlagen: «Von keiner Herrschaft Joch gedrückt... beim Hüten und Weiden des Viehs aufgewachsen.»[17] Trotzig stehen sie da, schon im 10. Jahrhundert der Chronik von St. Gallen, «Meisterhirten, förmliche Waldmenschen, struppig mit langen Bärten, wie dies Geschlecht häufig gesehen wird».[18] Es sind dies eigentlich schon die unbesiegbaren Hirtenkrieger der Eidgenossen, vor deren dunkler «förchterlicher Gestalt»[19] dann die Übermacht aller mitteleuropäischen Grossmächte die Flucht ergriff.

Neben den nur äusserlich die Masken wechselnden Gestalten von Herrscher und Knecht tritt als dritter der freie «Wilde Mann» aus den Bergen auf die blutige Bühne der abendländischen Geschichte und spielt durch ganze Zeitalter hindurch seine gleichbleibende Rolle. Offenbar schon Jahrhunderte vor seiner Verkleidung als Tell; genau wie dann auch Jahrhunderte später. Der Alpenkenner G. Studer war überzeugt, dass die Übereinstimmung der «in den entlegensten Winkeln ganz verschiedener Landesteile von den Älplern aufbewahrten Volkssagen auch auf eine gemeinschaftliche Herkunft der Bewohner dieser Landesteile schliessen lässt».[20] Staunend meinte er dazu, dass in seiner Zeit (1839) Menschen innerhalb dieses Kulturkreises «hin und wieder» noch Gesichte empfingen, die mit der Urzeit der Gebirge im Zusammenhang standen; solches wurde damals «in allem Ernste» für möglich gehalten.[20]

Als Held von Lienerts Erzählung «Schellenkönig», in der dürftige geschichtliche Nachrichten mit denen aus noch lebendiger Volkssage verbunden sind, kämpft ein junger Schwyzer Hirte während des Untergangs der Alten Eidgenossenschaft gegen die französischen Truppen und gegen die eigene, nur um den Ausbau der eigenen Macht über die «Untertanen» besorgte und darum mit dem äusseren Feind zusammenarbeitende Obrigkeit[21]: Die alten Leute halten sein massloses Freiheitsstreben für einen Ausbruch der Anlagen der vorgeschichtlichen «Wildleute», wegen deren geheimen Nachleben «manch einer und manch eine unter uns so teufelssüchtig sind».[22]

Die Gegenwart des Märchens

Der 1966 bis 1967 angeblich von gegen 50 Leuten beobachtete Spuk im Hause eines Thuner Vororts füllte dort jede Nacht und bis zum Morgengrauen die Strassen mit einer aufgeregten Menschenmenge. Alles wurde im verworrenen Gespräch geglaubt, auch dass ein alter Sektierer und Sonderling von Thierachern ein Magier sei, der dank der von «Bärglütli» empfangenen «Geheimwissenschaften» auf Entfernung zu wirken vermöchte: «Hätte sich der Thuner Spuk etwa 300 Jahre früher ereignet, so würden die betroffenen drei weiblichen Wesen wahrscheinlich der Hexerei angeklagt... worden sein.»[23] Am Rande der an sich unglaublichen Geschichte, die aber in ihren Auswirkungen den Beginn der Beschäftigung der Jugend mit der «phantastischen Vergangenheit ihres Landes» und damit einen Ausgangspunkt einheimischer Hippie-Philosophien bedeutete[24], wurde auch ein oberländischer Kräuterarzt um seine Meinung befragt: Er habe, behauptete er, in seiner als Bauernknecht verbrachten Jugend merkwürdige «Erscheinungen» von Wilden Leuten gehabt. Auch die Urzeit sei eben, auf irgendeine rätselhafte Art, noch immer um uns oder in uns lebendig und wirksam. «Sicher mag auf alle Fälle die Spur ganz fern zurückliegender Zeiten bis heute nachwirken! Dass wir über solche Dinge so wenig der Auskunft besitzen, hat in den zahllosen Mängeln der schwächlichen Sinne der meisten Menschen seine Ursache.»[25]

Auf der internationalen Ausstellung «Documenta» (Kassel 1972) «repräsentierte den Neuen Realismus» vor allem ein jüngerer Berner. Eine deutsche Zeitschrift fand darauf, der Kunstbetrieb werde durch «Schweizer Käse» beherrscht, und bildete farbig zwei seiner Bilder ab (ungefähr je 4 auf 6 Meter): Mit der Genauigkeit einer titanischen Photographie zeigen sie Hippie-Sippenleben auf hoher Alp.[26]

Unter den Zehntausenden von verzweifelten und hoffenden jungen Menschen, die heute, «auf der Suche nach Grundlagen für eine bessere Zukunft» über Türkei, Iran, Afghanistan nach Kaschmir, Nordindien, Nepal zu wandern versuchen, liefern erstaunlicherweise ausgerechnet «Blumenkinder» aus der nach amtlichen Selbstdarstellungen so «nüchternen» Schweiz «die höchste Quote aller Länder des Westens».[27] Von 44 Zeitgenossen dieser Art, mit denen wir offene Gespräche über ihre Beweggründe führen konnten, gab die Mehrzahl «den Wunsch nach Kennenlernen östlicher Religionen» an – immerhin 12 redeten von der Hoffnung, «dort das Bild der Heimat wiederzufinden, wie man es nun einmal in sich trägt, aber in unserer Zivilisation nicht mehr wiederfindet».

Ein zurzeit in verschiedenen Wohngemeinschaften solcher Sucher gern aufgehängter Kupferstich eines Kunstmalers (und philosophierenden Kommunen-Gründers) heisst gar «Zeitalter des Bewusstseins» und zeigt einen jungen Magier, wie er über gleichgeschalteten Massen, zerstörter Umwelt – und einer Alpweide mit Hütte, Hirt, Kühen, Bergen «für uns alle ein neues Lebensgleichgewicht herzustellen sucht»[28]: «Urbilder schwimmen (für das Weltbild einer solchen Kunst) in den Erinnerungsspeichern der Art, steigen an die Oberfläche...»[29]

Die Kunst und der Lebensstil der Alpenhirten werden uns nur verständlich, wenn wir als Hintergrund die Bilderwelt des Volksglaubens erkennen

Vom Glauben der «Wilden Leute»

Erstaunlich zahlreich sind die Einzelheiten über die geistige Welt dieser «Bärglütli» oder «Heiden», wie wir sie in den Sagen der Alpen und ihres ganzen Vorlandes auffinden: Von ihren «Wilden Leuten» wussten noch die Greyerzer, sie hätten, neben dem Riesen Gargantua, die Gestirne angebetet.[1] Ähnlich erinnerten sich die Lenker, dass die alten Bergler den Brauch hatten, «zur Sunne z'bätten» – als man damit aufgehört habe, seien auch «d'Häxi» verschwunden.[2]

Ziemlich genau übereinstimmend erzählen die Bündner von jener Zeit, da noch auf den Höhen der Bergkette Calanda die besten Kräuter wuchsen und darum die Kühe «dreimal des Tages gemolken werden» konnten: «Auf diesen grünen Weiden lebten fröhliche Sennerinnen... Sie zogen um Mitternacht auf den Hexenboden, wo jetzt noch schwarzes Gras wächst. Hier versammelten sie sich und hielten ihre nächtlichen Tänze...» Angeblich zur Strafe

für dieses Treiben sei die Fruchtbarkeit der Gebiete entschwunden.[3] Prächtiges Gras, berichteten auch die Glarner, sei früher «bis uf die höchste Grät ufe gwachse». Die Hirten hätten aber mit Tanzen und «wüest thue» (wüst tun = es wild treiben!) übertrieben.[3] Im Walliser Eifischtale erinnerte man sich ebenfalls an diese glückliche Urzeit, da es in den höchsten Bergen warm war und die Menschen «einfache, aber reine Sitten» besassen: Am Kuh-Felsen (Roc de la vache) habe man geopfert – aus den Opfertieren seien übrigens die Steinböcke entstanden.[4] Noch in geschichtlicher Zeit, so erzählt auch Gotthelf über den Brauch dieser auf den obersten Alpen hausenden Urvölker, hätten sie «schauerlichen Gottesdienst getrieben, sich selbsten angebetet»: «Sie sangen in schweren Gewittern, während die Christen beteten, lästerliche Lieder.»[5]

Je nachdem das Volk dem Zustand dieser angeblich so herrlichen Vergangenheit sehnsuchtsvoll nachträumte oder ihn als «heidnisch» aus dem Bewusstsein zu verdrängen suchte, wurden die gleichen von der Sage überlieferten Eigenschaften der «Bärglütli» als etwas Göttliches oder auch als unheimlich, «aus der Hölle stammend», bewertet: «Ihr Antlitz zeigte trotzigen, bösartigen, höchst rohen Ausdruck, die Augen waren dunkel und leuchteten nachts wie Kohlen...», heisst es zum Beispiel von den rätischen «Wilden Leuten».[6] «Alle, welche sie zu sehen bekamen, rühmten... den eigentümlichen Schein ihrer Augen, die wie Sterne glitzerten», so lautet dagegen eine Schilderung der liebenswürdigen, «ewige Jugend» besitzenden Bewohner des «Hexenlochs», der «Berghöhle» zwischen Aarburg und Olten.[7] Diese ganze Lebendigkeit der Vorstellungen über die paradiesische Zeit des Berglandes kann aber nur auf eine Art erklärt werden: Durch die Tatsache, dass sie für das öffentliche, mehr noch für das geheime Volksleben, für Jugendbünde, fasnächtliches Maskentreiben, für die das Hochgebirgs-Reich der «Wilden Leute» aufsuchenden Gemsjäger, Kristallsucher und Kräuter-Weiber («Hexen») usw., fast bis in die Gegenwart hinein der Mittelpunkt aller Phantasie blieb.

Sitten der Urzeit

Jede volkstümliche «Un-Sitte», die weltliche und kirchliche Obrigkeit von der ausgehenden Feudalzeit bis zum Absolutismus oft mit den grausamsten Mitteln auszutreiben versuchte, war irgendwie mit diesen «Wilden Leuten» der Bergwälder verbunden: In einer Höhle in schwer zugänglicher Schlucht am Nollenberg (Thurgau), wo einst die «Erdmännchen» gehaust haben sollen, feierte «die Jugend näherer Umgebung den Maisonntag mit Spiel, Gesang und Tanz bis in den späten Abend».[8] Vom «Wildemanns-Stein» bei Schattdorf (Uri) wird bezeugt, «dass darauf der letzte von denen dort gewesenen wilden Leuten gesehen worden und (dass dort ebenfalls) seit langer Zeit junge benachbarte Knaben jährlich an der sogenannten Herrn-Fastnacht sich dort versammeln, sich wie wilde Männer ankleiden... und dann in dem Dorf herumlaufen...»[9] Ein bernischer Geistlicher des beginnenden 19. Jahrhunderts weiss noch vom fahrenden Volk, das da «in Städten und Dörfern als Bänkelsänger» jedermann zu erheitern wusste, dass seine Leute auch «bei den sogenannten Waldtänzen aufspielten»: Es ging dabei angeblich «so schamlos zu»[10], dass diese Männer auf jede Weise verfolgt, verleumdet und, wie wiederum der gleiche Chronist weiss, mit der Zeit «allgemein verachtet» wurden – «so wie die öffentlichen Lustdirnen».[10]

Genau wie unter den patriarchalischen «Gnädigen Herren» blieben diese «Heiden» mit ihren «Wald- und Bergtänzen» auch noch für den späteren Industrialismus die gefährliche, «das Volk verführende» Gegenmacht; wobei sich alle Nachrichten über das geheime Nachwirken vorgeschichtlicher Bevölkerung mit denen über allerlei sehr wirkliche Nomadengruppen zu einer Einheit verschmolzen.

Wenn das Volk den Weg guter Sitten verlasse, fürchten in Pestalozzis «Lienhard und Gertrud» die Herrscher von Bonnal, dann werde es leichter dahin zu bringen sein, mit den Fahrenden «im Wald bei bestohlenen und gebettelten Braten und Kuchen um ein Heidenfeuer herum zu tanzen, als aufrichtige Freude daran zu haben, wenn man sie wollte in eine Ordnung bringen, wie Recht ist...»[11] Wer da mitmachte, diesen in den Gebirgsschluchten noch immer so lebendigen Überlieferungen verfiel, in dem erhob sich von neuem der Geist jener wilden Freiheit: Am schönen Mädchen Sylvia, das mit diesen Nomaden «ein wildes Wanderleben in Wald und Höhlen geführt», werden nach Pestalozzi «alle Erziehungskünste ihrer adeligen Verwandtschaft, alle Bändigungsversuche von Schulen, Instituten und Klöstern kläglich zu schanden».[12] Ziemlich genau weiss die Sage über die Grundlagen des gesellschaftlichen Lebens dieser «Heiden», die «Jahrtausende vor dem heutigen Menschengeschlecht unser ganzes Land bewohnten» und deren Nachfahren man in allerlei «Zigünern» sah: «Den Bärglütli in der Gysnaufluh (beim bernischen Städtlein Burgdorf) war alles gemeinsam; sie spotteten über die Habgier böser Leute, die später ihr in Höhlen verborgenes Gold erblickten und wahnsinnig wurden, weil sie alles allein besitzen wollten – höchstens um ihre Feinde oder auch die von ihren Freunden zu verderben, haben sie etwa diesen in späteren Jahrhunderten ihre Reichtümer gezeigt.»[13] So einem boshaft das Volk unterdrückenden «Landvogt», der auch pünktlich jeden Verstand verlor und von da an als schmutziger Irrer jahrelang versuchte, den felsigen Boden mit seinen Nägeln aufzukratzen, um irgendwie zum kurz geschauten Gold vorzudringen...[14]

Die glückliche Gesellschaft

Auch von den rätischen «Wilden Leuten», Salvans, Fänggen und so weiter vernehmen wir, wie jeder Stamm gleichsam eine Gesamtheit bildete und die von ihm bewohnte schwer zugängliche Gebirgsgegend gemeinsam nutzte: «Als ihre eigentliche Heimat gelten die hoch im Gebirge hinaufsteigenden Urwälder, welche sie genossenschaftlich bewohnen und als ihr unantastbares Eigentum betrachten.»[6]

Diese Erdleutlein, Bergleute oder wie sie sonst heissen mögen, galten darum nicht nur als die eigentlichen Erfinder der ganzen Alpwirtschaft, also als die grossen Lehrmeister der alten Hirten in Käsebereitung, Kräuterkunde, Kenntnis der Wetterzeichen, sondern auch als die Beschützer aller genossenschaftlichen Einrichtungen. Traurig heisst es zum Beispiel in einer geschichtlichen Sage vom Ende der Genossame von Waldhausen: «Die Erdmännchen sind ausgewandert, die Gaugenossenschaft hat sich zerschlagen, Ritter und Äbte haben die Höfe in Besitz genommen, zuletzt sind sie gar noch in zweierlei Religionen geschieden worden und nun auch an zweierlei Kantone verteilt.»[15] In einer bernischen Sage verliert eine Salzquelle den Segen der Erdleute und damit ihre gute Wirkung für das Vieh, weil ein eigensüchtiger Küher sie nur noch allein nutzen will – und sie aus blinder Gier nach Bereicherung und Macht mit einem Zaun umgibt.[16] Von der angeblich in «Heiden-Zeiten» so prächtigen, nach allen Erzählungen des Habkerntales gegen den Hohgant zu gelegenen «Stadt Algäu» wird berichtet, sie sei untergegangen, weil Geiz und damit alle andern Laster in sie einzogen und nicht mehr «Frieden und Einigkeit» im Sinne der sie beschützenden «Bergmännchen» in ihr lebten.[17] In jener Urzeit, glaubte auf alle Fälle das Volk noch lange, «hätten die Niedersten in königlichen Häusern gewohnt».[5] Solche Geschichten, im ganzen Alpenland in mannigfaltigsten Fassungen lebendig, prägten bis in die Gegenwart das ganze Denken der Einwohner. Mit viel Einfühlungsgabe lässt darum Gotthelf seinen Tell dem Sohne von diesen Dingen berichten und deutet damit die ganze Haltung des Helden aus dem Wesen solcher Überlieferung: «Hirt und Jägersmann sind gläubiger Natur, es tut ihnen die Kunde not, was frommt, was schadet in der Natur, in der und von der sie leben. So erzählte denn der Vater von den guten Leutchen in der Erde, welche frommen Hirten beistünden in Stall und Hütte, die Milch vor dem Sauern bewahrten, die Käse vor jedem Zauber schützten, den Berg von giftigen Kräutern säuberten und tief in der Erde Schoss die wohlriechenden, kräftigen Kräuter bereiteten... Aber am liebsten wohl hörte der Knabe zu, wenn der Vater ihm erzählte vom gezüchteten Übermute...»[18]

Gotthelf malte damit Tell nach seinem eigenen Bilde! Zum Verständnis des Werks dieses grossen Schriftstellers des 19. Jahrhunderts schreibt einer seiner klügsten und belesensten Deuter: «Er ging im Emmental fast auf Schritt und Tritt an sagenhaften Örtlichkeiten vorüber, deren Zauber damals noch nicht ganz verglommen war... Das ganze Tal hinauf bis zu den Flussquellen waren die Sagen von den untergegangenen ‹Städten› auf den Berghöhen verbreitet.»[19] Es geht uns nicht darum, zu untersuchen, ob diese durch Jahrhunderte zurückverfolgbaren Berichte über die glückliche Zeit der «Härd- oder Bärglütli» einer vorgeschichtlichen Wirklichkeit entsprechen können oder «nur» Ausdruck der Sehnsucht einer Kultur sind: In ihnen verkörperten sich auf alle Fälle durch das ganze Zeitalter hindurch die Wunschträume, die Leitbilder aller davon ergriffenen Menschen. Und darum geht es uns in diesem Buch.

Volk der Gestirne

Fest verwurzelt in den Sagen unserer Volkskultur ist die Überzeugung, dass jene «Heiden» oder «Bärglütli» den Menschen aller späteren Zeiten turmhoch überlegen waren. Lebten sie auch nach den meisten Überlieferungen auf einer äusserlich gesehen primitiven, steinzeitlichen Stufe, so galt ihre Liebe und Freundlichkeit untereinander, ihre «Treue», ihre Unfähigkeit zum Betrug als ein Vorbild, und sie blieben bis in die Gegenwart hinein geradezu sprichwörtlich. Spöttisch erklärten darum die alten Erzähler die Zweifel an ihren Bergmännlein-Geschichten: «Nun kommt es Vielen ärgerlich vor, dass das Glück in der guten alten Zeit dagewesen sein soll und heute gar nicht wieder kommen will, wo man doch um so viel gescheiter ist. Sie läugnen darum die ganze Geschichte...»[1]

Wahrscheinlich von den im Sinne des 19. Jahrhunderts «gebildeten» Sammlern der Überlieferungen stammt das Betonen des Widerspruchs zwischen dem «unzivilisierten» Lebensstil dieser vorgeschichtlichen Rasse und der hohen Stufe aller ihr zugeschriebenen Wissenschaften: Etwa wenn es über die «allmächtigen» Feen der Walliser Berge (êtres tout-puissants) heisst, «dass sie nicht etwa in einem prächtigen Schlosse wohnten, sondern in dunklen unterirdischen Gängen».[2]

Deutlich ist in den meisten Nachrichten die Auffassung, dass die Künste und Fähigkeiten dieser Bergbewohner der Entwicklung von Begabungen entstammen, die mit der Fähigkeit zum Aufbau einer Kultur in unserem Sinne herzlich wenig zu tun haben. Die Berner Oberländer erzählen bis heute vom «Tanzen der Bergmännchen im Frühlingsmondschein, ihrer Sehergabe, ihrer Kräuter- und Arzneikunde, ihrem poetischen Wesen...»[3] Aus der Innerschweiz vernehmen wir: «Noch heute lebt im Volke die Kunde von den Bergmännlein... Stadlin schildert sie als Nomadenvolk... schwarzbraun von Farbe, stark und pfeilschnell... In Musik, Chiromantie und Magie seien sie erfahren gewesen und hätten deswegen in hohem Ansehen gestanden...»[4] Die Bündner wissen über ihre «Fänggen», die Wilden Leute: «Sie besassen die Gabe, wilde Tiere, wie Gemsen, Füchse und Wölfe, zu zähmen und sich dienstbar zu machen... In den Nachtstunden, zwischen dem Abend- und Morgenläuten, besassen sie geheimnisvolle Zauberkraft, die in die Ferne wirkte... Sie waren Wunderdoktoren ohnegleichen... Sie waren die besten Wettermacher und Wetterpropheten der Welt.»[5]

Noch ein Naturwissenschaftler des 19. Jahrhunderts schildert uns einen Bergler, Gemsjäger, Kräuter- und Kristallsucher, der in seiner Nachbarschaft als halber Zauberer, Hellseher und Wetterkenner berühmt war: «Augenscheinlich war er einer von den Träumern, deren man viele im Gebirg findet... Oft haben diese Leute gar sonderbare Ansichten über die geheimnisvollen Erscheinungen, deren das Gebirg so manche bietet...»[6] Wir sehen, die Zeit der magischen «Bärglütli» ist nicht nur «die Angelegenheit einer mythischen Vorzeit» – in gewissen Gegenden der Alpen ragt sie nachgewiesenermassen fast in unsere unmittelbare Gegenwart hinein.

In den als «Heidnischwirkereien» bekannten Bildteppichen, deren wichtiger Mittelpunkt im ausgehenden Mittelalter Basel wurde, ersteht die Sage um diese «Wilden Leute» auf liebliche Weise neu, und ihr Dasein wird zu einer Sehnsucht für das Bürgertum der ausgehenden Gotik. Glücklich sehen wir auf diesen Kunstwerken die jungen, schlanken, schönen, in urweltliche Felle gehüllten Waldmenschen mit allerlei märchenhaften Geschöpfen herumspielen. Seltsamerweise genug wurde recht häufig versucht, in dem sie umgebenden Getier Hinweise auf die «bösen Sinne» zu sehen; die Wilden selber als Abbildungen der «schlimmen Seelenregungen» zu deuten – und damit die «heidnischen» Teppiche als Ausdruck des mittelalterlichen, gegen alle Sinnlichkeit und Lebensfreude gerichteten Weltbildes.[7] Doch wir sehen auf Beschriftungen, dass sich die Waldleute ausdrücklich über die Untreue und Tücke der «Welt», also der damals herrschenden Zivilisation, beklagen und uns versichern, dass demgegenüber das Hausen bei den ‹Tierlein› viel lustvoller, glücklicher sei: «Die wilden Leute waren im Mittelalter in der dekorativen Kunst beliebt, wie etwa in der Antike die Nymphen und Satyren, und im 18. Jahrhundert die Schäferszenen und Chinoiserien, oft als Gegensatz zum Naturmenschen.»[8] Wie wir sehen, Rousseau hatte mit seinem «Zurück zur Natur» schon Jahrhunderte früher seine Vorläufer... Neu ist auch bei dieser «Heidnischwirkerei» «die Art der Hintergrundfüllung mit locker verteilten, aufragenden Blumenstengeln, die bei aller Stilisierung eine neuerwachte Liebe zur Natur zu verraten scheinen.»[9] Auch von Dürer besitzen wir eine, selbstverständlich antike Vorbilder verratende Darstellung einer «Satyr-Familie». Der grosse eidgenössische Künstler und Krieger Urs Graf hat dann dieses Bild übernommen und auf seine Art wiedergegeben – aber was hat er aus ihm gemacht! Aus dem «Idyll» entstand unter seinen Händen eine wilde Wirklichkeit[10]: Sein Waldmensch besitzt im Gegensatz zu dem Dürers weder Hufe noch Schwanz, denn er ist ein echter Vertreter des in den Alpensagen berühmten «Heidenvolks». Zwar trägt er auf seinem Haupt immer noch Hörner – sie können aber sehr gut auf einen «barbarischen» Kopfschmuck hinweisen. Aus einer gewaltigen Tube (bei Dürer ist es eine Schalmei...) bläst der Wilde, offenbar im sicheren Bewusstsein, sich samt Weib und Kind gegen jede Macht durchsetzen zu können, seine Herausforderung an alle Welt. Wenn wir die Schilderungen der mittelalterlichen Eidgenossenschaft und die der späteren Jahrhunderte nachlesen, wird es uns voll bewusst, dass solche «Wilden Leute» möglicherweise nicht nur in abgelegenen Tälern noch hausten: Es ist, wie wenn ihre geheimnisvolle Kultur in der Gesamtheit aller Menschen eines ganzen Landes noch immer lebendig gewesen wäre.

Lange blieb dies dem Volke bewusst. Die Kreise auf den Alpen, in denen alles Gras weggetanzt ist, bezeichnete man allgemein als Tanzplätze «der Bergmännlein»: «Seltsam hat also das Hirtenvolk sich selber in die Mythologie seiner Berge eingeschwärzt; denn solche Kreise sind alte ausgetretene Tanzbahnen der Hirten bei ihren Bergfesten (den sogenannten Bergdorfen oder Bergdorfeten), und oft noch finden sich welche von ganz neuer Entstehung.»[11]

Noch im stolzen eidgenössischen Krieger des 16. Jahrhunderts lebte, modisch aufgeputzt, der «Wilde Mann» der Urzeit

Die Obrigkeit, die hinter jedem Vergnügen «heidnisches» Wesen, Ketzerei und Aufrührergeist vermutete und darum solches Tanzen ganz zu verbieten suchte, erreichte genau das Gegenteil – das Volk sehnte sich erst recht nach den Zeiten der einst die Berge beherrschenden, fröhlichen «Bärglütli».

Traum vom kosmischen Menschen

Nach neuestem Kinderglauben vermischt sich der Glaube an die auf den Alpen tanzenden «Bärglütli» (oder ihre menschlichen Verehrer) mit der Vorstellung der «Stärnelütli», Wesen, die in bestimmten Nächten aus unendlichen Himmelsfernen auf die Berggipfel niedersteigen, um sich dort ihren Reigen und Spielen hinzugeben. Aus der Zeit 1823 bis 1826 besitzt man sogar die Aufzeichnung des Zuchthauspredigers Gaudard, der, als er einmal vor einem andern Pfarrer behauptete, «der Glaube an Bergmännchen sterbe allmählich aus», von diesem zurechtgewiesen wurde: Der Amtsgenosse «behauptete, er habe einen Dekan gekannt, welcher selbst solche Wesen gesehen und gesprochen, und dass darauf berichtet ward, sie seien eigentlich Bewohner des Mondes.»[12]

Aus dem Volksglauben entnahm auch der grosse Natur-Erforscher Paracelsus seine Überzeugung von der Wirklichkeit der «Elementargeister», wobei er Bergmännlein, Waldleute, Feen unter lateinisch-gelehrten Ausdrücken wie Gnomen, Sylvestres oder Sylphen in die Wissenschaft einzuführen versuchte: «Drum findet man oft, dass Estrich, Gewölbe und dergleichen in der Erde gefunden werden... So wisset auch von den Bergleuten, dass sie in den Höhlen der Berge wohnen. Darum sind die seltsamen Gebäude, die an den betreffenden Orten gefunden werden, von ihnen da...»[13] Dank dem Umgang mit diesen Mächten – behauptete noch der die Goethe-Zeit mit Paracelsus-Lehren ansteckende Georg von Welling (1652–1727) – hätten die Alten ihr tiefes Wissen um das wahre Wesen der Dinge besessen – wie zum Beispiel «die Beschaffenheit der Einwohner der Gestirne».[14]

Ein fleissiger Erforscher jener religiösen Bewegungen, wie sie im Mittelalter das Alpengebiet erfüllten, verrät uns, wie zäh dieser Glaube an die Wirklichkeit des menschlichen Umganges mit «himmlischen» Geschöpfen auch bei den Gebildeten des 19. Jahrhunderts weiterlebte: «Gelehrte Männer, denen ich die höchste Achtung zolle, haben nun freilich auch behauptet, die Visionen und Wunder der ‹Gottesfreunde› seien tatsächliche Realitäten; die Einen schreiben sie dämonischen Einflüssen zu, andere einem Verkehr mit der über die gewöhnliche Sinnenwelt erhabenen, geheimnisvollen Lichtregion, deren Erscheinungen in grossen, bedeutsamen Momenten gleich leuchtenden Funken ins Leben hereinbrechen.»[15] Klemens, ein Erforscher «okkulter» Naturerscheinungen in der Zeit der Romantik, glaubte in seinem Buche «Das Ferngefühl nach Zeit und Raum» (1857) an die besondern hellseherischen Fähigkeiten der Gebirgsbewohner – ihre Seelen näherten sich nach ihm «den ätherischen Regionen», um «in dieser von allen Dünsten befreiten Luft auch... etwas von ihrer ursprünglichen Reinheit zu erhalten».[16]

Die neueste Mystik mit ihrem Glauben an die «Verbindung mit höheren kosmischen Wesenheiten», wie sie in den 6oer Jahren neben den USA gerade auch in der Schweiz zur Bildung von unübersichtlichen Religionsgruppen führte, hat zur Entwicklung solcher Vorstellungsbilder höchstens noch etwas oberflächlich-modernen naturwissenschaftlichen Wortschatz beigesteuert: Dass vor allem die Gebirgssagen von Nachrichten über Geschöpfe mit «ausserirdischen Fähigkeiten» wimmeln, wird hier durch die Annahme erklärt, dass die Gäste vom andern Gestirn «in den Alpen ein Klima vorfanden», das dem auf ihrem Heimatplaneten «am ähnlichsten» war.[17]

Eigentlich in allen ernsthaft an «neuem Weltbild und Lebensstil» arbeitenden Hippiekommunen, wie sie sich in den letzten Jahren im Alpengebiet zusammenfanden, lebt die Freude an solchen alten (oder auch als «neue Tatsachen-Berichte» weitererzählten) Geschichten: «Es ist an sich gleichgültig, was daran im einzelnen wahr ist – sie enthalten aber alle die Einkreisung der gewaltigen Erkenntnis über die Beziehung des Menschen zum Kosmischen.»[18] Oder wie es im alpinen Lager der neuen «Bärglütli» – so nennt sich tatsächlich eine schweizerische Kommunenbewegung – auf der Höhe von 1800 m ausgedrückt wurde: «...das erste echte Gefühl, zu leben...die Vibrationen der ewigen Bewegung, des ewigen Werdens und Vergehens ohne störende, technisch-mechanische Vibrationen zu spüren und im Strom der Energie zu schwimmen wie ein Fisch im Wasser.»[19] Auch im 20. Jahrhundert gibt es damit noch (oder wieder) eine Unzahl von Menschen, für die jene geheimnisvollen Bärglütli, Härdlütli, Stärnelütli gar kein «Rest archaischer Mythen» sind, sondern das Leitbild «für den allein des Menschen würdigen Lebensstil der Zukunft».

Brückenkopf für orientalische Ketzer

Aus St. Gallen haben wir für das 10. Jahrhundert anscheinend zuverlässige Aufzeichnungen, nach denen heidnische «Sarazenen» von Rätien her vorstiessen und «unsere Alpen und Berge» besetzten. Es mag schwer sein, hier eingedrungene Araber zu erkennen, da diesen Feinden des Klosters die «Anlage von Natur» zugeschrieben wird, «auf den Bergen ihre Stärke zu zeigen»: «Flüchtiger als Ziegen» konnten sie «über die Berge laufen».[1]

Liutprand verfluchte das Gebirge des Grossen St. Bernhards, weil es solchen Banden als unbezwingbares Versteck diente[2]: «Auf der Höhe ihrer Macht erhoben die Sarazenen auch Wegzölle von den Rompilgern auf den Alpenpässen. Nach der Tradition hätten sie ihre Raubzüge einerseits bis in die Waadt und an den neuenburgischen Jura vorgetrieben...»[3] Ihre Macht soll bis nach Graubünden und in das Tessin hinein[4] gereicht haben – Menschen mit dunkler Haut und entsprechendem Haar wurden in der Waadt[5] und anderswo als ihre Nachkommen angesehen.

Die Nachricht, dass der heilige Bernhard auf dem Bernhardpass «mit falschen Göttern, Dämonen und Räubern zu kämpfen hatte», wurde häufig dahin gedeutet, dass sich ein solcher Sarazenenstamm dort einnistete[6]: Echte Sarazenen waren aber nun einmal als Anhänger Mohammeds strenge Vertreter des Eingottglaubens – wieso sollten sie nun ausgerechnet in den helvetischen Bergen der wildesten Hexenmagie verfallen sein? Vorgeschichtliche Kultstätten bringt das Volk mit diesen «Sarazenen» in Verbindung – und in Savoyen und im Jura nennt man «Zigeuner», das fahrende Volk aller Arten, ebenfalls «Sarazenen»[7]! Wir haben also einen Ausdruck, ebenso vieldeutig und vielschichtig wie «Wilde Leute» und «Heiden». Die geschichtlichen Nachrichten über diese seltsamen, die Pässe gleich den späteren Eidgenossen beherrschenden Sarazenen können wohl nur auf eine Art verstanden werden: Im Durcheinander des titanischen Kampfes zwischen Christenheit und Islam mögen in den unzugänglichen Gebirgstälern auch orientalische Nomadengruppen eingedrungen sein – wenn die Überlieferungen über den Bernhardpass einen Wahrheitskern enthalten mögen, nicht nur Gegner der Rompilger, sondern auch Ketzer gegen Allah und Mekka.

Hier verschmolzen Gruppen ihrer Art so leicht mit der Urbevölkerung der Alpen, weil das Ringen für die gleiche Unabhängigkeit sie zwangsläufig gegenseitig eine Wesensverwandtschaft erahnen liess.

Spuren nach Asien

Die Sage von der Einwanderung von Sarazenen, Hunnen oder «Heiden» brachte verschiedene sehr phantasievolle Sagenforscher auf den Versuch, in den Alpentälern nach Auswirkungen orientalischer Glaubensvorstellungen zu suchen. Um so mehr, da nach unseren Gebirgsüberlieferungen ein guter Teil der seltsamsten Bräuche ausdrücklich auf die Kultur solcher Völker zu-

Sogar die vom 19. Jahrhundert so bestaunte «Hosentracht der Hirtinnen» (Wallis!) galt gelegentlich als Beweis «asiatischer Herkunft»!

rückgeführt werden. Die Wahrsagerinnen der französischen Schweiz galten etwa als Erben, sogar als Nachkommen dieser aller magischen Künste kundigen «Sarazenen».[8] Der Schwyzer Lienert, der «bisweilen mündliche Überlieferung» in seine geschichtlichen Erzählungen hineinwob[9], berichtet in seinem «Schellenkönig» von einer verbrannten Hexe, deren «Haare brandschwarz wie eine Todsünde gewesen» und von der man darum annahm, sie (und damit wohl hier Zauberkünste) kämen aus dem Blut der «Wildleute».[10] «Ging hii si (immer haben sie) schwarzes Haar...», heisst es von den Hexen im Berner Oberland.[11] Mit «Fayon» verspottete man in der Waadt dunkle Menschen; also als Sprösslinge der magiekundigen Feen, deren Aussehen das Volk selber mit dem von orientalischen Völkern, «Sarazenen» zu vergleichen pflegte.[12] Wohl zur Deutung der ähnlich geschilderten Farbe der Erdleutlein im aargauischen Fricktal erzählte das Volk, diese seien aus einem sehr fernen Land eingewandert, dessen heisse Sonne sie nicht mehr ertrugen.[13]

Einer der Erforscher des Wallis glaubte bei den Eifischtalern das Vorherrschen einer dunklen, schlanken «Rasse» festzustellen, die nach ihm dem «tscherkessischen Typus» entspreche und damit wohl mit den Hunnen vom Kaukasus her eingewandert sei.[14] Auch finde sich noch immer auf ihren Grabkreuzen «eine stern- oder windrädchenähnliche Figur»; solches finde Entsprechungen bis nach Indien und sei ein «Sinnbild des Feuergottes, der Sonne».[15]

«Om», die berühmte Silbe der indischen und tibetanischen Mystik für das Göttliche, sie findet sich ebenfalls in handschriftlichen Zauberbüchern des Berner Oberlandes, «die fast immer ausdrücklich auf magiekundige Fahrende zurückgeführt werden»[16]: «Von diesen Zigünern oder Bärglütli haben ja alle Zauberer und Hexen ihre Künste erlernt», erzählte mir noch 1967 ein Thuner anlässlich der schon erwähnten Spuk-Untersuchungen. (Auch dieser Mann vermutete: «Vielleicht reden die Hexer nur darum von geheimnisvollen Geschöpfen der Berge, um damit zu verbergen, dass sehr wirkliches ‹Hudelvolk› [herumziehendes Lumpen-Pack, S. G.] ihre wahren Lehrmeister waren.»)

Man hat dieses sehr häufige «Om» in europäischen Zauberbüchern, es findet sich in den Anleitungen des Herpentil, «Fausts Höllenzwang» und auf Erdspiegeln, als einen Schreibfehler gedeutet – andere Erforscher der Untergrund-Überlieferungen neigen aber dazu, hier einen Zusammenhang mit den asiatischen Kulturen zu vermuten[17], den unsere Magier immer aufrechtzuhalten versuchten: Man verwies unter anderem auf Übereinstimmung der Auffassungen des Paracelsus über die «Elementar-Geister» mit indischen Ansichten[18]: Damit in Zusammenhang stehe die Nachricht bei van Helmont, nach dem dieser faustische Bergler auch zu den Tataren kam, und man vermutete, er habe dann auf seinen phantastischen Reisen sogar Beziehungen zum indischen Kulturkreis wieder aufzunehmen vermocht.[18]

Laboratorien aller Ketzereien

Ein Zürcher Totentanz des 17. Jahrhunderts gebraucht für alle damals das Land durchziehenden Zauberkünstler, «Fahrendschuler» (Fahrende Schüler), «Gaukler und Kristallenseher», «Rosenkreuzer», also das bunt-phantastische Volk, zu dem schliesslich auch Männer wie Paracelsus oder sein ebenfalls vielgereister Basler Jünger Thruneysser gehörten, auch das Wort «Zigeuner»[19]. Ähnlich bedeutet der Ausdruck «Sarazene» im Greyerzerland (wie etwa auch in der Bretagne) Hexenmeister, Zauberer.[20]

Nachrichten von vorgeschichtlichen Völkern und ihren Religionen, von sich im Mittelalter und noch viel später in Alpen und Jura festsetzenden Nomadenstämmen und von an geheimen Orten ihren Wegen zum Göttlichen nachgehenden Ketzern vereinigten sich für das Bewusstsein des Volkes zu einer gewaltigen Einheit. Die «Heiden»-Löcher gelten im ganzen Lande als Wohn- oder Begegnungs-Plätze von Urbewohnern, Fahrenden, Hexen, «Täufern», Aufrührern («Räubern») jeder Art: Bridel erzählte von entsprechenden «Höhlen in unseren westlichen Bergen», die allgemein als Tempel, Grotten oder Balmen (Baumes) der Feen bezeichnet wurden. «...sie galten lange als Wohnstätten unterirdischer Mächte und als Plätze der Zusammenkünfte dieser Eingeweihten (adeptes), die okkulte Wissenschaften betrieben...»[21] Noch Gottfried Keller weiss in seinem «Grünen Heinrich», wie Kinder in einem Zürcher «Heidenloch» die auferstandenen «Heiden» bewundern – bis sie vernehmen, dass es «nur» eine «Bande Heimatloser» war, die dann auch «über die Grenze» vertrieben wurden...[22] Von den «Zigeunern» hat man in älteren europäischen

Quellen sogar behauptet, dass sie in Jahren der Einsamkeit in unterirdischen Gängen, in die sie sich wegen Religionsverfolgungen zurückzogen, ihre Fähigkeiten zum Ausüben magischer Künste erwarben: «Man glaubt, dass sie es sind, die die weiten Höhlen gruben, die sich noch in Deutschland finden...»[23]

Aus den Erdgruben der in einsamen Gegenden hausenden Nomaden – dies behaupteten die Kenner okkultistischer Überlieferungen noch im 19. Jahrhundert – seien überhaupt alle Ketzereien gegen Religion und Staat herausgestiegen, in ihren Wurzeln stets auf die Tarot-Karten zurückgehend, die dieses Volk aus Indien eingeführt haben soll.[24] Der St. Galler Ratsschreiber Fechter erwähnte 1525 einen einheimischen Sektenbruder und verglich ihn ausdrücklich mit den «Grubenheimern»: «Bei diesen habe die Regel, dass Weib und Mann gemein sein sollen, auch gegolten.» Dieses Wort (Gruobenhamer), «sonst im schweizerischen Sprachschatz noch nicht nachgewiesen», versuchte man auf die Böhmischen Brüder zu beziehen, die ihre Zuflucht in Höhlen und Wäldern suchten und darum «Jamnicii», also Erdgrubenleute, Höhlenvolk hiessen.[25]

In der Berglandschaft, durch Jahrtausende von den Gewalthabern der mächtigen Reiche furchtsam gemieden, verschmolzen sich offenbar Reste von trotzigen vorgeschichtlichen Stämmen mit freiheitsliebenden Ketzern aus der weiten Welt, die ihre Eigenart um jeden Preis zu verteidigen bereit waren: So verschwanden in der Eidgenossenschaft ihre urzeitlich-mythischen «Erd- oder Bergleute» eigentlich nie – besser gesagt, ihre Kultur erneuerte sich in jedem Jahrhundert neu.

Die Mär vom wunderbaren Sennen

«Wilde Küher» nennt auch die Sage ihre «Wilden Männer», Wildmannli, Fänken, «die nach dem Volksglauben das Gewerbe der Sennen im Gebirge treiben».[1] Ihnen stehen noch immer, sogar zur Winterszeit die fruchtbarsten Alpen zur Verfügung; mit den besten Milchkräutern, die die Menschen in ihrer Verblendung nicht mehr aufzufinden vermögen. Viele Erzählungen (die entsprechend der jeden «Ausfall von Arbeitsstunden» als Sünde betrachtenden Haltung des 19. Jahrhunderts wegen ihres «erzieherischen Wertes» den Weg in die Lesebücher fanden) nennen als Ursache des Verschwindens der glücklichen «Blumen-Alpen» den sinnlichen Müssiggang ihrer Bewohner: Ein wild-übermütiger Senn habe wenig gearbeitet und doch in Hülle und Fülle geschwelgt – samt einer schönen Hirtin, mit der er «ein unzüchtiges Leben führte». Er habe das Mädchen aber «so in Ehren gehalten, dass er ihr von der Wohn- oder Sennhütte bis zum Käsgaden den sonst kotigen Weg mit Käsen überdeckt habe», damit sie ihre Füsse nicht besudle.[2]

So erzählt man es etwa von den Claridenalpen: am Glärnisch, wo eine schneebedeckte Kuppe «Vrenelisgärtli» heisst, soll dagegen die seltsame Kästreppe ein Einfall der übermütigen Hirtin Vreneli gewesen sein.[3] Besonders anschaulich wird von der bernischen «Blüemlisalp» gedichtet, wie der «zu jedem Gelüste des Mutwills» geneigte Hirt, der Herr dieses Alpenparadieses, seinen Käseweg mit Butter bepflasterte und ihn dann noch mit Milch «sauber zum Auftritt» abspülte: Sein Herz sei ihm dann so richtig vergnügt gewesen, wenn darüber nicht nur seine Liebste, sondern auch die von ihm am meisten geschätzte Kuh, Brändel mit Namen, geschritten seien.[4]

Das ewige Gebirgsparadies

Wenn aber die Sage immer wieder weiss, wie «Wilde Männer» oder «Bärglütli» armen Hirten das Vieh in ihr Reich führen und «herrlich aufgefüttert» zurückbringen, beweist dies, dass die Vorstellung vom Entschwinden der seligen Alpen «durch die Sünden ihrer Bewohner» kaum ursprünglich sein kann. Auch scheint der in jenen heute versteinerten oder übergletscherten Gegenden von hellhörigen Hirten gehörte Ruf jenes wild-übermütigen Sennen eigentlich gar nicht auf eine «höllische Strafe» zu deuten: Der wichtigste, später zahllose Male abgeschriebene Nachdichter dieser Sage gibt in einer leider wohl selten gelesenen Anmerkung zu, dass das «Hirtengespenst» «eigentlich» nur etwa den Menschen mitteile, es müsse mit seiner Liebsten, Kuh Brändli und seinem Sennenhund «ewig uf (Alp) Claride syn». Er, der Schriftsteller von 1815, hat also daraus die Worte «ewig verdammt sein» gemacht...[5]

Im Bündnerlande wird ausdrücklich erzählt, dass der geheimnisvoll-unsterbliche Senne auch heute seine Freudenrufe ausstosse, weil die wunderbaren Kräuter noch immer auf seinen für gewöhnliche Menschen unsichtbaren Alpen gedeihen.[6] An vielen Gebirgsorten hört man ein rätselhaftes

Jauchzen und Singen für Sterbliche unzugänglicher Festfreude[6]: Wenn es im Berner Oberlande von Sennen, die einem Zaubermusikanten in eine Gletscherspalte folgen, heisst, dass sie in einer Halle «bis zum jüngsten Tage unaufhörlich tanzen müssen»[7], so verstand man am Anfang darunter wohl kaum «eine Strafe wegen unzüchtigen Lebenswandels».

«Die Hirten der Zentrumalpe behaupten ebendasselbe vom Turtmanngletscher und von dessen Blümlisalpe, was das Berner Oberhaslital vom Gauligletscher weiss: Noch bis auf diesen Tag hört man von beiden Gletschern das Glockengeläute der durch den Eisberg droben abgeschnittenen Herden herunterschallen.»[6] «Manchmal verbreitet sich eine Nachricht unter den Leuten, es sei das (glückliche) Tal wirklich entdeckt worden. Aber immer wieder entzieht sich dieses herrliche, ersehnte Land gleich einer Fata Morgana den Blicken, und niemand hat es wirklich betreten...»[8]

Noch immer bestehen die wunderbaren «Blüemlisalpen», lehrt uns die endlose Fülle in ihrem Wesen tiefmystischer Sagen, immer noch herrsche dort Überfluss an Milch, Käse, heilkräftigen Kräutern, kurz von allem Reichtum der Gebirgskultur; immer noch jauchzt dort der wunderbare Senne und ergibt sich mit seiner schönen Liebsten den übermütigsten Spielereien: Nur die Sinne eines gesunkenen Geschlechts sind zu schwach geworden, diese Herrlichkeiten wahrzunehmen und mitgeniessen zu können. «Es soll früher kaum einen kühnen Gemsjäger gegeben haben, keinen richtigen Hirten, der nicht in seiner Jugend davon träumte, eine der ‹Blüemlisalpen› zu ‹erlösen› oder das hinter Gletschern und Abgründen verlorene ‹Glückliche Tal› wiederzufinden. Von vielen Gebirglern, die in der Einöde umkamen und deren Leichen man in den Schluchten und Spalten nie mehr fand, wurde sogar angedeutet, sie seien vielleicht gar nicht tot – sie seien würdig befunden worden, zu ewigen Freuden in jenes Alpenparadies einzugehen.»[9]

Krischnas Blüemlisalpen

Erstaunlich ist, zumindest auf den ersten Blick, die Übereinstimmung der Bilderwelt dieses gewaltigen, das Alpengebiet erfassenden Sagenkreises mit den Mythen der noch heute in einigen Teilen Indiens so lebendigen Religion des Hirtengottes Krischna. Ewig ist seine, des göttlichen Kühers «Kuh-Welt» (Go-Loka, go = Kuh!): «Jedes Wort dort ist ein Lied, / Jeder Schritt ein Tanz... / Und die Zeit, die hier so schmählich uns enteilt, / Geht dort nie fort, nicht einen Augenblick. / Nur wenige Weise, / die auf Erden wandeln, kennen dies Land.»[10] Ein Rind, ein Kräutlein, eine Heilpflanze auf Krischnas Weiden zu sein, ja auch nur als Staub unter den Füssen der ihn dort liebenden Küherinnen (Gopis) wiedergeboren zu werden, gilt als höchstes Glück für die erhabensten Weisen – sogar für Brahma, den Schöpfer unseres der Zeit unterworfenen Weltalls, ist dies das Ziel seiner Sehnsucht![11]

«Brahmanächte» lang, also nach indischen Begriffen Jahrmillionen, Ewigkeiten, währt Krischnas Musizieren, Reigentanz, Liebesspiel mit seinen Sennerinnen, die in einer verwirrenden Zahl erscheinen und mit den «Shaktis»,

Göttinnen des Glücks, verglichen werden.[12] Dann hat der himmlische Küher (Govinda), Magier, Gaukler, Flötenspieler auf einmal nur einen weiblichen Gegenpol, Radha, die vollkommene Gopi: «Sie ist der Göttliche selber, versenkt in der Freude des eigenen Spiels, der sich verdoppelt und vervielfältigt, um gleichzeitig die Freuden des Anbeters und des Angebeteten zu erleben. Radha ist der Schatten Krischnas, die Freude Krischnas, der Spiegel, in dem Krischna sich betrachtet...»[13] Über sein Liebesspiel mit der Küherin Radha lehrt der ewige Hirte den Hirtenfürsten Nanda: «Durch sie vollbringe ich die Schöpfung. Durch sie schaffe ich Brahma und die andern Devas (Götter). Durch sie entsteht das Weltall... Ohne sie wäre die Welt nicht.»[13]

Die Krischna-Religion scheint uns aufzuzeigen, welche Grundgedanken sich aus offenbar wesensverwandten Hirtensagen entfalten konnten, weil sich einige Jahrhunderte lang dichtende Philosophen mit ihnen auseinandersetzten, und nicht nur Ketzer-Verfolger.

GOPIS UND KÜHER-HEILIGE

«Tolli, hübschi Meitli, es hätt Chüejere g'ge», sagte man etwa. «Us-chüejere», also «aus-kühern», bedeutete mundartlich «sich ausgelassen lustig machen».[1] Eine Küherin der Alpen gilt aber in der Überlieferung nicht nur als schön und als Inbegriff aller übermütigen Fröhlichkeit, sondern zusätzlich, genau wie die Gopi, ihre Schwester aus den Himalajaländern, als eine Trägerin göttlicher Energien (Sakti)[15]: In einer Erzählung wird zum Beispiel ein Berner Mädchen als allmächtige Hexe verdächtigt und verfolgt – ihre Mutter hatte sie eben gelehrt, aus Kräutern und Wurzeln «Trank und Salbe bereiten, denn ihre Eltern waren Berg-Küherleute».[16] Solche Mädchen, nur ins Übermenschliche gesteigert, sind die Gebirgsfeen der Waadtländer, die den Hirten alle magischen Künste lehrten: In ihren langen weissen Gewändern, ihren Blumen im schwarzen Haar[17] wiederum ziemlich genaue Entsprechungen der tibetanisch-indischen Shakti-Frauen, der Yoginis, die durcheinander als weibliche Zauberinnen, Hexen, Feen, Göttinnen angesehen wurden.[18]

So stark waren diese Vorstellungen vom wunderbaren Sennen, seiner Gefährtin und ihrer paradiesischen Welt, dass die Heiligenlegende der christlich gewordenen Alpen einige ihrer schönsten Bilder daraus entlehnte: In einem grossartigen rätischen Lied weilt die heilige Margaretha, eigentlich ihrem Wesen nach noch immer ganz Diale, Bergjungfrau, Wildes Fräulein vorgeschichtlicher Sagen, als Helferin der Hirten unerkannt auf der Alp. Sie wird von ihnen enttäuscht und verschwindet – da vertrocknet der Brunnen, die Halde verdorrt, die guten Kräuter «grünen nimmermehr», das ganze Glück zieht fort.[19] Oder von San Lucio (St. Lucius), einem der einst wichtigsten Heiligen des Tessins, versichert die Legende, er habe als Senne seinen Käse unermüdlich an die Armen verschenkt, wobei sein Vorrat freilich nur zugenommen habe! Trotzdem sei er als Verschwender und Dieb verdächtigt worden und habe seine Alp verlassen; auch mit deren Segen war es nun gründlich zu Ende.[20]

Über die Übereinstimmungen zwischen religiösen Grundvorstellungen

Magische Reise des von einer Alpenfee eingeweihten Hirten: Die Volksdichtung berührt sich hier mit Vorstellungen orientalischer Mystik

Mitteleuropas und Asiens könnte man vielerlei mehr oder weniger phantastische Vermutungen anstellen: Urverwandtschaft der Gebirgsgebiete von Tibet bis zu den Alpen, die man schon auf der Grundlage von Ähnlichkeiten im Bau von Gebirgshütten und Musikgeräten vermutete? Urzeitliche Wanderungen von Nomaden aus einer gemeinsamen Heimat der ersten Viehzucht? Hier und dort, in den Alpen wie im Himalaja, ähnliche Einwirkung einer erhabenen, den Menschen zu mystischen Gedankengängen zwingenden Landschaft? Nie abgerissene Verbindung zwischen den Erdteilen, über alte Zigeuner-Pfade durch allerlei «Fahrende Schüler», Weisheitssucher zu allen Zeiten aufrechterhalten?

Oder ganz einfach: Hier und dort der gleiche Versuch an der Schwelle zur Geschichte, für Kulturen einen Lebensstil zu finden, in der die Arbeit für den Leibesunterhalt auch Spiel, Schönheit, Musse für Liebe, Festfreude und Betrachtung des Göttlichen in sich zu enthalten vermag?

Von heiligen Kühen und Bären

Kuh und Eidgenosse bildeten für die Gegner der Schweiz sozusagen eine unauflösbare Einheit. Hemmerlin, der im 15. Jahrhundert alle Verleumdungen gegen die von ihm gehassten Gebirgshirten zusammentrug, schildert deren Treiben in Baden als etwas für ihn völlig Unverständliches und darum Abstossendes: Sie hätten in dieser nun ganz von ihren unheimlichen Bräuchen erfüllten Stadt «Kühe an den Hörnern gepackt und sind mit Trompetenschall durch die Gassen der Stadt gewalzt; ja sie zäumten und sattelten hierauf ihre Kühe und schämten sich nicht zu kuh-reiten (vaccare)».[1]

Herumgeboten wurde die Geschichte, dass sich Kühe stets zutraulich an die Eidgenossen drängten, weil sie in ihnen sozusagen Wesensverwandte erkannten. Es wurde von Feinden der Schweiz erzählt, das Stillen der sinnlichen Liebeslust an Kühen sei im Alpenland seit jeher das häufigste Laster: 1471 wurde in Bern ein Schwabe gefangengenommen, weil er in diesem Sinne vom allgemein geliebten und geachteten Niklaus von der Flüe zu erzählen wagte, dieser sei ein «Kuhgehiger»: «Er und sin vordern (er und alle seine Vorfahren) und man hette selten noch nie vernommen, das (dass)... in den Eidgenossen kein heilig noch sellig man (Mann) were worden...»[2] Der heidnische Umgang der Schweizer mit Kühen sollte also für alle Zeiten verunmöglichen, dass dieses Volk im christlichen Sinne heilige oder selige Menschen hervorbringen könnte! Gewisse auffallende Sitten der Eidgenossen mögen tatsächlich solche Vorstellungen sehr gefördert haben. Wichtig in all ihren Schlachten war der «Hornbläser, so man den Stier von Ure (Uri) nennet, der in Kriegs-Läuffen ihro und anderer Eidgenossen Hürner ist, so man zu Feld zieht, gibt Wahrzeichen mit seinem grossen Horn...»[3]

Von Menschen der Hirtenkultur, die eine geradezu magische Beziehung zum Vieh herzustellen wussten, erzählen zahlreiche Sagen: Als die Walliser 1629 die Waadtländer überfielen, um ihnen ihre Herden zu rauben, nahmen sie auch ihren Zauberer mit, damit seine Musik die Kühe ohne Widerstand mitlaufen lasse.[4]

Im 18. und 19. Jahrhundert wurde übrigens gegen die Hirten von einem «aufgeklärten» Standpunkt wiederum ein ähnlicher Vorwurf erhoben. Es sei schlimm, fand man, dass sie ihr Vieh freundlicher zu behandeln wüssten als ihre Mitmenschen[5]: Aus «humanistischen» Gründen wurden nun die gleichen, übertrieben und verzerrt geschilderten Erscheinungen der Alpenkultur angeklagt wie vorher aus kirchlich-christlichen. Einheitlich war aber auch hinter zeitbedingten Masken die Ursache der über 300 Jahre auseinanderliegenden Angriffe: Die Gesellschaft der Berghirten war den herrschenden Mächten im Wege, und man glaubte, sie offenbar nur durch Zerstörung ihres unverständlichen Weltbildes in den «zivilisierten» Lebensstil Europas einfügen zu können.

Träger der Lebenskraft

Von Jakob Wimpheling (1450–1528) gibt es sogar ein merkwürdiges Gebet, in dem er Gott anfleht, die Eidgenossen, die Stieren, Bären, Wildschweinen, Greifen, Steinböcken «nachfolgen», von ihrem grundfalschen Treiben zu bekehren und wieder in die Dienste des Reichs zu bringen![6] Man deutet diese Stelle auf die schweizerischen Wappentiere – aber diese waren offenbar viel mehr als nur «heraldische Symbole»... Aus römisch-helvetischer Zeit fand man bekanntlich in der Nähe von Bern das Abbild einer «Bärengöttin», und es wird heute vielfach angenommen, dass der berühmte Bär auf den bernischen Fahnen (und im Stadtnamen selber) von jenem vorgeschichtlichen Kulte stammt.[7]

Fasnachtstreiben und öffentliche Schauspiele waren für die Berner und ihre Verbündeten ohne die Anwesenheit dieses von zahllosen Bräuchen umgebenen Bären geradezu undenkbar: «Auch heute tappt in jedem Festzug das Wappentier der Berner in grotesken Attitüden daher.»[8] Überall sah man einst im Bernbiet sein gemaltes Bild, «an gar manchem Bauernhause», sogar an den «Hüttlein» der ganz «armen Talbewohner».[9] Auffallenderweise redet ein alter Berner bei der Schilderung des volkstümlichen, den Frühling feiernden Strassentheaters seiner Stadt vom «Bärenhautträger».[10] Der gleiche Chronist hält an einer andern Stelle «das Sprichwort vom faulen Bärenhäuter» für «uralt»; wahrscheinlich aus jenen Zeiten stammend, da die Menschen noch weiche Felle für ihre warmen Nachtlager benutzten.[11]

Kriegerische Züge um Vieh bildeten, vergleichbar dem «Wilden Westen», fast bis ins 18. Jahrhundert eine «Lust» der Berghirten

Aber auch im Zürcher Totentanz von 1650 wird der Krieger als «Bärenhäuter» dargestellt.[12] Wer denkt da nicht an die skandinavischen Berserker: Also dem Sinn des Ausdrucks nach ebenfalls Männer in Bärenkleid, die sich, wie man heute vermutet, durch Kräuter- oder Pilzdrogen[13] in den Zustand der Raserei zu steigern verstanden; sich also in wilde Tiere «verwandelten» und dadurch jede feindliche Übermacht in die Flucht schlugen. War dort und hier der «Bär» das magische Bild jener geheimen, den Eingeweihten der kriegerischen Jugendbünde bekannten Kräfte ihrer Natur, für deren Geburt im Frühling dieses Waldtier eines der wichtigsten Sinnbilder abgab? «Im Bernerlande pflegte gleicher Weise um dieselbe Jahreszeit (es war vorher von den verwandten fasnächtlichen Wilde-Mann-Spielen der Walliser die Rede) der Moosmann, Mieschma, die Ortschaften zu durchziehen, ein in Moos und Rinde vermummter Mann, der eine junge Tanne hinter sich drein schleift. Er geht trotz der Winterkälte in blanken rotbebänderten Hemdärmeln, denn er ist ein Boote des Sommers; sein haariger Begleiter aber ist der zottige Bär, brummend an der Kette, weil er ungern jetzt schon sich aus dem Winterschlaf aufgeweckt sieht. Beide Figuren künden im Lande den Hirsmontag an...»[14] Der «Wilde Mann», der urweltliche Zauberer aus dem Walde, führt hier das Tier, die Verkörperung der erwachenden Lebenskräfte, in die zum Empfang des Frühlings geschmückten menschlichen Siedlungen.

Angewandte Naturkunde der Urzeit

Ein ausländischer Herrscher, dies erzählten einst voll Stolz die Schweizer, habe, um in seinem Land endlich Käse von schweizerischer Güte herstellen zu können, eidgenössische Küher kommen lassen. Diese hätten ihm, da es weiterhin nicht ging, geraten, nun auch Schweizer Kühe zu bestellen. Die Versuche scheiterten, als diese ankamen, weiterhin, und so rieten die Hirten ihrem enttäuschten Arbeitgeber – jetzt noch –, die Schweizer Berge einzuführen...[15] Hier begegnen wir einem ganz ähnlichen Fühlen, wie es bei den Hirten von Ur-Indien zum Gedanken der Heiligkeit der Kühe führte: Man glaubte, dass die von den Götterreichen und Himmelsbergen niederströmende magische Flüssigkeit des Lebens (Soma) zuerst die Kräuter erfülle und dann vom Vieh aufgenommen und in die für den Menschen wichtigsten Nahrungsmittel umgewandelt werde.[16] Genau wie für jene grossen Dichter der indischen Veden war für die fast ebenso gern philosophierenden Hirten der Alpen der ganze Vorgang ein einziges göttliches Wunder. Staunend betrachteten sie jedes Jahr auf ihren Alpen, wie sich die Kühe gierig auf «die Würze der Hochalpkräuter» stürzen und sich darauf «bald wie die Berauschten vor unbändiger Freude gebärden».[17] Die ganze Entstehung und Verwandlung der Milch erschien ihnen als ein rätselvolles alchimistisches Werk, und verständlicherweise können nach den Sagen die Wilden Leute dank dem nur wenig weitergeführten Vorgang der Käsebereitung sogar Gold herstellen.[18]

Ähnlich verband schon der grosse Basler Gelehrte Bachofen den Bärenkult, den er ebenso in Ur-Griechenland wie in den Alpen und im Tibet vorfand, mit der Verehrung einer gütigen weiblichen Gottheit durch die alten Hirten- und Jäger-Stämme. Wichtig war auch nach ihm diesen Völkern das Verhältnis dieses Waldtiers zu den «wohltätigen Gewächsen der Erde»: «Auf einer keltischen Münze schweizerischen Fundortes sehen wir den Bär eine Wurzel benagen.»[19] Kuh und Bär, mochte das eine Tier die Grundlage der Ernährung sein und das andere eigentlich das «gefährlichste Raubtier in Hirtenländern»[20], waren damit gleichermassen die Verkörperung all jener Kräfte, deren Kenntnis der Mensch brauchte, auf dass für ihn das Leben ewig den Tod zu besiegen vermöchte.

Sogar jene kriegerischen «Auszüge», mit denen sich diese Menschen nach und nach ihre Unabhängigkeit von Feudalherren jeder Art zu erkämpfen wussten, erschienen ihnen schliesslich nach dem Bilde eines frühlinghaften Erwachens aus dem Winterschlaf, eines fröhlichen Alpaufzugs oder einer Fahrt zum Maienbad. Sie sangen etwa im 15. Jahrhundert: «Der Winter ist gar lang gesin (gewesen), / Dess hat getruret manig (manch) Vögelin, / Das jetzt gar fröhlich singet; / Uff grünem Zwy (Zweig) hört man's im Wald, / Gar süssiglich erklingen. – Der Zwy hat brach (gebracht) gar menig Blatt, / Darnach man gross Verlangen hat, / Die Heid ist worden grüne; / Darum (!) so ist gezogen uss, / Gar menig Mann so kühne.»[21]

Das Wort «frei» bezeichnet noch immer in Mundarten jede Möglichkeit des erfüllten, glücklichen Lebens

Alle Macht der Jugend – Reich der freien Mädchen

Die «meisten» Bewohner der Eidgenossenschaft, so schildert der Geschichtsschreiber Mutius im 16. Jahrhundert des Landes Entstehung, «lebten (damals) als Hirten».[1] Ähnlich wie schon vor ihm der Zürcher Felix Hemmerlin, erkannte auch er als einen Hauptgrund ihres Aufstandes um 1300 weniger die wirtschaftliche Ausbeutung, als eine für die Bergleute unvorstellbare Haltung der Unterdrücker gegenüber ihren Mädchen. Schlimmer als die geheimen Liebesabenteuer der Vögte war in den Augen der Bergler offenbar die Art, wie sie diese Taten zur eigenen Bestätigung und Verherrlichung verwendeten. Besonders der von Uri habe in dieser Beziehung übertrieben: «Erst tat er es heimlich, dann ging seine Frechheit so weit, dass er gar nicht mehr verheimlichte, sondern wenn er bei den Edlen der benachbarten Schlösser zechte, sich dessen sogar rühmte.»[1]

Hat die Tell-Sage und damit die spätere Geschichte der Schweiz solche Grundlagen jener Auseinandersetzungen nur darum vergessen, weil sich nach und nach auch im «Hirtenland» die Einstellung zur Frau und überhaupt zur Welt der Sinnlichkeit fast vollkommen veränderte? Immerhin, eine der wichtigsten Taten zur Befreiung der Innerschweiz, die Eroberung eines der als uneinnehmbar geltenden Stützpunkte der Vögte, wurde nach den Chroniken nur aus einem einzigen Grunde möglich: weil sich die Mädchen jener Gegenden ihr Recht auf freie Liebesbräuche als Selbstverständlichkeit herausnahmen und nicht einmal die Söldner der Vögte sich leisten konnten, hier einen Riegel vorzustossen. «Es hatte ein Bunds-Bruder in dem Schloss Rotzberg eine Liebste, der ging öfters da es Nacht war vor die Schloss-Porten, und pfiff seiner Liebsten. Sobald sie dann die Pfeiffen gehört hatte, so lief sie und gab Antwort. Nun machte dieser Bunds-Bruder mit seiner Liebsten diese Abred: Sie sollte ihn auch einmal an einem Seil in das Schloss hinauf ziehen, weilen doch die Porten verschlossen wäre, und zwar die nächste Kiltnacht...»[2] So seien dann die «Bunds-Brüder» unauffällig in die Festung gelangt und hätten sie zerstört: Die zur Unabhängigkeit und Selbstbestimmung erzogene junge Frau öffnete hier die Pforten der Zwingburg. Zur Geschichte der eidgenössischen Freiheit gehören damit die in jeder Beziehung erstaunlich eigenwilligen Hirtenmädchen ebenso wie ihre wilden Alpen-Krieger.

DIE GEBIRGE DER LIEBE

«In jedem freien Gebirge unserer Schweiz, wo noch ein Fünkchen alter Nationalsitte der Bewohner glimmt»[3], lebte zäh, nach den besten Beobachtern des 18. Jahrhunderts, für die damalige Zvilisation unglaublich freier Liebes-Brauch. Man staunte, wie hier die Mädchen in sinnlichen Spielereien eigentlich alle Burschen der Gegend «auszuprobieren» vermochten und sich dann offenbar ziemlich nach eigenen, als eine Einheit empfundenen seelischen und körperlichen Neigungen für den nach ihrem Gefühl «Besten» entschieden.

In gewissen Gebieten liessen sie sich vom Auserwählten schwängern und machten damit den «Entschluss» der Eltern und die kirchliche Hochzeit nur zu einer ihren freien Willen bestätigenden Sitte. In andern Landesteilen entwickelte sich offensichtlich eine ganze, heute höchstens wieder von gewissen Hippie-Lebensphilosophien neu gepriesene Welt erotischer Zärtlichkeiten und Spielereien: «Den Eherichtern kommen sehr oft Fälle vor, wo junge Personen Jahre lang Nächte durchbuhlten, und da es zum Streit zwischen ihnen kam, der klagende Teil doch nicht den Genuss der letzten Gunst anführen konnte.»[4]

Die ganz Europa erfassende Gleichschaltung der Lebensstile, eine damit von oben nach unten dringende veräusserlichte Moral, die wirtschaftliche Ausnützung der Unterschichten durch den Industrialismus gaben dieser sinnlichen Schweiz den Todesstoss. Peinlich berührt liest man etwa, wie geschäftstüchtige, einflussreiche Bürger von ihnen umbuhlten reichen Touristen das Mitwirken bei diesen «geheimnisvollen» Sitten der Älpler zu vermitteln wussten. Voll Genuss sah dabei zum Beispiel der «königlich preussische Regierungs-Rat» von Uklanski ein schönes Mädchen «im Gewande der Unschuld» – wobei freilich, wie er voll Verwunderung schrieb, diese ihre «Tugend» jeden Augenblick zu beweisen wusste.[5]

Wahrscheinlich eine der ausführlichsten Schilderungen des seltsamen Brauches erhielt sich aber in einem so glänzenden Werk wie dem Buche «De l'amour» des geistreichen Franzosen Stendhal – einem der ersten der neueren Schriftsteller, dem es restlos aufging, dass es stets die Art der Beschaffenheit der zwischenmenschlichen Beziehungen ist, die das eigentliche Wesen der Kulturen ausmacht. Im Alpenland fand er, wie er sich ausdrückte, den «völligen Gegensatz zu unseren französischen Sitten, die ich wenig billige»: Im damaligen «zivilisierten» Europa erhielten die Mädchen kaum Gelegenheit, mit ihren zukünftigen Ehemännern auch nur zu reden – auch dies höchstens vor den Augen einer auf «Züchtigkeit» bedachten Aufsicht und im Sinne des Austausches anerzogener, völlig nichtssagender «Höflichkeiten».

Der «Bund fürs Leben» wurde nicht, wie es so gerne erklärt wurde, «im Himmel geschlossen», sondern nach endlosem Abwägen sehr irdischer, «standesgemässer» Überlegungen zwischen Eltern und sonstigen «Vertretern der guten Gesellschaft», die nun einmal den herrschenden Ton anzugeben hatten. Vielfach wurden dann, dies irgendwelcher wirtschaftlichen Ziele willen, noch fast im Kindesalter steckende Mädchen an 40-, 50- oder 60jährige Männer («die sich aber eine seriöse Existenz aufgebaut hatten») feierlich verkuppelt.

In den abgelegenen Gebieten der Schweiz herrschte aber, wie erwähnt, der «völlige Gegensatz» zu solchen «Umgangsformen der gesitteten Welt», und Stendhal führte dazu eine Schilderung an, die Oberst Franz Rudolf Weiss in seinen bekannten «Principes philosophiques politiques et moraux» veröffentlichte: Nicht ohne an dieser Stelle beizufügen, dies sei für ihn, Stendhal, nur eine Bestätigung dessen, «was ich im Jahre 1816 vier Monate hindurch mit eigenen Augen gesehen habe».

Aber lassen wir nun den wackeren Oberst und Augenzeugen Weiss selber zu Worte kommen: «Ein biederer Bauer (im Bernbiet) beklagte sich über verschiedene in seinem Weinberge angerichtete Beschädigungen. Ich fragte ihn, warum er sich keine Hunde hielte. ‹Meine Töchter würden dann niemals heiraten.› Ich verstand diese Antwort nicht, und nun erzählte er mir, dass er einen bösartigen Hund gehabt habe, dass keiner der jungen Burschen mehr durchs Fenster einzusteigen gewagt hätte.

Ein andrer Bauer, der Schulze seines Dorfes, sagte mir zum Lobe seiner Frau, keine andere habe in ihrer Mädchenzeit so viele ‹Kiltgeher› oder ‹Wacher›, das heisst junge Männer, nachts bei sich gehabt wie sie.»

Erotische Feenmärchen

«Ein allgemein geachteter Oberst (etwa der Herr Oberst Weiss selber? S.G.) war einst bei einem Ritte durch das Gebirge gezwungen, die Nacht am Ende eines sehr einsamen malerischen Tales zuzubringen. Er nahm bei dem Ortsvorstande, einem reichen und wohlangesehenen Manne, Quartier. Bei seiner Ankunft bemerkte der Fremde ein junges Mädchen von sechzehn Jahren, ein Bild von Anmut, Frische und Einfachheit. Es war die Tochter des Hauses. Am selben Abend fand ein Tanzfest statt. Der Offizier machte dem jungen Mädchen, das wirklich von auffälliger Schönheit war, den Hof. Schliesslich fasste er sich ein Herz und fragte, ob er nicht mir ihr wachen dürfe. Sie antwortete: ‹Nein, denn ich schlafe mit meiner Base zusammen, aber ich werde zu Ihnen kommen.› Man stelle sich die freudige Erregung vor, die diese Antwort hervorrief.

Man ass zu Abend; dann stand der Fremde auf. Das Mädchen nahm den Leuchter und folgte ihm in sein Zimmer. Er glaubte, das Glück in den Armen zu haben. ‹Nein›, sagte sie treuherzig, ‹erst muss ich meine Mutter um Erlaubnis fragen.› Der Oberst war wie vom Donner gerührt. Sie geht hinaus; er folgt heimlich bis an das Schlafzimmer der braven Leute und hört, wie das junge Mädchen in schmeichelndem Tone die Mutter um die erwünschte Erlaubnis bittet. Schliesslich wird sie gewährt.

‹Nicht wahr, Alter›, sagt die Mutter zu ihrem Manne, der schon im Bette liegt, ‹du hast nichts dagegen, dass Trineli die Nacht mit dem Herrn Oberst verbringt?› – ‹In Gottes Namen!› antwortete der Vater; ‹ich glaube einem solchen Manne könnte ich auch meine Frau anvertrauen.› – ‹Also schön›, sagte die Mutter, ‹aber sei ein braves Mädchen und behalte deinen Rock an!›

Am andern Morgen stand Trineli jungfräulich wieder auf. Der Fremde hatte sie geachtet. Sie brachte das Bett in Ordnung, bereitete Kaffee und holte Sahne für ihren Nachtgenossen. Nachdem sie mit ihm auf dem Bette sitzend gefrühstückt hatte, schnitt sie ein Stückchen Stoff aus ihrem Brustlatz heraus und sagte: ‹Hier, behalte das zum Andenken an eine glückliche Nacht, die ich nie vergessen werde! Ach, warum bist du Oberst!› Nach einem Abschiedskusse enteilte sie. Der Oberst sah sie niemals wieder.»

Also die betreffende Stelle bei Stendhal.

Zu Ehren des unternehmungslustigen und grosszügigen Trineli (und der Erzähler-Wahrhaftigkeit des Obersten Weiss) will ich hier nur beifügen, dass, zumindest in der von mir eingesehenen Ausgabe der «Principes philosophiques», der Schluss der Geschichte etwas anders lautet. Es findet sich hier weder Rührseligkeit im Sinne der Damen-Romane des 18. Jahrhunderts noch eine zu nichts verpflichtende modische Klage über Standesunterschiede. Die Stelle endet hier viel hübscher, der sinnlichen Phantasie des damaligen, in den starren Moral-Regeln der «Schicklichkeit» eingezwängten Lesers einen gewaltigen Spielraum öffnend: «‹Also gut, gehe›, sagte die Mutter, ‹ziehe deine Röcke nicht aus.› Trineli versprach es und hielt ihr Wort – aber man hatte beizufügen vergessen, dass man diese nicht verrücken sollte.»[6]

Weiss, der versicherte, dass die schweizerischen Mädchen «gewöhnlich jeden Samstag mit ihren Liebhabern schlafen» und dass man sich ihnen gegenüber «vom ersten Anlauf an» ziemlich unmittelbar körperliche Vertrautheiten herausnehmen durfte, erklärte seinen staunenden Lesern: Man könnte dann ruhig sein, «dass sie in dieser ihnen gegenüber herausgenommenen Freiheit eine ihnen dargebrachte Höflichkeitsbezeugung sahen, welche ihnen zusätzlich bestätigte... dass sie schön genug seien, um Verlangen zu erwecken. Diese gleichen Mädchen sind nicht fremd der ersten Tugenden ihres Geschlechts: Der Sanftmut, der Güte, der Aufrichtigkeit, der kindlichen Anmut; und diese Blüte der Schönheit, welche sich nur im Schutze der Freude entfaltet, verbreitet ihren Zauber um sie!»[6] Auch Stendhal behauptete ja aus eigenem Augenschein: «Ich kenne wenige so glückliche Familien wie im Berner Oberland...»

Der in der Schweiz noch immer vielzitierte Satz, laut dem «zu Hause muss beginnen, was leuchten soll im Vaterland», war keine klangvolle Wendung für Festansprachen, sondern eine alltägliche Erfahrung: Die umkämpften äusseren Freiheiten waren nur sichtbarer Ausdruck einer ganzen «geheimen» Welt der «als Selbstverständlichkeit herausgenommenen Unabhängigkeit» im ungezwungenen Umgang der Geschlechter, in der zu ihren Ehen führenden Entscheidungsfreiheit der Mädchen; in Liebesbräuchen, die keine Sittenlehren und Satzungen je zu «ordnen» vermochten.

IM REICH DER FREIEN MÄDCHEN

Die Bünde der Jünglinge, die sich zum Kilten zusammenfanden, waren verständlicherweise auch die Hauptträger von Jahresbräuchen, Fasnachtsspielen, Maskenumzügen, die dem ganzen Dasein der Eidgenossenschaft den Glanz gaben. Sie waren es auch, die in einigen Kantonen das gesellschaftliche Leben zu gestalten wussten. Gerade durch diese wilden Bünde junger Menschen erhielt das ganze Kriegswesen etwas Verspielt-Phantastisches, wobei «Unordnung als Norm»[7] genommen wurde: «Sie achtend korsamkeit (Gehorsamkeit) nüd vil / ain ieder ain held wesen will.»[7] Doch die Bande der Gemeinschaft hielten in der blutigen Not besser zusammen, als es durch irgendwelche Befehle von oben erreichbar gewesen wäre, weil sie eben aus dem gemeinsamen Erleben in Friedenszeiten hervorgingen! Aus Dingen, wie sie uns noch die Sage überliefert: Man wusste zum Beispiel noch lange, dass «...sich in der Schweiz die Jünglinge für die Mädchen, die sie liebten, Nachts dem Getreideschneiden

Eigensinnig steht stets in Überlieferung und Bildwerken neben dem alten eidgenössischen Krieger sein Gegenbild – das freie Mädchen

unterzogen, damit diese, wenn sie am Morgen zur Arbeit kommen, keine finden...»[8]

Beobachter bestaunten bis zum Ende der Eidgenossenschaft in den «demokratischen» Kantonen die Freiheit der Landsgemeinden, in denen oft die unbeschwert-lebendig vorgetragene Meinung (la voix active) dieser Jungen, nach Gewohnheitsrechten von 16- und in gewissen Orten von 14jährigen, das Land beherrschte: «Was können die Alten gegen die Energie der jungen Menschen?»[9] In Graubünden, dem Land, wo diese Jugendbünde fast noch bis in die Gegenwart ihren Einfluss zu bewahren verstanden, waren die politischen Versammlungen noch lange ein Fest der Jugend, das mit Tanz und Liebe begann und endete. «Jeder Knabe hatte sein Mädchen zu Pferde auf seinen Saumsattel genommen, so war der Zug zur Landsgemeinde gelangt, die Spielleute voraus...» heisst es in einer Schilderung von 1809.[10]

Festere Staatlichkeit im neueren Sinne entstand in der Alten Eidgenossenschaft vor allem dort, wo der Einfluss dieser stolzen Jugend halbwegs niedergeworfen und in «vernünftige Bahnen» gesteuert zu werden vermochte: In des Berners Niklaus Manuel «Klagred der armen Götzen» geht es vor allem gegen die ungebändigten Jugendlichen, bei denen angeblich die Lasterhaftigkeit «gmein» (allgemein) sei und die man mit blutigen Strafen in «Ordnung» zwingen müsse.[11] Und auch der Zürcher Reformator Bullinger lehrte in seinem Spiel «Lucretia und Brutus» vor allem das Vorgehen gegen jugendliche Aufrührer, die an überlieferten übermütigen Bräuchen festzuhalten wünschen und sich dabei auf «der jungen lüden art» berufen.[12]

Der für alte Zeit bezeugte alpine Brauch, die Kinder bis zum fünften Lebensjahr zu stillen, trug nach einer geistreichen Überlegung sicher dazu bei, ein «langes und inniges» Verhältnis zur Mutter[13] und damit zum weiblichen Geschlecht zu begründen: Mit jeder Einzelheit dieser für uns in ihrer Gesamtheit so verwirrenden volkstümlichen Gebirgskultur erhalten wir einen Hinweis auf ein merkwürdiges Gleichgewicht gesellschaftlicher Spielregeln. Zu dessen Kennzeichnung würden sich darum totgebrauchte Schwamm-Ausdrücke wie «Patriarchat» oder «Matriarchat» für vollständig sinnlos erweisen! Dem fremden Beobachter erschien das ganze «Treiben» im Alpenland als im Verhältnis zu den Zuständen in seiner Zivilisation geradezu unglaubwürdig «männlich» – und gleichzeitig sah er die Frauen im Besitz geradezu erschreckender Vorrechte.

Fremde Schriftsteller verdächtigten alle Frauen der Alpenländer einer tiefen Kenntnis sämtlicher Hexenwissenschaften

Hexenkunde: Durch das Dunkel zum Licht

Der berühmte «Hexenhammer», für kirchliche und weltliche Richter die «wissenschaftliche» Begründung für grausame Verfolgungen, entstand in Basel – genau wie der «Formicarius» des Dominikaners Johannes Nider (1385 bis 1438), worauf er sich stützt. «Verbrennungen kennt Nider nur in Bern»[1] – die Sage von den Hexenbünden und damit der Versuch, die entsprechenden Ketzer mit Feuer und Schwert auszurotten, findet also für das deutsche Sprachgebiet vor allem in der mittelalterlichen Eidgenossenschaft ihre Ur-

heimat. Dieser ganze, in seinen Folgen so verhängnisvolle Vorstellungskreis, diese scheusslichen, sich über Jahrhunderte hinziehenden Verfolgungen nahmen «in grösserem Umfange grade in den Gebieten der französischen Schweiz und Savoyens ihren Anfang».[2]

Meiners wurde im 18. Jahrhundert von der Wirklichkeit dieser Bünde überzeugt, als er gerade in schweizerischen Gerichtsarchiven recht sachliche, miteinander übereinstimmende Schilderungen der Zusammenkünfte alter Hexenversammlungen las.[3] «Ganz verschieden von den Aussagen der Hexen anderer Länder, welche, um die Tänze mitmachen zu können, weite Luftreisen unternehmen müssen, lauten diejenigen der Bündnerinnen. Sie hatten es bequemer. Sowohl im Bergell als im Prättigau und namentlich im Oberland wimmelte es von solchen Örtlichkeiten, meistens auf Alpen...»[4] «Die Orte der Zusammenkunft befanden sich immer in der Nähe des Wohnortes...»[5] Auch im Wallis erscheint das Hexenwesen als «besonders stark und früh ausgebildet».[6] Im Kanton Luzern kann man den Berichten entnehmen, dass die Bewohner der alpinen Gebiete (Willisau, Entlebuch) «dem Hexenglauben ihrer Natur nach näherstanden als die Leute aus dem Flachland».[7]

Auf einen solchermassen zäh nachlebenden Gebirgskult verweist wohl noch der Mundartausdruck «Räbel-Chilt» für «nächtliche Zusammenkunft junger Leute beiderlei Geschlechts, wo mannigfaltige Spiele, Gesang und Tanz ziemlich laut, oft gar mit Unfug betrieben werden».[8] Gleichbedeutend ist das Wort «Räblete» für Tanzbelustigung und Saufgelage, «die in Scheunen und entlegenen Hütten abgehalten werden». Räbel, Räbu bedeutet eigentlich Gepolter – dies nicht zuletzt für den seltsamen nächtlichen Lärm, der nach dem Volksglauben beim Gespensterspuken, dem Treiben des Nachtvolkes, der Totengeister entsteht[9]: Die Entstehung der phantastischen Vorstellung von der Versammlung der «Ketzer», dem Hexensabbat aus einem ganz bestimmten Lebensstil, ist damit allein durch sprachliche Denkmäler verhältnismässig leicht nachzuweisen.

Bezeichnend genug war für eine Ausgabe des «Hexenhammers» auch der eidgenössische Freiheitsheld Wilhelm Tell nichts anderes als ein Zauberschütze und Teufelsbündler. Das zu grausamen Massnahmen aufrufende Werk ist damit wohl nur eine Folge der Tatsache, dass «das Alpenland von jeher ein Sitz zahlreicher Sekten und Bruderschaften» war, die «das Recht freier Selbstbestimmung und die Unabhängigkeit des Gewissens bedingungslos voraussetzten».[10]

Unabhängigkeit im Traum

Vom Standpunkt der Obrigkeit und ihrer Weltordnung scheinen die Hexenrichter vollkommen gerecht, nach bestem Gewissen gehandelt zu haben. Unter dem verfolgten Zaubervolk Neuenburgs findet man in den Urkunden in bedeutender Zahl gewesene Söldner[11] – also trotzige Menschen, die zum guten Teil wegen irgendwelcher Händel im Auslande nach Möglichkeiten zu einem freieren Leben gesucht hatten. «Alle» Hexer und Hexen der Waadt, wo sie

Auf Gespenster-Kühen «reisten» die Hirtenzauberinnen zu den Versammlungsorten

geradezu zu Tausenden vernichtet wurden, seien nachgewiesenermassen, ganz abgesehen von dem ihnen vorgeworfenen Dämonenbündnis, irgendwie schuldig gewesen: Mit Berechtigung betrachtete man sie auch sonst als Übeltäter gegen die Ordnung der gnädigen Herren, zumindest gegen die in jenen Jahrhunderten durch unzählige Gesetze geregelte Sittlichkeit.[12] «Die Zauberer stammten aus der niedrigsten, gröbsten Klasse der Landbevölkerung.» Bei der Bezeichnung «gröbste» (la plus grossière) Klasse[12] darf man nie vergessen, dass dies vom Standpunkt der damaligen Oberschicht gedacht war – es handelte sich eben um Menschen, die nicht bereit waren, sich irgendwie behauen, prägen, in den Lebensstil der von ihnen abgelehnten herrschenden Zivilisation einfügen zu lassen. Mit welcher Grausamkeit man dies versuchte, bezeugen uns zahlreiche Quellen: 1571 drohte zum Beispiel Bern den Saanern, «wider dieser Hirten Laster und Unzucht, üppige Lieder, leichtfertige Tänze und andere Verbrechen» mit «Strick, Schwert und Feuer»... «Weil in den Alpen grosse Neigung herrschte, allerlei zu dichten», wurde auch dies und das Theaterspielen, Bräuche aller Art, das Tanzen verboten; «hingerichtet wurde, wer fünfmal bei Mädchen geschlafen, die Folter wurde auch deswegen gebraucht». Nun floh die Jugend «bei Nacht in das Felsengebirg, um in einsamen Wäldern zu tanzen; aber sogleich kam ein scharfes Mandat...»[13]

«Nach einigen Angaben» benutzte das «Hexen-Volk» zu seinen Zusammenkünften, bei denen es sich seinem verfemten, freien Leben hinzugeben suchte, teilweise unberechenbar-gefährliche Rauschmittel wie Hanf, Mohn,

Stechapfel, Bilsenkraut. Was das letztere angeht, so ist der Urkunde über ein waadtländisches Gerichtsverfahren des 17. Jahrhunderts sogar ein zeitgenössisches Gutachten beigefügt: Dessen Verfasser sah selber die Wirkungen dieses Gifts in den Bergen des Val d'Anniviers. Berauschte benahmen sich unter dessen Einwirkung so unvernünftig, dass man annahm, «sie seien vom Teufel besessen».[14] Übrigens: Noch in dem handschriftlich und in Drucken des 19. Jahrhunderts sehr verbreiteten Zauberbuch, «Albertus Magnus egyptische Geheimnisse», findet sich das Rezept, «Jemand ohne Schaden betrunken zu machen»: man bewirkt dies, indem man dem Wein etwas Wasser beimischt, worin «die Wurzel» gewisser Nachtschattengewächse «gekocht wurden». In 9 von 15 sehr zerlesenen Büchern dieser Art, die ich im Bernbiet sah und wovon ich zwei erstehen konnte, fand ich ausgerechnet diese Anleitung angestrichen: «Sie gehörte», wie man mir auch mündlich versicherte, «zu den beliebtesten.»

In «einsamen Wäldern» wie im Traum seiner verderblichen, den Eingeweihten der Hexenbünde bekannten Drogen suchte das Volk nach jener Freiheit, die ihm durch viele Jahrhunderte hindurch der Alltag verweigerte.

Die Schwarze Messe der Armen

Hans Rudolf Grimm, volkstümlicher Chronist in Burgdorf, versichert 1727, dass es zu seiner Zeit viele Menschen gab, die überzeugt waren, der biblischchristliche Gott «habe sich zur Ruhe begeben und nehme sich jetzung seiner Geschöpfen nicht mehr an».[15] Gotthelf deutete später die Tatsache, dass im 17. Jahrhundert, nach der enttäuschten Freiheitssehnsucht des Bauernkrieges, das Volk weniger bei der sich als Staatsdiener betrachtenden Geistlichkeit als bei Zauberern Seelentrost suchte, mit ganz ähnlichen Worten: Überall verbreitete sich die Überzeugung, der kirchliche Gott «sei nur ein Herren-Gott». Torheit sei es, «ihn ferner anzubeten und ihm zu gehorchen, es nütze ihnen doch nichts»: «Weil sie sich also von Gott verlassen» glaubten, so verliessen sie ihn wieder.»[16]

Die «Mächte der Nacht», so sehr sie von den amtlichen Theologen verteufelt wurden, erschienen auch im 18. und 19. Jahrhundert den in seiner wirtschaftlichen und geistigen Lage verzweifelten Volksschichten als ihre einzige Hoffnung. Ein unglücklicher, auf die ganze damalige Gesellschaft krankhaft verbitterter Übeltäter soll zum Beispiel nach einem volkskundlich sehr wichtigen Bericht von Pfarrer J. J. Schweizer in seinem Weltbild durch fleissiges Studium der «in Geisterbüchern vorgeschriebenen Formeln, Zauberwörter und Ceremonien» Bestätigung gefunden haben. Auf einem waldigen Berg habe er darauf sein Bündnis mit der Hölle geschlossen, und es sei von da an seine Überzeugung gewesen: Dass er, «indem er die Werke des ihn besitzenden Satans ... vollstrecke, als einer seiner obersten Diener und Gesellen ein behagliches, lustiges Leben in der Hölle führen, wohl auch, in Geistergestalt auf die Erde gesendet, sich seinen Feinden und ihren Nachkommen furchtbar machen ... könne».[17]

Von einem erfolgreichen Bürger von Aarau wird uns noch berichtet, dass er dauernd von bedürftigen Leuten belästigt wurde, die, «gleich ihm, ihre Seele dem Satan verschreiben» wollten. Schluchzend, vollständig verzweifelt erklärte zum Beispiel ein armes Weib, «dass sie aus Mutterliebe ihre Seele dem Teufel opfern wolle, wenn er ihr Hoffnung geben könne, dass die Kinder geborgen blieben».[18] Johann Binggeli aus dem Schwarzenburgischen, einer der merkwürdigsten Sektengründer des 19. Jahrhunderts, versicherte, sein Vater sei ein Teufelsbündler gewesen. Er selber habe im Bremgartenwald bei Bern den «Teufel» erblickt: «Seine Grösse war ungefähr wie der Christoffel (heute leider zerstörte Darstellung eines Riesen an einem Berner Stadttor, S. G.), er war nackt, schwarz und haarig.» Liebenswürdig genug fügt unser Seher dieser Schilderung bei: «Das kommt dem gläubigen Leser grausig vor, auch mir standen die Haare auf dem Kopf zu Berge vor Grausen.»[19]

HEXENBÜNDE DER NEUZEIT

Die Geschichte über die Hofhaltung eines uns eher an einen sagenhaften «Wilden Mann» gemahnenden «Teufels», sie erscheint uns fast wie die Erinnerung an eine echte nächtliche Zusammenkunft einer geheimen, an sich recht lebenslustigen Gemeinschaft: Ein Weib, das auf dem apokalyptischen Tier mit sieben Köpfen sitzt, macht «auf alle Weise Manöver (Körperbewegungen)» und «klepft mit den Fingern Tänze». Daneben läuft Herr Satan selber «und hatte eine grosse Geige und hintennach kam eine schöne Musik, dass man hier auf Erden keine solche hört. Diese (also die ganze Gesellschaft, S. G.) sind alle so stolz daher gekommen, als wüssten sie nichts von Pein und Verdammnis...»[19]

Gibt hier Binggeli eine wirkliche Zusammenkunft im Bremgartenwald wieder, aus der Zeit etwa, da er noch zur dunklen Sekte seines Vaters gehörte? Die von ihm, als er sich später zu lösen versuchte, bewusst ins «Dämonische» verzeichnet wurde? Haben wir hier die einigermassen zuverlässige Schilderung der Einweihungsbräuche eines Hexenbundes aus dem letzten Jahrhundert, wobei wir vermuten dürfen, dass die Teilnehmer unter dem Einfluss der erwähnten Kräuterdrogen standen? (Vielleicht verweist uns auch Binggelis sehr unklare Behauptung in diese Richtung, nach der er ein Fläschlein besass, «aus dem drei heilige Männer getrunken hatten» – es habe ihm das Hellsehen, das Erkennen des Wesens der Mitmenschen, ermöglicht.[20]) Binggelis Büchlein verbreitete auf alle Fälle bei den Bernern sehr viel Unruhe – verschiedene Geistliche sahen sich gezwungen, die Allgemeinheit vor dessen Inhalt zu warnen.[20] Zusätzlich wurde der Glaube an den «dunklen Bund» sogar von den politischen Gegnern der Revolutionäre des 19. Jahrhunderts noch sehr fleissig verwendet, um diese nach Möglichkeit zu verketzern: Man nannte sie Menschen, die «in den 40er Jahren zu Bern» sich «im Delirium oder Säuferwahnsinn ... in einer Bierkneipe» zum vorchristlichen Heidentum bekannt hätten[21]: Die in «Kneipen beim Pöbelvolk» gegen jede göttliche und weltliche Ordnung hetzten – und dafür als schreckliche Strafe auf ihrem Totenbett «Dinge sahen und nannten, dass die Leute aus dem Sterbezimmer wegliefen».[22]

In diesem Sinn wurde noch an der Schwelle unseres Jahrhunderts gegen sich heimlich auf dem Lande ausbreitende, vor allem auf den Kräuterarzt Anton Unternährer zurückgehende Religionsgruppen gewettert: «... dass man billig zweifeln darf, ob es eine heidnische Religion gibt, die auf so tiefer Stufe der Verkommenheit steht. Es ist, als ob der wüste Schmutz des mittelalterlichen Teufelsdienstes sich in diese Sekte geflüchtet hätte.»[23] Auch Gotthelf erwähnte voller Grausen in seinen «Leiden und Freuden eines Schulmeisters» die für ihn zeitgenössischen «Kilteten auf hohen Eggen, verfallenen Scheuerlein, wo es fast zugeht wie auf einem Blocksberge, wüst und hexenmässig». Und noch Simon Gfeller verweist auf «dunkle Gerüchte», die in seinen Tagen in diese Richtung zu weisen schienen.[24]

Es gibt sogar anscheinend zuverlässige Aussagen heute lebender Zeugen, die in Gebirgsgegenden Zusammenkünfte «nach altem Hexenbrauch» erlebt haben wollen[25]: Die Behauptung moderner einheimischer «Hippie»-Gruppen, die sich vor allem seit den 60er Jahren in bestimmten Nächten (Walpurgisnacht auf den 1. Mai, Mittsommer, 1. August) auf abgelegenen Bergen versammeln, «um des Segens der Natur-Energien» teilhaftig zu werden[26], es sei ihr ganzes Tun «keine neue Mode, sondern die Aufnahme einer Überlieferung», braucht also kaum in jedem Falle nur unhaltbarer Unsinn zu sein.

Drogen und Helden

Bezeichnend genug galt schon sehr früh als ein «Haupterwerb» des Alpenlandes, das voll von Kräuterhexen war und wo für seinen Lebensunterhalt jeder Hirt ein gewisses Wissen um Kräuter besitzen musste: «Die Ausfuhr von heilwirkenden Pflanzen.»

Vom Türkenbund vernehmen wir etwa: «Die Wurzel wird dann weit / Verschicket in den Kisten, / Sie wird auch Gold-Wurtz g'nennt. / Darum die Alchimisten / Darnach begierig sind / Und sie aufkaufen all...»[1] In allen Nachbarländern waren also die Eingeweihten der Geheimwissenschaften auf diese nach ihrer Auffassung von wunderbaren Fähigkeiten erfüllten Bergkräuter angewiesen. Aus ihnen glaubten sie sogar, ihren «Stein der Weisen» zu bereiten, mit dem sie ihre magischen «Lebenselixiere» und sogar das okkulte Mittel zur «Verwandlung der Elemente» zu gewinnen hofften. Über die Gebirgspflanze Gelber Enzian verrät uns Hieronymus Bock (1551): «Die allergebräuchlichste Wurzel in Germania ist Enzian... So weiss der gemeine Mann keinen besseren Triak... Seind nit etlich Triackerskrämer (Theriakkrämer), die nicht anderst dann (denn) Enzian mit Lorbeeren samt etlichen Wurzeln, mit Honig vermangt, für Triackers verkaufen?»[2]

Von überall kamen die nach ihren Wunderkräutern «begierigen» Fahrenden, wie dies auch unsere Volkssagen hundertfach bezeugen, zu den Älplern, liessen sich von ihnen «die guten Plätze» zeigen und vermittelten ihnen dafür Nachrichten über das Wissen der ganzen Welt. Schon weil diese Geheimwissenschaftler (Adepten) für den Gewinn ihrer Schätze auf die Einheimischen angewiesen blieben, verhielten sie sich diesen gegenüber in der Regel äusserst höflich und ehrlich: Meistens boten diese ersten und durch Jahrhunderte wohl einzigen Gäste unserer Alpen den Hirten richtige Bezahlung für die paar Wochen ihres Aufenthalts an[3] – wenn diese aus Gastfreundlichkeit abschlugen, vermittelten ihnen dafür die reisenden Zauberärzte etwas aus ihrem auf allen Wegen der Welt erworbenen Wissen.

Noch durch das 18. Jahrhundert hindurch vernimmt man aus französischen Gerichtsaufzeichnungen, wie sehr der Handel mit Kräutern ein Haupterwerbszweig der «Zigeuner» war, und Abbé Prévost versichert, dass diese Leute oft sogar von gelehrten Ärzten und Chemikern wegen ihrer Kenntnisse bewundert wurden! Ein solcher Mann, der seine Mittel vor allem an die Apotheker von Reims, Sedan, Limoges verkaufte und 1748 in die Hände der Polizei lief, gab zu, dass er jedes Jahr seine Ware vor allem «in den Bergen der Schweiz» zu gewinnen pflege.[4] Noch 1965 hörte ich in Paris von einem elsässischen Fahrenden, «er habe von seiner Grossmutter gehört, die stärksten (!) Pflanzen wüchsen in gewissen Gegenden des Juras und der Alpen». Der Sagenkenner Wyss bedauerte 1822: «Es fehlt doch eine genaue Würdigung der Arzneipflanzen für Menschen und Vieh, und eine vollständige Übersicht des Handels mit denselben auch nur im bernischen Oberlande, wo namentlich zu Golzwyl mehrere Kräutersammler und Wurzelgräber nicht ganz wenig gewinnen.»[5] Eine solche Untersuchung über die Handelswege der alten «Theriakkrämer

45

und Alraunengräber» würde uns wahrscheinlich auch wichtigen Aufschluss geben, warum bestimmte, einst blühende Alpengegenden später in kulturelle und wirtschaftliche Bedeutungslosigkeit versanken.

Dass in der Gegenwart ausgerechnet Basel, die Stadt, wo im 16. Jahrhundert Paracelsus lehrte, der grösste Schüler jener alten Kräutersammler, zum wahrscheinlich wichtigsten Mittelpunkt der modernen chemischen Industrie wurde, ist damit kaum ein Zufall: So wenig wie die Tatsache, dass vor allem hier der Einfluss der in bestimmten Pflanzen enthaltenen Wirkstoffe auf das menschliche Bewusstsein wiederentdeckt wurde – und damit auch die Bestätigung vieler «Aberglauben» jener fahrenden Alchimisten und der mit ihnen befreundeten «kräuterkundigen Bergleute».

BLUMENKINDER VON EINST

Der «Mercure Suisse» untersuchte bereits im 18. Jahrhundert die Frage, warum eigentlich Schweizer in der Geschichte der Botanik eine so vorzügliche Rolle spielten, obwohl es in ihrem Lande damals gar keine öffentlichen «botanischen Gärten» gab: Der Grund liege darin, dass jeder vor seinem Hause einen solchen besitze.[6] Hirten, Bauern und sogar die Bürger der Städte versuchten einander gegenseitig in ihren Kenntnissen der Kräuterkräfte zu übertreffen. Man glaubte fest, «dass die schweizerischen Bergkräuter kräftiger als alle anderen seien»: «Der selige Arnd glaubte in seinem Buch von den sechs Tagwerken, dass wo Bergen seien, gewöhnlich ein gutes Gestirn sich befinde, das mit seinen guten Einflüssen die Erde solcher Bergen schwängere.»[7]

Noch lange galt sozusagen jeder Schweizer als geborener Meister und Nutzniesser solcher in den Pflanzen eingeschlossenen heilsamen oder auch in ihren Auswirkungen dämonischen Sternenenergien: «Es ist bekannt, dass die Kräuter auf diesen Bergen in der grössten Vollkommenheit wachsen... Ihr gewürzter Geruch und Geschmack, insbesondere die grosse Kraft, die in ihnen liegt, hält die Einwohner völlig (!) schadlos. Daher sind auch die Schweizer Pflanzen weit kräftiger als andre, die von eben der Art in andern Ländern wachsen... Es gibt unter der Menge der fürtrefflichen heilenden Kräuter freilich auch einige, welche nachteilige Wirkungen verursachen – ja manche sind so giftig, dass ihr blosser Geruch im Stande ist, einen ewigen Todesschlummer zu verursachen.»[8]

Begeistert über die endlose Fülle des ihnen hier zuwachsenden Naturwissens lobten noch fromme Eidgenossen des 17. und 18. Jahrhunderts Gott vor allem dafür, dass er ihr Volk so erschuf, dass es könnte: «... der Welt gleichsam... auf dem Haupt sitzen, und mit den schönsten und wundersamsten Gewächsen wie Kinder in den fliegenden Haaren ihrer Mutter spielen...»[9] Es ist bezeichnend, dass Rousseau und Haller, diese beiden Verherrlicher des Volkslebens der Alpen und damit Bahnbrecher der Romantik im 18. Jahrhundert, beide fanatische Botaniker waren: Vom Genfer und vom Berner wissen wir, dass gerade ihre Ausflüge zu den Kräutern sie aus der städtischen Umwelt hinausführten und sie zwangen, unermüdlich mit der ländlichen Bevölkerung und mit ihrer aus uralter Überlieferung stammenden Kräuterwissenschaft in Beziehung zu treten. Nicht zuletzt diese volkstümliche Pflanzenkunde war es also, die die Gebildeten nach und nach beeinflusste, ihre Vorurteile gegen die «wilden», «unheimlichen» Gebirge abzubauen und damit deren Kulturkreis wieder zu entdecken.

KRAFT AUS KRÄUTERN

Mindestens so unheimlich wie das Kriegertum der alten Älpler galt deren mittelalterlichen Feinden das Treiben ihrer Mädchen und Frauen, die man samt und sonders dem Hexenbunde zuzurechnen versuchte. Schon vom Zürcher Hemmerlin, einem ihrer wichtigsten Verleumder, wissen wir: «Die Weiber der Bauern beschuldigt er hauptsächlich der Zauberei, besonders im Land Wallis im Bistum Sitten.»[10]

Es ist offensichtlich, dass man bei den oft gegen unglaubliche Übermacht erkämpften Siegen jener Hirten «magische Künste» beteiligt glaubte. Wahrscheinlich wiederholt der wackere Hemmerlin nur die bei Freund und Gegner verbreiteten Ansichten, wenn er von den durch ihn geschmähten Schwyzern behauptet: «Nach dem Tod gehn solche Kriegsfrevler um als böse Geister mit den Lemuren.»[11] Dem gleichen Verfasser des 15. Jahrhunderts verdanken

«Speis und Trank», die jene wilden Krieger vor ihren Schlachten einnahmen, umgab viel seltsamer Aberglaube

wir aber auch die Nachricht, dass das unverbesserliche Gebirgsvolk über solche Aussichten wahrscheinlich gar nicht besonders bekümmert war: Ein Schwyzer, erzählt er, sei ein ganzes Jahr bei «verführerischen weiblichen Geistern» im Berg geweilt; von seinem Aufenthalt habe er ganz «reizende Dinge» zu erzählen gewusst.[12]

Lebten also bei den Stämmen der Innerschweiz noch immer ähnliche sinnliche Paradiesvorstellungen wie in den zweifellos durch Kräuterdrogen erzeugten Träumereien ihrer Hexen? Vergeblich versuchte schliesslich auch Jahrhunderte später die Obrigkeit, die «unerhörte Ketzerei» niederzukämpfen, der geliebte Held Tell sei nach seinem Ende, «anstatt in den Christenhimmel der Seligen, in die Berghöhlen zu Gespenstern» gezogen...[13] Der Glaube, dass die unheimlich-unaufhaltsamen Hirtenhelden aus der Schweiz aus irgendwelchen geheimen Zaubermitteln ihre unerschöpflichen Kräfte zu beziehen wussten, scheint sehr lange nachgewirkt zu haben: In einem Zürcher Totentanz des 17. Jahrhunderts versichert der Tod einem Soldaten, dass gegen seine Macht kein «Wundsegen» zu nützen vermöchte.[14] Auf einem andern Bild wird ein herumziehender «Zaubersegner» vorgestellt, also ein Mann, dem die Krieger den Verkauf eines solchen Schutzes gegen feindliche Verletzungen zutrauten – ausdrücklich wird er aber auch Theriakkrämer, «Araunwieger» und «Giftekoch» genannt, also dem Sinn nach: Händler mit verrufenen Kräuterdrogen.[15]

Eine der beliebtesten Sagen aus dem Berner Oberlande erzählt, wie ein Hirte den nächtlichen Besuch von drei unheimlichen Gesellen erhielt, die aus seiner Milch drei verschiedenfarbige Mischungen herstellten: Die rote Flüssigkeit, die ihm dann der eine der Zauberer anbot, hätte ihm unwiderstehliche Körperkraft verliehen.[16] Als einen allgemeinen schweizerischen Volksglauben lesen wir von einer «gewissen» Wurzel, «dass dieselbe ins Bett genommen, oder bei sich getragen, die herbsten Leiden ertragen verhelfe und (dass sie) kräftige zur kühnsten Ausdauer...»[17] Im Entlebuch wird erzählt, dass ein gastfreundlicher Senne von einem «Fahrenden» eine Wurzel erhielt: Man musste am Morgen nur dreimal in sie beissen, dann besass man den ganzen Tag Kraft genug, es mit dem Stärksten der Schwinger aufzunehmen.[3]

Die Möglichkeit der gefährlichen Beeinflussung des menschlichen Bewusstseins und des ganzen Kreislaufes der Körperkräfte durch chemische Wirkstoffe ist offenbar nicht nur ein Ergebnis der neuesten Forschungen. Die Hexen und «Kräuteler» unserer Vergangenheit scheinen schon einiges darüber gewusst zu haben: Vielleicht ist dies sogar ein Teil der Lösung des Rätsels für die «Tollkühnheit» und die Unaufhaltsamkeit des Ansturms jener alten Hirtenkrieger.

Die wahren Herren der Feudalzeit

Vereinfachend malte das «bürgerliche» 19. Jahrhundert, dies selbstverständlich nur, um dadurch sich und seinen «Fortschritt» als «Höhepunkt aller menschlichen Geschichte» darzustellen, das ganze Rittertum des Mittelalters als «Räuberbanden der Ausbeuter». Doch scheinen auch hier neuere Forschungen der Volksüberlieferung Recht zu geben, die manches der mächtigen Geschlechter in jenen zerfallenden Burgen als «dem Hirten gütig»[1] bezeichnete. Viele Edle scheinen mit den Sippen der Küher von benachbarten Weidegebieten so brüderlich verkehrt zu haben, dass man schon eine gemeinsame Herkunft ihrer Kultur vermutete.[2] Dass Ritter, zur wilden Empörung ihrer Standesgenossen, auf der Seite der Eidgenossen gegen die Heere des Adels zogen und dabei oft ihr Leben liessen, kann man auf alle Fälle kaum noch aus irgendeiner Berechnung erklären. Häufig genug stellten sich viele dieser Geschlechter, dafür oft unbarmherzig als rechtlose Räuber ausgerottet, gegen Kaiser und Papst, beherbergten Ketzer und fahrendes Volk jeder Art und liessen ihre Felsennester zu echten Freistätten für verfolgte Menschen von unabhängigem Geist werden.

Man hat schon mehrfach die buntgekleideten, musizierenden, tanzenden, mit Nomaden von Burg zu Burg ziehenden, als Hexen verdächtigten «Fahrenden Frauen» des frühen Mittelalters mit den späteren Zigeunern verglichen.[3] Auf der Grundlage der zahllosen Überlieferungen hat man vermutet, dass also schon damals, nach dem Zerfall des römischen Weltreiches und dem Durcheinander der Völkerwanderung, vereinzelte Scharen aus jenen indischen Bergstämmen ins Herzgebiet Europas einzogen und ihre orientalischen Überlieferungen mitbrachten. Solchem Volk und den Herren, die sie zu beherbergen wagten, verdanken wir vor allem jene Farbigkeit, die trotz allem jenes Jahrtausend unserer Geschichte von Anfang an erhielt.

Märchenschlösser im Mittelalter

«Edel und Unedel» wurde nach dem Chronisten im 13. Jahrhundert aus dem Gebiet des Thunersees durch Heinrich von Strettlingen eingeladen, der sich auch als Dichter und Minnesänger einen Namen zu erwerben wusste. Tanz und Spiel herrschte: «Es war Singen, Springen, Schiessen, Kugeln walen (wälzen), Kegeln, Steinstossen, Essen und Trinken und mancherlei Sünden.» Es war Absicht des lustigen Ritters: «Freundschaft allenthalben der Leute... damit gewinnen.»[4] Um solche Burgen entstand für das Volk der Umgebung durch Jahrhunderte der dank festen Mauern gesicherte Mittelpunkt seiner freien Bräuche. Vom «Narr» des Grafen Peter von Greyerz wird zum Beispiel erzählt, wie er, in dieser Hinsicht offenbar beschützt von seinem mächtigen Herrn, im 14. Jahrhundert auf dessen Sitz als berufener Hüter einer ganzen Kultur seinen prächtigen Hof abhielt: «Alle Volkssagen waren ihm bekannt. Unter den geistvollen und fröhlichsten Männern des Landes hatte er sich ein

Narrengericht gewählt, in welchem er den Vorsitz führte. Nach der Mittagstafel versammelten sich die Narrenrichter an grossen Festtagen bei der schönen Witterung auf dem Rasen des Schlosshofes, wo der Graf gewöhnlich zu Gerichte sass, oder, wenn es regnete, schneite oder fror, im Rittersaale. Sehr ernstlich beschäftigten sie sich mit Erörterungen und Beratschlagungen über die Lustbarkeiten der Fastnacht, über Vermummungen (Verbutzungen), Trosselkarrn und Fuhren, kriegerische Spiele...»[5]

Solche Burgen waren für das ganze, stark zum Nomadentum neigende Volk wichtige Mittelpunkte, vergleichbar den Rastplätzen der Beduinen in ihren Wüsten. Schon Gotthelf gebrauchte diesen treffenden Vergleich: «Wir wissen zu wohl, dass in jenen Zeiten viele Schlösser der süssen Quelle glichen, welche die Umgegend befruchtet, den müden Wanderer erquickt...» Sie waren «sehr oft in jener Zeit, was jetzt noch die Oasen sind in den afrikanischen Wüsten».[6] Der bernische fahrende Sänger Gletting konnte sich sogar das Paradies nur nach dem Bilde des Schlosses eines solchen ritterlichen Herrn vorstellen! Bei Gott versehen nach ihm die unsterblichen Geister das gleiche Amt wie die Spielleute bei irdischen Festen. «Gleych wie ein Fürst ein spilmann bstellt, / Der im (ihm) kurtzwyl sol machen. / Wer an der Engel Music denckt... Der mag von hertzen lachen.»[7]

Noch der Edelmann Thüring von Ringoltingen, der im 15. Jahrhundert in Berns Rate sass, besang die keltische Fee Melusine, und seine Nachdichtung liess (über Hans Sachs und andere!) deren Sagenkreis im deutschen Sprachgebiet beliebt werden. Thüring schildert uns selber, wie er und seine ritterlichen Freunde sich mit jenen Märchen auseinanderzusetzen verstanden: «Nun habe ich einen Grafen von Erlach gekannt, der da in viel Schlössern, die Melusine erbaut hat, gewesen ist, und habe ich viel schöne Historien und Bücher gelesen: als von des Königs Artus Hof und seiner Tafelrunde...»[8] Es ist nicht verwunderlich, dass das Volk zeitweise überzeugt war, die Ritter seien, da mit den «Feen» im Bunde, selber unbesiegbare magische Wesen.[9]

Die Rotten der Nacht und ihre Rache

Wenn sich aber solche Burgbesitzer zu deutlich in die sich immer klarer herausbildende mittelalterliche «Hierarchie», in die «Ordnung» von Kaiser und Papst, einfügen liessen, zerstörten sie selber die feste Grundlage des Vertrauens, dank der ihre Sitze wichtige Mittelpunkte des Volkslebens darstellen konnten. Und wenn sie sich, zumindest in bestimmten auf ihre freiheitlichen Überlieferungen stolzen Gegenden, zu deutlich aus Hirten-«Häuptlingen» in Herrscher zu verwandeln versuchten, dann vermochten weder die «gnädige Hand» mächtiger Verbündeter noch gutbezahlte Söldnerscharen sie vor ihrem Untergang zu bewahren.

Viel zu eng mit dem Volke verbunden und von allen Hauptstädten abgelegen war das Leben jener Schlossherren, als dass sie sich erlauben konnten, zu deutlich gegen oder über ihre «Untertanen» zu regieren. Genau aus der lebendigen Kraft der gleichen Volksbräuche, dank deren glänzender Ausübung sie einst die Liebe der ganzen Umgebung besassen, erstanden ihnen dann unfassbare Gegner, die ihren Sturz vorbereiteten.

Stolz, sozusagen noch vor den Innerschweizern «ihren» Tell gehabt zu haben, erzählt die Sage des Berner Oberlandes, wie ein Wüterich, der in der Nähe von Ringgenberg zur Unterdrückung des Volkes eine Festung mit dem Namen «Schadenburg» errichten wollte, vom Baumeister getötet wurde: Dies mit der höhnischen Bemerkung, er schlage die Bezeichnung «Frei-Burg» vor!

Wohin der Aufrührer, der damit nur Blutrache für ein altes Unrecht genommen habe, hingegangen, «davon ist niemals ein sicherer Bericht gewesen. Aber einige sagen, er sei zurück auf einen Berg in die Höhle...»[10] Unabhängig vom genauen geschichtlichen Wert solcher Einzelsagen: Es ist klar, dass Bergleute, deren Denken und Brauch jedem unverständlich, unberechenbar wurde, der sich ihnen entfremdete, in ihrer unübersichtlichen Felslandschaft durch keine Macht der Welt richtig zu unterdrücken waren. Es war kaum ein Mächtiger, der nicht vor dem nächtlichen Treiben zitterte, das in bestimmten, für die Bräuche heiligen Nächten seine Festung umtobte. Ziemlich sachlich schildert Paracelsus dieses urzeitlich-wilde und doch offenbar durch Jahrhunderte so wirkliche Lärmen von vermummten Eingeweihten der Volksbräuche: «Nun, das wütende Heer ist eine Versammlung aller Hexen... zusammen, in gleicher Weise, wie wenn sich eine Rotte zusammenfügt, auf eine Kirchweih zu gehen... In gleicher Weise, wie wenn ein Orden ein Kapitel ansetzt oder eine ähnliche Konvokation, so ist auch das wütende Heer, da kommen sie zusammen aus vielen Gegenden...»[11]

Stauffacher hatte eine «wyse sinnriche Frau». Sie erzählt die Überlieferung von der Entstehung der Eidgenossenschaft. Sie rät ihrem etwas schwankenden Mann: «Darum wäre gut und vonnöten, dass euer etlich, die einander vertrauen dürfend, heimlich zu Rat zusammen gingen.» «Mangmal», also recht häufig, sei man «nachts zusammen kommen, für den Mytenstein, so am See steht» – mit vertrauenswürdigen Männern wie dem Tell, «der auch heimlich in der Bunds-Gesellschaft war»: «...davon die Eidgenossenschaft entsprungen, und das Land Helvetia (jetzt Schweizerland genannt) wieder in seinen uralten Stand und Freiheit gebracht worden».[12]

Dieser «geheime Bund» auf der Weide am heiligen Stein, angeregt durch klugen Rat einer «weisen Frau», oder nach anderer Fassung durch den wilden Aussenseiter-Jäger Tell selber, führte, wie man weiss, im weiten Umkreis zur Zerstörung aller Zwingburgen: Wir verstehen diesen «Bund» ausschliesslich auf der Grundlage einer neuen Kenntnis der in vorgeschichtliche Zeitalter zurückreichenden Volkskultur jener Alpenhirten.

Das Ende der maskierten Banden

Die Schilderungen der in den Alpen stattfindenden Zusammenkünfte des «Hexen-Bundes» enthalten in schweizerischen Sagen verhältnismässig wenig «übernatürliche» Elemente: Es sind, wie wir schon sahen, ganz deutlich die Zusammenkünfte gesellschaftlicher Geheimbünde. Da kommt zum Beispiel ein Bündner Hirt in eine nächtliche Hexenversammlung hinein. Dabei heisst es nicht, deren Anführer sei ein böser Geist, «der Teufel selber» gewesen! Es ist einfach «ein Mann, der in einem weiten schwarzen Mantel steckte. Sein Gesicht war bis an die Augen vermummt.» Die Hexer und Ketzer beschliessen, mit dem entdeckten Zeugen ihrer Zusammenkunft «gnädig» zu verfahren: «Der Hirt spürte noch, wie ihm ein feuchtes Tuch auf das Gesicht gedrückt wurde. Dann sank er auf den Boden und wusste nichts mehr von sich.»[13] Nachdem das Zaubervolk längst über alle Berge ist, erwacht er aus einem «schweren Schlafe» und ist noch einige Zeit «verstört» – offenbar noch immer unter dem Einflusse irgendeiner Betäubungsdroge, deren Besitz eigentlich alle Sagen jenen volkstümlichen Geheimbünden zuschreiben. Die zahllosen Geschichten über die «gegen das Volk grausamen» Edelleute, die oft mitten «aus übermütigem Festtrubel heraus vom gehörnten leibhaftigen Teufel geholt wurden», sind zweifellos im Sinne solcher Berichte zu verstehen.

Felix Hemmerlin verdanken wir noch aus dem 15. Jahrhundert die Erzählung, wie man in der Gegend von Zürich die im Kriege zerstörten Kelterbäume, diese wichtige Einrichtung der Weinbereitung, gemeinsam wieder neu herstellte: «Vor der Feier der heiligen Messe» wurde das Volk «durch Posaunen und Trompeten, auch durch vermummte und maskierte Gestalten und Geläute von Kuhglocken aus den Betten gerufen, damit dieses Werk vor dem Mittagessen oder Vormittags-Imbiss beendet werde.» Erbittert unternahmen Geistliche und Predigermönche gegen solchen Brauch, ihn als Gotteslästerung und furchtbare Entheilung des Sonntags bezeichnend,[14] rechtliche Schritte: Solange sich das Volk auf diese Art in Frieden und Krieg aus eigener Kraft heraus zu helfen vermochte, bestand der Machtanspruch kirchlicher und weltlicher Obrigkeiten höchstens auf dem geduldigen Pergament ihrer Urkunden.

Wahrscheinlich muss man fast alles, was wir aus der Heimatkunde unter den Begriffen Hexenverfolgungen, Bekämpfung des Maskentreibens, Auseinandersetzung mit den Jugendbünden und so weiter, kennen, einheitlich als Versuch der Oberschichten ansehen, die Möglichkeiten des Volkes zu zerstören, sein Schicksal selber zu bestimmen. Obschon Waadtländer Volksbünde offenbar alles getan hatten, die Reformation vorzubereiten, sahen deren Nutzniesser im 16. Jahrhundert als ihre wichtigste Aufgabe, sie zu zerstören: Deren Masken- und Festbräuche wurden als die Brutstätten von allen Lastern erklärt![15]

Die Walliser Sage schildert die «Räuber», auf deren Kunst sie die oft gehörnten Lötschentaler Masken zurückführt, ganz deutlich noch als solche das ganze Land auf ihre Weise beherrschende Geheimgesellschaften: Ihre Mitglieder seien «geschult» gewesen – nur derjenige wurde aufgenommen, der mit

Gehörnte Masken gehörten fast bis in die Gegenwart zu allen volkstümlichen Bräuchen und Gespenster-Spielregeln

einer schweren Last über den wilden Gletscherbach Lonza zu springen vermochte. Bei ihren stets nächtlichen Kriegszügen traten sie in erschreckender Gestalt auf, «in garstigen Fetzen, in Schaffellen, scheusslichen Masken, mit dröhnenden Treicheln (Kuhglocken) und mit schweren Keulen bewaffnet». Erst im 17. Jahrhundert sei dieses Volk, das die alten Mythen von den «Wilden Leuten» auferstehen liess, endgültig verschwunden.[16] Auf ähnliche Angaben treffen wir sogar in den Gerichtsurkunden verschiedener Kantone: «Um 1650 begannen die Verfolgungen im Bergell. Dort wurden mehrere Räuber... wegen ihres Bündnisses mit Satan... als Hexer hingerichtet.»[17] Im Gegensatz zu den Rittern auf den einsamen Burgen des Mittelalters besassen die Herren des Absolutismus endlich die Machtmittel, sich gegen die vorgeschichtlichen Freiheitsbegriffe dieser Bünde und Banden halbwegs durchzusetzen.

Das faule Volk der Eidgenossen

Für den Zürcher Felix Hemmerlin, der im 15. Jahrhundert erleben musste, wie seine Heimatstadt langsam in den Bannkreis der eidgenössischen Bergler hineinglitt, erschien eine entsprechende Zukunft in allerdüstersten Farben: Faule Küher, wilde Waldmenschen, Abkömmlinge von unheimlichen Barbarenvölkern, sah er jede Kultur auslöschen, die unter dem Schirm von Adel und Kirche entstanden war.[1] Auch für den Ulmer Hieronymus Emser war ein Eidgenosse: «Ein milchsaufender Schurke und ein fauler Melker der Kühe.»[2] Für Thomas More, den Sohn Englands, das sich bereits sehr rasch der Welt der modernen Wirtschaft und des Industrialismus zuentwickelte, waren die Schweizer der Inbegriff aller die menschliche Entwicklung bremsenden Kräfte. Um das Jahr 1515, also nur wenig später als Hemmerlin und Emser, gab er von ihnen die abstossendste Schilderung: «Sie sind rauh, wild und roh und wohnen in wilden Wäldern und auf hohen Bergen, wo sie aufgewachsen sind. Sie sind abgehärtet und ausdauernd in Hitze, Kälte und Anstrengung, fremd allen feineren Vergnügungen, gleichgültig um den Landbau, nur der Wartung des Viehs zugetan. Sie leben hauptsächlich von Jagd und Raub, sind für den Krieg geboren, in den hastig zu stürzen sie jeden Anlass ergreifen...»[3]

In dieser Beziehung blieben sich dann die fremden Beobachter fast durch Jahrhunderte einig, ob sie nun die «faulen» Alpenbewohner wegen ihres berühmten «Müssigganges» verachteten, beneideten – oder diese beiden Gefühle auf seltsame Art miteinander vermischten. Wollte man wissenschaftlich sachlich sein, dann drückte man es etwa mit der Höflichkeit J. Hübners aus, der noch in seiner «Vollständigen Geographie» (Hamburg 1745) feststellen konnte: «Allzu arbeitsam ist diese Nation nicht...»[4] Noch in der Mitte des 19. Jahrhunderts gibt es genug der Beobachtungen, obwohl die Schweiz sich schon längst aus dem «Küherland» in ein Fabrikgebiet verwandelt hatte: Vom Schwei-

Gesellige Unterhaltung jeder Art galt dem Volke sehr lange als der eigentliche Lebenszweck

zer, sogar vom sonst als besonders geschäftig und geschäftstüchtig geltenden Basler, behauptete man, er «lasse sich für alles Zeit».[5] A. Giberne lässt ein englisches Kind sagen: «Wie faul die Schweizer sind, sie scheinen sich immer die Arbeit erleichtern zu wollen.» H. W. Cole fand die Bewohner von Zermatt besonders träge und nicht unternehmungslustig, und A. Wills schilderte die Interlakner ganz ähnlich; «beide darum, weil sich die Dorfbewohner nicht bemühen, neue, lohnende Spazierwege und Ausflüge ausfindig zu machen und zu markieren».[5] Der Gedanke, dass man seine Umwelt nicht als den eigenen Lebenskreis ansehen kann, sondern nur als Mittel der Bereicherung für eine «Fremdenindustrie», war in jenen Tälern noch nicht ganz eingezogen.

Wo das Volk auch damals wagte, den Gewohnheiten seiner Kultur einigermassen treu zu bleiben, da überboten sich Reisende aus Industrieländern und einheimische Nutzniesser einer «neuzeitlichen Wirtschaft» darin, sie aller Laster zu bezichtigen. So vernehmen wir etwa mehrfach von den Hirten Appenzells: «Ihr Vieh lieben sie sehr und behandeln es mit vieler Sorgfalt. Neben der Besorgung desselben ergeben sie sich sehr dem Müssiggange, der sie oft zu leichtfertigem Umgange mit Weibern verleitet, die es sich angewöhnt haben, in den Alpen herumzuschweifen.»[6]

Bern als Küherstadt

Dass die Schweiz bis ins 19. Jahrhundert hinein, genau wie zu Zeiten der Hemmerlin, Emser und More, als Land «fauler Küher» gelten konnte, erklärt sich durch einen lange verdrängten, eigentlich erst in den letzten Jahren wiederentdeckten Sachverhalt. Heinzmann und andere bezeugten für die unmittelbar vorangegangene Zeit, dass die Landwirtschaft, wie sie «ehemals in diesem Lande mit Vorteil getrieben worden», damals in vielen Gegenden wieder zurückging. Bonstetten schilderte 1782: «Daher misslangen den bernischen Landvögten alle Versuche zu Herstellung des Kornbaues: diese schweissaustreibende und anstrengende Arbeit wurde von dem Volk gegen die freie, ruhige Wonne des Hirtenstandes ausgetauscht.»[7] Was zum Verständnis der Begeisterung Rousseaus gegenüber diesem «Stand» so wichtig ist – in der Zeit der Hochzivilisation des 18. Jahrhunderts ging er nicht etwa zurück, sondern erneuerte sich und war daran, immer mehr der Bauern zu seinem Lebensstil zu bekehren! Hier entstand ein «Mittel für arme, aber tätige Leute, sich in die Höhe zu schwimmen».[8] Sie lehnten Kühe aus und beweideten mit ihnen ebenfalls gelehnte Alpen, bis sie fähig wurden, mit dem Ertrag ihres Hirtentums Herden zu kaufen. Bald gab es «Küher», deren Herden 60 und mehr Häupter zählten, die aber «kein Fleckchen Erdreich» besassen.[8] Ihre wirtschaftliche Stellung wurde so stark, dass sich bald sogar in bedeutenden Teilen des ackerbautreibenden Flachlandes die ganze Arbeitsweise ihnen anglich. «Die Besitzer der Landgüter um Bern legen sich (wegen dieser Küher! S.G.) grösstenteils bloss auf die natürliche Wiesenkultur oder auf die Heuproduktion, das heisst, sie haben gar keinen Feldbau, sondern alle ihre Grundstücke sind Wiesen, deren Heu sie sammeln, welches die gemächlichste und zugleich eine ziemlich ein-

Selbst das «Kriegswesen» erinnerte äusserlich an buntes Jahrmarktstreiben

trägliche Wirtschaftsmethode für Leute ist, die sich nicht gerne mit der Ökonomie in ihrem ganzen Umfange abgeben wollen...»[8] Hier wurden also die «Landgüter nur zum Vergnügen», meistens ganz ohne Vieh, gehalten. Die Küher, die im Herbst von den Alpen stiegen, kauften das Heu, verfütterten es in den Ställen auf diesen Gütern an ihr Vieh, verschafften damit auch den für die Wiesen notwendigen Dung und sorgten mit den Erzeugnissen ihrer Wirtschaft für die Ernährung von Stadt und Land. So ziehen diese neuen Nomaden im Winter «von einem Landgute auf das andere oder aus einem Stall in den andern, so wie ihre Kühe einen Vorrat aufgefressen haben, bis das Frühjahr wiederkommt und die Alpen ihre Schätze von neuem darbieten».[8]

Die «intensivere» Nutzung des ganzen Bodens im 19. Jahrhundert war dann das Ende dieser stolzen, «adeligen» Küher, die wegen ihrer wirtschaftlichen Bedeutung es fertiggebracht hatten, mitten im bernischen Patrizierstaat wie ein fast völlig unabhängiger Stamm zu leben. Mit ihnen schwand langsam aus dem Bewusstsein des Volkes der Gedanke, dass der Boden eigentlich allen gemeinsam gehören sollte, ein Gedanke, der die Bürger mit den sagenhaften «Bärg-Lütli» und den Genossenschaften der alten Eidgenossen verband. Damit wurde auch den Sippen der «Fahrenden» eine Reihe von Möglichkeiten für einen ehrlichen und für die Allgemeinheit nützlichen Lebensunterhalt entzogen – im «fast herrenlosen Land», wie es Gotthelf nennt, hatten die Armen ruhig ihre Schafe und Ziegen geweidet, Rechenmacher, Korber, Besenbinder und so weiter alles für ihr Handwerk Notwendige gefunden. Kein anderer als Schenk schildert es in der Einleitung zu seinem Armengesetz sehr anschaulich: «...die bisher unbenutzten Stücke und Riemen (des Bodens) wurden in die Kultur gezogen... den Armen aber entzog die Kultur wertvolle Hilfsmittel zum Unterhalt ihrer Familien. Der Reiche ward reicher, der Arme ärmer.»[9]

LEBENSWONNE UND FREIHEIT

Nur durch einen qualvollen Vorgang siegte also auf dem Gebiet der Eidgenossenschaft das, was heute die Verfasser von Wirtschaftsgeschichten etwa als «calvinistische Lehre vom ethischen Wert der Arbeit» zu bezeichnen pflegen.[10] Der Kommerzien-Rat der Republik Bern befand in einem Gutachten (1742) alle Oberländer als «ein von Natur träges und mehr zum Rauben, Bättlen und Landstreichen als aber zur Geld- oder anderen Gewerbsarbeit abgerichtetes Volk». Bankier Gruner riet darauf, diesen Menschen alle ihre Kinder wegzunehmen, kaum dass sie gehen könnten – in zentralen Waisenhäusern sollten sie zur Arbeit erzogen und dann schon die 9jährigen Buben und Mädchen als Bauernknechte oder im Gewerbe eingesetzt werden.[11]

«Bei 104 Festtagen im Jahr bleiben oft Korn und Heu ungeerntet oder wenigstens uneingefahren», bedauerte man noch 1802 die Unterwaldner.[12] Der Kampf gegen die Unzahl der Festtage galt amtlicherseits oft «als gegen den heidnischen Aberglauben des Heiligenkults» gerichtet; die Gier nach Gewinn, der bestimmte Kreise immer mehr verfielen, ist aber nur zu deutlich die Triebkraft: «Auch Fassbind berichtet (für die Innerschweiz des 18. Jahrhunderts), dass die Handwerker die Abschaffung der Festtage gefordert hätten; ihre Bestrebungen hätten die Fabrikherren mit Geld unterstützt... In Schwyz kam 1793 die Angelegenheit vor die Landsgemeinde, die sich für die Beibehaltung der Festtage entschied. Umtriebe bewirkten aber, dass ein Teil der Feste – Fassbind nennt ihrer mehr als zwanzig – abgeschafft wurden.»[13] Aber noch das ganze 19. Jahrhundert ist, wie wir noch sehen werden, voll von Klagen der Unternehmer über die Faulheit des «Hirtenvolkes», die sie zwinge, Hunderttausende von Arbeitern aus dem Auslande einzuführen. Doch gerade diese oft so einseitig dargestellte «Neigung zum Müssiggange» war es, dank der hier überall, sogar im «niedrigsten» Volke, Ansätze zur echten Selbstverwirklichung zu entstehen vermochten. Wenn zum Beispiel ein Beobachter jenes oft lockere Treiben der Appenzeller Hirten mit den «in den Alpen herumschweifenden» Weibern schildert, so gibt er doch anschliessend zu: «Ihre gänzliche Unabhängigkeit von konventionellen oder sittlichen Rücksichten bildet in ihnen den Freiheitssinn im höchsten Grad aus, und die Gewohnheit, in allen ihren Angelegenheiten sich selber helfen zu müssen, macht sie mutig und hartnäckig...»[6]

Jede Einzelheit der eigentlichen eidgenössischen Kultur ist von einem solchen Geist durchdrungen: «Alles, was den Schweizer vergnügt, alle seine Volkslieder und Gesänge, bezieht sich auch ebenfalls auf die Geschichte seiner Freiheit...»[14] In einer neueren marxistischen Facharbeit wird in diesem Sinn über die im 14. Jahrhundert entstandenen Fabeln des Berners Boner festgestellt: «In der Hauptsache wendet sich die Lehre dieser Fabeln daher wohl an (freie) Bürger und (freie) Bauern. Selbstverständlich aber musste das von Boner verkündete Lob der Freiheit auch den Kampf der Hörigen und Leibeigenen um ihre Befreiung vom feudalen Joch beflügeln und selbst das viel weiter reichende Streben der städtischen Plebejer...»[15] Bezeichnend ist, in welchen Zeiten der deutschen Geschichte diesem Volksbuch wachsende Zuneigung entgegengebracht wurde – «wenige Jahrzehnte vor dem deutschen Bauernkrieg wie im Zeitalter der Aufklärung oder kurz vor der Revolution von 1848».[15] Boner konnte also fast ein halbes Jahrtausend später «modern» werden, weil jede Einzelheit in seinem Werk von der Lebenskraft der freien, für ihr Recht ringenden Gemeinschaften durchdrungen war, aus der es einst entstand.

Der Thurgauer Bornhauser, einer der Erneuerer der schweizerischen Politik des 19. Jahrhunderts, konnte noch feststellen, dass in seinem Lande das Wort Freiheit nicht ein sinnentleertes Schlagwort sei: Der Schweizer «brauche des Wörtlein ‹frei› für alles, was schön und freundlich ist».[16] In der Gebirgskultur, wahrscheinlich vor allem dort, wo ihr Volk noch Zeit zum vielgeschmähten «Müssiggange» fand, entdeckten die Menschen, dass es keine Freiheit gibt, die einmal und für alle Ewigkeit durch irgendeine schriftliche Verfassung «festgehalten» und mit ihr an jedermann verschenkt werden kann: Freiheit war ihnen der Wille zur Selbstverwirklichung auf allen Gebieten und damit zum selbsterwählten gesteigerten Leben.

Die Politik der Fest-Freude

Schon eine alte Überlieferung sieht als einen Hauptgrund, dank dem sich die Stämme der Ur-Eidgenossenschaft überhaupt zusammenzuschliessen vermochten, die gemeinsamen Festbräuche der Innerschweiz! In Bürglen wie zu Steinen sei besonders die «Sankt Kümmernuss» verehrt worden – übrigens eine von der amtlichen Kirche mit viel Misstrauen angesehene Heilige, die auch die neuere Forschung immer wieder auf nach dem Orient weisende, vorchristliche Mythen zurückzuführen sucht.[1] Die Genossen des Bundes gegen die Willkür der Vögte hätten beschlossen, zu einer Wallfahrt zu Ehren dieser himmlischen Frau zusammenzukommen, «damit sie durch dieses Mittel zusammentreten könnten», um dabei ihre weiteren Pläne zu besprechen.[2] Es sei dies «ein alt-loblicher» Brauch gewesen, «weil sonst die damalige allzuharte Landvögt solche im wenigsten nit wurden geduldet haben».[2] Also konnten «Stauffach mit seinen Vertrauten (aus dem Lande Schwyz) mit etwelchen Vertrauten in dem Urnerland, wegen ihrer damaligen grossen Bedrängnis eine Zusammenkunft haben und wegen ihrer vorhabenden ersten Pündtnuss (also wegen des Bündnisses, der Eid-Genossenschaft, die sie gemeinsam vorhatten! S.G.) sich vertraulich ersprachen (besprechen)...»[2]

In dieser Art sind die alten Schweizer eigentlich immer zueinander unterwegs, sich zum willkommenen Vorwand irgendwelcher Heiligen-Tage, Fasnächte oder Mittsommer-Feuer zu treffen und dabei ihre «Brüderschaft» zu erleben. Aus der Chronisten-Eintragung von 1465 wissen wir zum Beispiel: «...da erhub sich grosse vorfasnacht zu Bern, und kamet uf die fasnacht unser lieben eidgenossen von Lutzern, Uri, Schwitz, Underwalden und ander... und ward ein fröhlich, frisch, gut geselschaft und früntlich leben ze Bern in der statt...»[3] Es ist eine ausgesprochene Entstellung des wahren geschichtlichen Sachverhaltes, wenn folgende Jahrhunderte nur die blutigen Schlachten betonten, aus denen die Schweiz «hervorgegangen» sei: Das Wunder ihrer Entstehung begreifen wir viel besser aus diesem «freundlichen Leben», zu dem sich jene Menschen fortlaufend zusammenzufinden verstanden.

Volkskultur als verfolgter Untergrund

In der ersten Hälfte des 18. Jahrhunderts erklärte der kluge J.H.Tschudi den Zank der Kantone, den gegenseitigen «Ekel und Abscheu» der eidgenössischen Protestanten und Katholiken «voreinander» aus der Tatsache, «weil man einander nicht kennet»: Bis zum 16. Jahrhundert sei es eben «unter den Eidgenossen üblich gewesen, dass sie einander auf Schiessgesellschaften oder andere Lustbarkeiten eingeladen».[4] Durch diese segensreiche «Gewohnheit» der alten Schweizer sei unter dem Volk der verschiedenen Landschaften jedes «Misstrauen» geschwunden, und es sei dadurch die «so nötige Harmonie» entstanden. Reisen wegen «Handlung», also wegen geschäftlicher Beziehungen, wie sie auch im 18. Jahrhundert die Bürger der sich politisch bekämpfenden

Gemeinsame Lustbarkeiten jeder Art erschufen und festigten das
Gefühl der politischen Einheit

Kantone zusammenbrachten, wobei man «nur Profit und Gewünn im Sinn» habe, seien nicht imstande, die gleichen erfreulichen Auswirkungen hervorzubringen.[4]

Ein gutes Beispiel der Zerstörung jener völkerverbindenden Festkultur war das Verbot der Wallfahrten zum Heiligtum des Beatus, die im Mittelalter um das Kloster Interlaken und die Einsiedlerhöhle am Thunersee riesige Massen von Innerschweizern und Berner Oberländern zusammenbrachten: Nun verbot im 16. Jahrhundert das reformiert gewordene Bern, selbstverständlich allerlei oberflächliche Begründungen vorschiebend, den ganzen Kreis der wohl ebenfalls in vorgeschichtliche Zeiten zurückreichenden Bräuche. «Weniger, um einen allzu stark mit Heidentum verquickten Heiligenkultus abzutun, als vielmehr, um der groben Unzucht zu steuern, zu welcher das Zusammenströmen vieler Tausende aus den Nachbarkantonen herkömmlichen Anlass bot, die hier in der Höhe des Bergwaldes nach Belieben lagerten, abkochten, zechten und übernachteten...»[5]

Doch ging es den Herren von Bern auch hier weder um die Reinheit des Christenglaubens noch um die unsittlich-überbordende Festfreude des Wallfahrer-Volkes der Alpen. Man wollte «in dem ohnehin aufgeregten schwierigen Oberland» keinen «Brennpunkt»[6] für Begegnungen mit den Innerschweizern haben: Da hierdurch auch in den bernischen Berglern die Sagen von ihrer «gemeinsamen Herkunft» mit den Ur-Eidgenossen neue Nahrung erhielten und der Geist ihres zähen Widerstandes gegen die Vorherrschaft der städtischen Oberschicht dauernd gestärkt wurde.

Trotz aller Verbote überlebte freilich auch hier der Ruf des Heiligtums – noch im 19. Jahrhundert trafen sich vor allem katholische Entlebucher und Obwaldner bei der entweihten Höhle, um ein geheimes Gebet zu verrichten: «... und noch jetzt sollen bisweilen einzelne in dieser Absicht dahin schleichen; auch hat es nicht an solchen Besuchern gefehlt, die emsig nach den irdischen Schätzen graben, welche der Heilige, wie sie wähnen, in seiner Wohnung hinterlassen haben müsse.»[7] Pilgern und goldsuchenden Schwarzkünstlern war noch die Überzeugung gemeinsam, dass diese Höhle, von Wassern vom Gebirge durchbraust und von Sagen der Jahrtausende umgeben, der Mittelpunkt wundertätiger Energien sein müsse.

Sogar weitere 100 Jahre später, 1968, begegneten hier schweizerische Hippies («Stärne-Lütli»), die es sich zur fröhlichen Pflicht gemacht hatten, «alle einmal heiligen Orte des Landes aufzusuchen», einem Wallfahrer aus der Innerschweiz: Alter und neuer, von ihrer Zeit gleichermassen verfemter Kultur-Untergrund begegneten sich in äusserlich sehr verschiedener, in der Grundstimmung aber leicht vergleichbarer Welt-Frömmigkeit.

Die Strasse als Bühne

Die Verbote gegen die alten Feste wie auch gegen gemeinsame Badefreuden, die sportlichen Veranstaltungen der Alpenhirten, kurz, alle volkstümlichen Zusammenkünfte, wurden sehr verschieden begründet. In jedem Fall ging es darum, zu verhindern, dass sich der Untertan durch gemeinsame Rückbesinnung auf seine eigenen Werte wieder zu einer innern Unabhängigkeit aufzurichten vermöchte: «Hier (während der Fasnacht) gab sich das Volk ungeschminkt, wie es war, glücklich, einmal die auferlegten Gebote und Satzungen der Kirche und des Staates so recht mit Füssen treten und ungebundene Freiheit einmal mit vollen Zügen einschlürfen zu können.»[8]

Auch der ganze gesellschaftliche und politische Erneuerungsversuch der Schweiz im 19. Jahrhundert wurde nur durch jenen gewaltigen Durchbruch möglich, dank dem sich Stadt und Land wieder auf das eigentliche Wesen ihrer Kultur besannen: Ein kämpferischer Politiker von damals erinnert uns, dass es zuerst nur die verfolgten Volkskomödien und Fasnachtsspiele waren, die dem Volke seine freiheitliche Überlieferung wieder lehrten – in der Schule war damals «von Schweizergeschichte keine Rede».[9] Mit den Kämpfen um die demokratische Verfassung wurden die Umzüge bald zu einem lebendigen Geschichts-Bilderbuch und zu einem bunten Propagandamittel von heute fast unvorstellbarer Wirkung: «Zuschauer und Mitwirkende erhielten billige Bilderbogen als Erinnerungsstücke an die früher seltenen, jedoch überaus prachtvollen Schauvorstellungen. Im Verlaufe des 19. Jahrhunderts, als das Festzugwesen zu Stadt und Land zu ausserordentlicher, kaum angefochtener Beliebtheit gelangte, häuften sich auch die gedruckten Darstellungen einfacherer Umzüge.»[10] «Dies waren teilweise die einzigen Bilderbücher der ärmeren Kinder, die sich diese tausendfach anschauten, bis sie die Welt ihrer Träume darstellten.»[11]

Der Seelsorger Pfeiffer erkannte zwar in dieser elementar neu erwachten Festfreude Ansätze zum «Götzendienst» um heimatliche Überlieferungen, beruhigte sich aber bald: «...das Schwärmen fürs Vaterland ist wenigstens eine Vorbereitung des Gemüts für das Leben im Gottesreich.»[12] Diese erkennbare religiöse Grundstimmung aufweisenden, unglaublich bunten Feste hinterliessen auf die meisten Gäste des Landes «einen überwältigenden Eindruck»[12]: Wahrscheinlich mehr noch als alle Aufrufe und «Freiheitsgedichte» der damaligen so poetischen Schweizer Politiker beeinflusste damit das neubelebte volkstümliche Strassentheater alle Reisenden und half deutlich mit, in ganz Europa Bewegungen für die Unabhängigkeit der Völker zu entfesseln.

Tell war für die Eidgenossen die Zusammenfassung aller alten Alpensagen – und damit der Ausgangspunkt von sämtlichen neuen

Ur-Bild Tell

Die Geschichte von dem unbezähmbaren Jäger Tell, der um 1291 den tückischen Landvogt tötet und den Aufstand der Innerschweizer entfesselt, wirkt wie eine Zusammenballung der vorgeschichtlichen Sagen des Alpenlandes: All der Nachrichten über die wilden, jeder Macht widerstehenden «Heiden», «Härd- oder Bärglütli», die «Wilden Leute»; über die trotzigen Bräuche der Jäger- und Hirtenstämme, über die unfassbaren Jugendbünde; über die durch geheimnisvolle Eide zusammengehaltenen Ketzer-Gemeinschaften der abgelegenen Bergtäler.

«Wer (wär') ich vernünftig, witzig und schnell / So wer' ich nit genannt der Tell», schildert er sich selber in dem wahrscheinlich auf uralte Volksüberlieferungen zurückgehenden Urner Tell-Spiel aus dem 16. Jahrhundert.[1] «Tell» wäre damit wohl kein Eigenname in unserem Sinne, sondern die Bezeichnung einer Eigenschaft jenes märchenhaften Freiheitshelden aus den Bergen. Leu schrieb im 18. Jahrhundert in seinem riesigen Nachschlagewerk: «Es ist noch anzumerken, dass auch etwann andere, welche für das Vaterland rühmliche Taten verrichtet, von einigen Tellen genannt worden...»[2] In einer Anmerkung zu Etterlins Chronik wusste noch Spreng: «Täll oder, wie einige Deutsche noch sagen, Telle heisst nach dem Buchstaben ‹ein Einfältiger›, von ‹talen›, einfältig oder kindisch tun.»[1] Tell, Täll, Tali, Dali bedeutet sogar noch in heutigen Mundarten einen Tölpel, Toren, Einfältigen:[3] Ein solches Wort war seit jeher die gegebene Bezeichnung für einen «Wilden Mann», einen Aussenseiter, «Hinterwäldler» aus der unbezwungenen Wildnis – einen «kindischen» Narren für oberflächliche Betrachter, einen Träger göttlicher Weisheit für den urzeitlichen Volksglauben. Nicht von den Menschen der Siedlungen, die wie Stauffacher einigen Besitz zu verlieren hatten, lässt damit die Überlieferung die Gründung der Eid-Genossenschaft ausgehen, sondern ausgerechnet von diesem «unvernünftigen» Tell, diesem Zauberer und Jäger aus dem Gebirge.

Meister im Gebirge

Was die Gegner der Tell-Sage an ihr seit Jahrhunderten anzweifelten, waren eigentlich nur Ausschmückungen, die mit ihrem eigentlichen Grundwesen herzlich wenig zu tun haben. Franz Willimann schrieb schon 1607 lateinisch, Wort um Wort die Verachtung der damaligen Oberschicht gegenüber allem «Volkstümlichen» verratend, gegen die Geschichte um Tells berühmten Apfelschuss. Sie sei, so meinte er, nur aus einer allgemein verbreiteten Redensart entstanden! Wenn das Volk einen guten Schützen preisen wolle, sage es eben stets, «er könne einen Apfel dem Sohne vom Kopfe schiessen, ohne ihn zu verletzen».[4] Wenn man dies aber einst so allgemein auszusprechen pflegte – fast zwangsläufig muss es in diesem Falle hie und da sadistischen Machthabern eingefallen sein, eine Probe aufs Exempel zu erzwingen.

Bei dem berühmten alten Berner Tell-Holzbild fand bereits im 18. Jahrhundert ein ausländischer Beobachter vermerkenswert: «Der Knabe lächelt als einer, der bei diesem Handel nichts zu befürchten hat.»[5] Wenn auch «der Schuss nach dem Apfel» tatsächlich stattfand, so konnte ein Volk von tollkühnen Alpenjägern in dieser Tat kaum die eigentliche Grösse ihres Lieblingshelden erblicken: Oft viel verwegenere, meistens ihren glücklichen Abschluss findende freiwillige Spielereien um eigene und fremde Leben waren für solche Menschen noch lange alltäglich... Sogar die Geschichte mit dem nichtgegrüssten Gessler-Hut wird in gewissen Nacherzählungen der Sage vergessen. Kurz wird dann zusammengefasst: «Lange Zeit suchte er (der Vogt) eine Gelegenheit, ihn (Tell) zu verderben: Endlich fand er sie.»[6] Am Zusammenstoss zwischen Tell und Gessler waren für das Denken und Dichten der Jahrhunderte gar nicht dessen Einzelheiten von Bedeutung, sondern die Tatsache dieses Zusammenstosses selber. Auf der Bühne der Öffentlichkeit von Altdorf prallten, unter der Maske vergänglicher Menschen, ewige Urbilder zusammen – und die Parteinahme, die Entscheidung des damaligen Volkes, entschied wohl über die Entwicklungswege ganzer Stämme: Der Vertreter der hierarchischen Ordnung des mittelalterlichen Staates begegnete dem Menschen, der eine Verkörperung der ganzen freiheitlichen Lebensweise seiner Kultur darstellte.

Gotthelf hat in seinem Werk «Der Knabe des Tell» (1845), in dem er zwar äusserlich der Dichtung Schillers folgte, aber das Gerüst durch seine Kenntnis von Gebirgssagen belebte, dargestellt, wie der Zusammenstoss von Vogt und Jäger etwas Vorbestimmtes war: «Gessler wollte die freien Urner zu Leibeigenen machen, wollte in die freien Berge alle herrschaftlichen Rechte verpflanzen, wollte daher auch die Jagd der Herrschaft vorbehalten, dem Landmann sie verbieten... Gessler wollte es mit um so mehr Hitze und Leidenschaft, als er selbst ein leidenschaftlicher Jäger war; wie war's aber möglich in den weiten, wilden Bergen, wo Gessler und die meisten seiner Söldner Fremdlinge waren, während die Landeskinder jeden Stein kannten und jeden Pfad? Je machtloser er war, um so mehr ergrimmte er: je schlechter seine Jagden ausfielen, um so bitterer hasste er die glücklichen Jäger, obenan den Tell, den Meister im Gebirge, den König der Jagd.»

Sogar in einem Roman des 19. Jahrhunderts, der die Geschichte des Alpenjägers auf 1500 Seiten auszuwalzen verstand, wurde erkannt: «Konnte es zwei erbittertere Feinde geben als den Gessler und den Tell, den Landvogt, der eine Zwingburg erbaute, und den Tell, der nicht einmal vor den Elementen zitterte und dem See, dem Sturm, dem Nebel, dem Feuer die Beute entriss?»[7] Ob sie Tell und Gessler hiessen oder irgendwie anders: Ganz sicher standen sie im Gründungsaugenblick der Eidgenossenschaft einander gegenüber wie tausendfach vorher und nachher: Der gefügige Statthalter der Macht, bestrebt, das Reich des auch ihn beherrschenden Zwangs auszudehnen. Und der Freie, der nur der eigenen Überzeugung folgende Mann, der Verbündete der Elemente.

Das Spiel um eine Kultur

Im Urner Tellen-Spiel von 1512 ist er es, der allein den Zustand der Untertanenschaft, die Verknechtung durch die Vögte als unerträglich empfindet und der damit das träg gewordene Volk zum Widerstand aufruft: «Doch hätte jedermann min Sinn, / So schlüeg ich mit der Fust darinn.»[1] Er ist es, der, statt für die Söldner unerreichbar in seinen Bergen und Wäldern zu bleiben, nun in den Hauptort niedersteigt und durch seinen planmässigen Ungehorsam gegenüber dem sichtbaren Zeichen der fremden Oberherrschaft die Unruhe ins Volk trägt. Oder wie das Weisse Buch von Sarnen seine folgerichtige Herausforderung der Macht sehr anschaulich schildert: «Der (Tell) ging nun ziemlich oft vor dem Stecken auf und ab und wollte (sich vor) ihm nicht neigen.»[8] Er ist nach alter Auffassung im geheimen die Seele, der grosse Anreger des sich langsam ausbreitenden Ungehorsams. Er ist es sogar, der im bereits erwähnten Urner Spiel seinen Getreuen den ersten eidgenössischen Freiheitseid vorspricht: «Dass wir keinen Tyrannen mehr dulden, / Versprechen wir bei unsern Hulden.»[1] Und bezeichnenderweise endet eine Fassung des gleichen Spiels mit der Feststellung des Narren: «Durch Wilhelm Tell ist kommen, / Dass eine Eidgenossenschaft ist entsprungen.»[1] «Also hat Tell mit etlichen beratschlaget und heimlich... den ersten Schweizerbund angefangen», fasst noch eine einst vielgelesene volkstümliche Schweizer Chronik des 17. Jahrhunderts zusammen.[9] Hier besitzen wir noch immer das Wesen dieser ganzen Freiheitssage, das sich eigentlich bis heute als unsterblich erwies: Die ganze Gemeinschaft freier Menschen nimmt in jener Hirten-Gesellschaft an den Sorgen und Erfolgen des einzelnen teil. «Tell» ist zwar der gepriesene, durch Jahrhunderte gefeierte grosse Held – er ist aber immer der Ausführer des Willens der Gesamtheit seiner Freunde, mit denen er stets «beratschlaget». Auch wenn er einsam handelt, tut er es nur als Verkörperung der besten Überlieferung seines Volkes, und er zwingt damit «jedermann», den gleichen, unter Schichten der engen Selbstsucht verschütteten «Sinn» in sich lebendig werden zu lassen.

Einheimische und ausländische Zeugen staunten, wie «Tell» durch Jahrhunderte für das Volk eine Art mächtiger Hirten-Gott war, zu dem man in der Not betete und auf dessen Wiedererscheinen man hoffte, wenn neue Unfreiheit sich in seinen Tälern einnistete: Es war aber, wie uns dieser ganze Sagenkreis lehrt, eine Macht, die nur in jenen Fällen ihren Gläubigen «half», wenn diese selber bereit waren, zu «Tellen» zu werden. 500 Jahre nach seinen sagenhaften Taten bezeugten darum die Reisenden: «Zuweilen stellen diese Hirten allerlei Auftritte aus der vaterländischen Geschichte vor, besonders die Geschichte des Wilhelm Tell, welche überhaupt die Lieblingsgeschichte des ganzen Schweizervolkes ist. Bei dergleichen Gelegenheiten ist alsdann der Zulauf des Volkes ausserordentlich gross, und die Zuschauer nehmen an der Vorstellung den lebhaftesten Anteil. Vormals waren dergleichen Schauspiele in der übrigen Schweiz allgemein. Noch zu Anfang des 18. Jahrhunderts wurde zu Bern, in der Münsterkirche, die Befreiung der Schweiz dargestellt.»[10] Das «Tell-Spiel» erhielt sich, weil es die sinnbildliche Darstellung der Gesetzmässigkeit hinter allen Blütezeiten und Niedergängen einer ganzen Kultur in sich enthielt.

Gottesfreunde im Oberland

Rulman Merswin schrieb im 14. Jahrhundert von Strassburg aus, während sich in der Nähe immer mehr Landschaften den ersten Eidgenossen anschlossen, Buch um Buch über den «Gottesfreund vom Oberland» und seine rätselhafte, im Gebirge hausende Bruderschaft. Man glaubte ihm jahrhundertelang aufs Wort – erst spätere Zeiten haben ihre Zweifel angemeldet: Sie redeten von bewusstem Schwindel oder «nur» von einer Reihe mystischer Gleichnisse – sogar vom Wahnsinn Merswins[1], der sich in seiner Einbildung die Gestalt des grossen Mystikers erschuf. Die meisten der sich auf diesen und seine Freunde beziehenden Aufzeichnungen berichten vom eigenen Weg mutiger Aussenseiter zum Göttlichen; wohlverstanden in einer Zeit, da der Papst der alleinige Hüter der Schlüssel zum Himmelreich sein sollte: Bilder von grosser künstlerischer Kraft bezeichnen die Stufen der Erleuchtung, wobei es für uns sehr schwer zu entscheiden ist, wieweit wir in diesen Schriften Umschreibungen innerer Schau oder eher nur für Eingeweihte verständliche Schilderungen äusserer Vorgänge vor uns haben. Im «Buch von den zwei Mannen» führen zum Beispiel die «schonsten, minnelichsten Jungfrauen» den «Gottesfreund» in den «lustlichsten», wunderschönsten Garten «zu einem wunderbaren Bäumlein». Dessen Früchte müsse er aufbewahren; wenn er davon esse, so werde ihm «grosse neue Kraft». Besonders die Kerne dieser «Birnen» hätten sich als wirksam bewährt; «die waren also gar schön leuchtend als eben es Karfunkelsteine gewesen wären».[2]

Anschaulich erscheinen auch die Umwege und die Auseinandersetzungen, in die jene Gottsucher häufig gerieten und die ihnen in ihrer Gesamtheit halfen, ihre Erleuchtung zu finden. Einen von ihnen treffen wir, wie er mit einem Einsiedler und einer in seiner Nähe hausenden, sich ebenfalls dem heiligen Leben weihenden Schwestern über den Zustand der «hohen Vernunft» redet: Wenn man diesen erreicht habe, dann sei «Gott selber eines solchen Menschen eigen». Er müsse einfach seiner Natur folgen, denn es sei die Sache des allgegenwärtigen Göttlichen, auf welche Art es sich durch ihn äussern wolle. «Ein solcher Mensch ist ein Mensch, dem alles himmlische Heer dienet.» Ein solcher neuer Mensch sei «kein Gebot schuldig mehr zu halten, wenn er ist mit Gott eins worden; so hat Gott einem solchen Menschen zu Diensten alle Ding beschaffen, und auch alles das Gott je beschuf, das ist eines solchen Menschen eigen». Die beiden Einsiedlerinnen zogen darauf plötzlich die «weltlichsten köstlichsten Kleider» an, und es schien dem Gast der eigenartigen Gemeinschaft, «das keines Herren Fraue so weltlich ist». Von philosophischen Gesprächen beschlossen sie nun zum eigentlichen Anschauungsunterricht zu schreiten, den sie als echte Einweihung in ihren Kreis auffassten: «Was deiner Natur Heischen und Begehren ist, das vollbringe fröhlich.» Wunderbar lebendig ist geschildert, wie dieser Gottsucher über die Redegewandtheit und Schönheit seiner Lehrerinnen staunte, dann aber verwirrt sein weiteres Heil in der Flucht suchte...[3]

Solche Geschichten wirkten auf alle Fälle so aus der bunten Wirklichkeit gegriffen, dass sie auf viele Geschlechter von Menschen eine geradezu unglaubliche Wirkung ausübten. Einen Meister der Heiligen Schrift, wurde sogar behauptet, habe 1346 ein Mann «aus dem Oberlande» als Laie auf den Weg zum Göttlichen gebracht: Diese «Historie» hat man seit dem Beginn des 16. Jahrhunderts immer wieder den Ausgaben der Predigten des grossen Mystikers Tauler beigefügt. Für den, der diese Werke zuerst zusammenbrachte, gab es offenbar «keine Frage, dass sich dies alles so zugetragen hatte und dass es sich bei dem Meister der Heiligen Schrift um Tauler selber handelte».[4] Auch in die Kirchengeschichte fand dieser vielgeschilderte und doch völlig unfassbare oberländische Gottesfreund Aufnahme: «Ihm waren die Geister untertan wie nur immer einem Papste; er war der unsichtbare Papst einer unsichtbaren Kirche.»[5]

Rosenkreuzersagen vom 17. Jahrhundert an machten den bettelarmen Paracelsus von Einsiedeln ganz ähnlich zum geheimen «Monarchen» einer sich um alles Gute auf der Welt kümmernden Bruderschaft: Durch solche Legenden verbreitete sich die Auffassung, dass es nie äussere Macht und Geld, sondern nur die Kraft des Geistes ist, die in Wirklichkeit den stärksten und nachhaltigsten Einfluss auf jede Zeit ausübt.

Die heiligen Höhlen

Schon zu Lebzeiten dieser «Gottesfreunde» wanderten fromme Menschen, angeblich meistens vergeblich, nach dem Mittelpunkt ihres mystischen Kults, und es ist «bezeichnend, dass diesen auch die Strassburger stets in der Schweiz suchten».[6] Im «gar wilden grossen hohen Gebirge» sollte dieses, ein echtes Felsen- und Höhlen-Heiligtum, liegen, und durch Jahrhunderte zerbrachen sich dann die gelehrten Männer ihre Köpfe, auf welche Stelle im Irrgarten der Alpen die dürftigen Angaben jener Schilderungen wohl zutreffen könnten: «Schmidt dachte hier an das Wildkirchlein in einer Höhle auf der Ebenalp im Lande Appenzell. Allein diese Kapelle wurde erst 1621 gebaut, während die Einsiedelei im Bärental, zwischen dem Säntis und der Meglisalp, oder die von einem Einsiedler bewohnte Felshöhle am Kronberg vielleicht mit grösserem Rechte in Betracht gezogen werden könnte, gleich der Beatushöhle am Thunersee.»[7] Ineinanderfliessende, verwirrende Berichte dieser Art erfüllen auf jeden Fall das ganze Berggebiet: «Im Wallis kleben an den einsamsten Klüften heilige Häuser, wie wenn die Verehrung desto grösser, je grösser Einsamkeit und Mühsal», schrieb zum Beispiel Daniel Eremita in seiner Arbeit «De Helvetiorum situ, republica et moribus» (1627).[8] «Es sind ettwan verbottne Wallfahrten zuo solchen (gemeint ist, wie sie am Rigi vorkommen, S.G.) Hölinen und Bergklüfften von Wybern beschehen», bezeugt der Luzerner Chronist Cysat.[9]

Der «Tannhäusermythos», also die Sage vom Helden, der «in den Berg» ging, um dort «grosse Wunder» zu schauen, war bezeichnenderweise «auf alemannischem Gebiet besonders verbreitet»[10]. Felix Faber, Predigermönch zu Zürich, berichtete 1483, dass der Bergkult in seiner Zeit zu einer richtigen Religion des Volkes anschwoll: «Viele simple» Leute seien zu diesen «berüchtigten Bergen» gepilgert: «Und diese Dinge geschehen in unserem Zeitalter!

So albern sind diese Leute geworden; dass jeder beliebige glaubt, im Berge, den er der Venus geweiht hat, lebe diese in Wonnen, wie wenn sie an mehreren Orten sein könnte...» «Wenn sie (diese ketzerischen Leute, S.G.) beteten», dann hätten sie ihre «Augen oder Hände» nicht nach oben gehoben. «...drunten im Innern des Berges, in Höhlen und schattigen und dunklen Orten, begehren sie mit Venus zu sein»[11]. In Luzern gab es sogar eine alte Redensart, die man gebrauchte, wenn es irgendwo so richtig übermütig lustig zuging: «Es geht zu wie im Berg der Frau Vrene» (Es god wie im Frauvrenenberg).[12]

Ein neuerer Volkskundler hat zu solchen Berichten festgestellt: «Von Höhlenkult ist uns sonst bei germanischen Völkern unseres Wissens nichts überliefert, wohl aber aus Syrien und Phrygien.»[9] Lebte hier also wiederum, wie uns gewisse am Anfang des Buches angeführte Überlieferungen zu beweisen scheinen, die Kultur jener mythischen Gebirgsvölker zäh nach? Jener Bärglütli, Feen, Fänggen, deren ganzer Sagenkreis so deutlich Zusammenhang zu den grossen orientalischen Religionen aufzuweisen scheint? «In bergkrystallner Grotte, Da liegt im Schlummer der Tell...» dichtete J. Kübler noch im 19. Jahrhundert,[13] und diese Verse sollen «zu jenen gehört haben, die man lange am liebsten auswendig lernte und in Gesellschaften vortrug».[14] Baggesen erwähnt noch die seltsame Legende von der Beatushöhle, nach welcher der Heilige mit sechs andern Gefährten darin Jahrhunderte durchschlief...[15] Die grossen Überlieferungen über den grossen, angeblich «einst aus seiner Höhle wiederkehrenden und eine neue Freiheit bringenden» Helden und von all diesen «geheim» in Gebirgen lebenden «Gottesfreunden» haben offenbar die Eigenschaft, sich zu überkreuzen und zu vermischen. Stammten sie etwa gemeinsam aus der gleichen Welt der Vorstellungen einer gewaltigen vorgeschichtlichen Kultur, die ihre Menschen so gründlich prägt, dass sie das ganze Mittelalter hindurch gezwungen waren, auf allen Gebieten für die sonst niedergewalzte Unabhängigkeit ihres Denkens zu kämpfen?

Die Täler der Sonderlinge

Gab es einen Mann «Wilhelm Tell» und gab es wirklich den berühmten oberländischen «Gottesfreund»? Diese Streitfragen der Jahrhunderte erscheinen uns eigentlich müssig: Beide waren gewaltige Leitbilder, vielleicht nur verschiedene Spiegelungen der gleichen Wunschvorstellung – und damit gab es sicher beide, in verschiedenen Zeiten und sicher unter hunderterlei Namen.

«Vaudois», das in Frankreich vielgebrauchte Wort für «Hexe» (Ketzer), hat man auf die Sekte der Waldenser zurückgeführt, aber auch auf Vaudois, Waadtländer, also Bewohner von Alpen-Bergtälern.[16] «Der Name Waldenser bedeutet vielmehr solche, welche auf hohen Bergen und in tiefen Tälern wohnen: Talleut. Desswegen die Waadt, Pays de Vaux, ein Talgeländ genennt wird...», glaubte schon der alte Hottinger.[17] Der gleiche Gelehrte verfasste sogar zum Zeitalter 1313–1515 einen Aufsatz mit der Überschrift «Ob in diesem Kirchenalter das Heidentum in Helvetia noch Platz gehabt?» Er verweist wiederum auf den Mönch Felix Faber des ausgehenden 15. Jahrhunderts, der

Die ländlichen Sektengründer und Kräuterärzte, verfolgt und vom
Volke vergöttert, stehen oft in der Mitte des geheimen Geisteslebens

noch von seinen Zeitgenossen behauptete, deren Väter hätten «die ersten Unterwaldner, welche den christlichen Glauben angenommen, noch gekannt»...[18]

Stimmt die okkultistische Sage, dass die südfranzösischen, sich von den Pyrenäen zu den Alpen erstreckenden, sadistisch ausgerotteten Ketzereien der Katharer (Albigenser) von «Zigeunern», Tarot-Gauklern aus Balkan und Orient, eingeschleppt wurden?[19] So oder so, die Alpen wurden durch Jahrhunderte hindurch die Brunnstube, Ort der Sammlung und Ausstrahlung für alle religiösen Bewegungen, die, verständlich genug, von ihren Todfeinden als Anbeter aller Teufel, der heidnischen Göttin Venus und so weiter, verleumdet wurden.

Diese «einfachen Menschen, welche die Alpen und deren Nachbarschaft bewohnen», die «Kraut und selten Fleisch essen, weshalb wir sie Manichäer nennen»,[20] diese Hirten und Waldmenschen, sie erscheinen schon in den Nachrichten der Jahrhunderte vor dem Rütli als der Herd ewiger Unruhen. «Nur die Verehrung des Volkes» der Stadt Zürich ermöglichte es dem grossen «Ketzer» Arnold von Brescia, sich 1139-1146 in Zürich zu halten.[21] «Schon damals begann in der Schweiz eine auf Freiheit gegründete Eidgenossenschaft zu keimen.»[22] Als dieser mutige Mann dann nach Rom zog, hatte er «das Volk so sehr für seine Freiheitspläne gewonnen, dass er, zur Durchsetzung derselben... ein kleines Heer von Schweizern aufstellen konnte».[23]

In der 1532 von Salat verfassten Dichtung «Triumphus Herculis Helveticus» sah man bisher nur das «Zeugnis des unbändigen Hasses eines Katholiken».[24] Der Held der Geschichte zieht nächtlich durch den Wald und schläft, genau wie in vielen inhaltlich verwandten Sagen, in einem hohlen Baum ein. Er wird gegen Morgen von einem tobenden Höllenlärm geweckt und schaut die Anhänger der Reformation! Sie erscheinen ihm wie das Volk der «Bratteln matten» – also vom Ort der Versammlungen des Hexenbundes in der Nähe von Basel: Es war sicher für die Anhänger des römischen Papsttums im 16. Jahrhundert sehr naheliegend, in ihren Gegnern nur eine Neuauflage der seit einem Zeitalter bekämpften Ketzereien zu erblicken. Füssli versuchte es noch 1774 zu beweisen: «Ich bemerke überhaupt, dass die Wiedertäufer an denen Orten in der Schweiz gefunden werden, allwo sich in der mittleren Zeit (Mittelalter) Sonderlinge (also sich von der herrschenden Kirche absondernde Gruppen von Gläubigen.S.G.) aufgehalten hatten, das ist um Rüti im Kanton Zürich und in den Gegenden der Städte Freiburg, Bern und Solothurn.»[25] Auch die Chronik der Abtei Corvey weiss von an sich sehr religiösen Menschen «aus den Alpen», die gegenüber «Kirchengebräuchen Abscheu haben».[26] Von Frauen, die wegen ihrer Kräuterkunde als «Hexen» vor Gericht standen, bezeugen die Aufzeichnungen, «dass sie zum Beispiel die Sonntagsruhe nicht beachteten und dass sie nicht in die Kirche gingen... Sie waren im äussersten Masse nicht ehrfürchtig gegenüber der weltlichen Obrigkeit...»: Sie waren sehr häufig, «was man heute Freidenker nennt».[27]

In den Legenden um die oberländischen Gottesfreunde haben wir also die willkommene Ergänzung zu jenen wilden Geschichten um den Schützen Tell, die uns erst, wenn wir sie zusammennehmen, ermöglichen, die Wirklichkeit der Menschen eines ganzes Kulturkreises zu verstehen. Meisterhaft fasst diese andere Seite den Kampf um die innere Selbstbehauptung eine Alpensage zusammen:[28] Im Lötschentale wohnte ein Mann ganz abseits, nie ging er in die Kirche – an den Festtagen betete er einsam auf einem Felsblocke. Zornig wurde darob der Geistliche unten im Tale und befahl dem Aussenseiter, zu ihm zur Beichte zu kommen. Ungewohnt, ohne Gott richtig und ehrfürchtig zu grüssen, trat der Mann in die Kirche. «Häng deinen Hut auf!» befahl ihm der für seinen anscheinend nicht geehrten himmlischen Herrn beleidigte Priester. Das tat der Mann – er hängte die Kopfbedeckung an einen Sonnenstrahl, der gerade durch das Fenster schoss. Der Pfarrer war weise genug, den Bergler nicht als «zauberkundigen Ketzer» festnehmen zu lassen, sondern vor ihm niederzuknien...

Haben wir hier nicht die bekannte Tellen-Geschichte genau nachgezeichnet oder vielleicht auch vorgebildet? Die gleiche Auseinandersetzung findet wieder statt, nur unendlich vertieft: Diesmal geht es um die innere Freiheit.

Baden: Hauptstadt der Wollust

Poggio, zeit seines emsigen Lebens Sekretär von zehn verschiedenen Päpsten, glaubte 1417, als er die Stadt Baden im so geheimnisvollen und Unruhen verbreitenden Alpenland aufsuchte, die Auferstehung der heidnischen Göttin Cypria zu erleben – «so sehr findest du da ihre Sitten und losen Spiele wieder».[1] Erstaunlich sei es für ihn gewesen, schöne Frauen, «am grössten Teil des Leibes nackend», zu erblicken: «Wunderbar ist es zu sehen, in was für Unschuld sie leben und mit welch unbefangenem Zutrauen die Männer zuschauten, wie Fremde gegen ihre Frauen sich Freiheiten herausnahmen; nichts beunruhigte sie. Denn nichts ist so schwer, das nach den Sitten dieser guten Menschen nicht federleicht wird. In Platons Republik, deren Sitten alles gemein machen, hätten sie sich vortrefflich benommen, da sie schon, ohne seine Lehre zu kennen, sich zu seiner Sekte neigen.»[1]

Doch nachdem der immerhin von Amtes wegen fromme Mann hier genug auferstandenes Heidentum und antike kommunistische Utopien antraf, besann er sich auch ein wenig an biblischere Vorbilder: «Bald glaub' ich, das sei der Ort, wo der erste Mensch geschaffen worden, den die Hebräer Gan Eden, das ist der Garten der Wollust, nennen.»[1] Wie durch ein Feenreich wandernd, schildert Poggio all die offenbar sehr wirklichen und handfesten Lustbarkeiten des alten Baden, die Gesellschaftsspiele im Wasser und auf den Blumenwiesen; den Gesang und die Musik, die die ganze Luft erfüllten. «O Sitten, wie unähnlich den unsrigen! Wir Welschen sehen alles von der schlimmsten Seite an und finden am Verläumden und Verkleinern Geschmack.»

In der Fähigkeit, sich an Orten wie Baden unbeschwert der Freude hingeben zu können, erkennt der Papst-Sekretär die Voraussetzung für die Entstehung einer glücklicheren Gesellschaft, als er sie im Schatten der weltlichen und kirchlichen Macht Roms erleben musste: «Keiner bemüht sich, dem Gemeinschaftlichen etwas zu entziehen; vielmehr sucht jeder, das Besondere allgemein zu machen. Und zum Erstaunen ist es, wie bei einer so grossen Menge ... bei so verschiedenen Sitten, in einem so freudetrunkenen Gemische, keine Händel, kein Zwist, kein Schimpfwort, nur kein Murmeln noch Beschwerden des einen über den andern entsteht.»[1]

Wir alle, stellte Poggio bekümmert fest, wir zerstören unsere Lebenskraft im Kampfe um Macht und Geld: «Diese Glücklichen hingegen, mit Wenigem vergnügt, leben nur für heute, machen sich jeden Tag zum Feste, verlangen nicht nach Reichtum, der ihnen wenig nützen kann, freuen sich dessen, was sie haben, und zittern nie vor der Zukunft. Begegnet ihnen je etwas Widriges, so tragen sie es mit Geduld, und ihr grösster Schatz ist der Wahlspruch: ‹Der lebte, der seines Lebens genoss!›»[1]

Für die allgemeine Kulturgeschichte von Europa mag es wichtig sein, sich wieder einmal zu vergegenwärtigen, wohin der Mensch der Renaissance wandern musste, das von ihm zum Vorbild genommene «glückliche» Altertum sozusagen leibhaftig zu erleben. Für die so verstaubt-langweilig gewordene Heimatkunde der Schweiz sollte aber die blosse Tatsache, dass ausgerechnet in diesem Badener Freudentrubel die alten Eidgenossen zu ihren Tagsatzungen zusammenkamen, mehr über deren Kultur verraten als alle die Urkunden, die sie damals so nebenbei zeichneten.

Die Genüsse der Eid-Genossen

Von den heilkräftigen Quellen des Tagsatzungsortes Baden berichtete der Basler Pantaleon (1522–1595) die wohl damals noch lebendige Sage, dass sie «lang vor Christi Geburt» die Hirten gefunden hätten: «Wie dann sonst meist alle anderen Wildbäder, so in Einöden gelegen, durch Hirten und Jäger gefunden wurden.»[2] In den zahllosen «Heil-Bädern» seiner Berge erlebte der in allen seinen Bräuchen mit der Natur verbundene Mensch die sichtbare Offenbarung der göttlichen, alles ewig erneuernden Energien der Erde und der Sterne. Fast bis in die Gegenwart hinein zog das Volk vor allem im Frühling zu diesen zahllosen, noch immer aber mit Sagen umgebenen Orten und beging das «ver-jüngende Mai-Bad» mit allen entsprechenden «Maien-Freuden».

Bezeichnend für das damalige Denken wurde der Beginn des «Mai», der warmen Jahreszeit, gar nicht nach dem Kalender bestimmt, sondern vor allem nach den «aufblühenden Blumen».[3] Paracelsus behauptete noch ganz in diesem Sinne von den Wassern des Pfäfers-Bades, ihre verjüngende Kraft «wachse mit den Kräutern und sterbe mit ihnen ab». Ähnlich versicherten nach Scheuchzer die Walliser, ihr Leukerbad nehme jedesmal im Mai an wunderbarer Heilkraft zu.[3]

In christlicher Zeit wurden Badens Bäder unter die Heilige Verena gestellt, genau wie während der Römerherrschaft dort die ägyptische Muttergöttin Isis ihr Heiligtum erhielt. Nach einer erhaltenen lateinischen Inschrift stiftete zu dessen Ausschmückung eine Helvetierin mit dem schönen Namen Alpinula Geld – «bemerkenswert ist diese den Alpen entnommene Bezeichnung».[4] Dies mag ein Sinnbild sein: Mochten durch Jahrtausende die Oberherrschaften über den Ort «Baden» (und alle die unzähligen weniger berühmten helvetischen Alpenbäder) wechseln, sie blieben gleichwohl die Mittelpunkte des eigenwillig-lustigen Volkslebens des ganzen Alpenlandes. Für die Volksdichtung vermischt sich dann auch diese Heilige Verena mit der mythischen Frau Vrene[5], zu der und ihren «drei Jungfrauen» in den alten Liedern der Ritter geht, um alle Freuden der Lust kennenzulernen. Die Erinnerung an das Denken von Jahrtausenden vermischt sich in der liebsten, heute noch gesungenen Kinderdichtung des Landes: «Riti, riti Rössli! / Z'Bade steit es Schlössli, / Z'Bade steit es guldigs Hus / Luege drei Mareie drus...» Wobei es von der dritten dieser Marien, die in andern Fassungen auch Mädchen (Meiteli), schöne Jungfrauen, alte Weiber (alti Wiber) genannt werden, dann vielfach gar heisst: «Die dritti geit zum Summerhus / U lat die liebi Sunne-n-us.»[6] Dachten dabei die Menschen, die dieses Liedlein zuerst sangen, an uralte Berg- und Quellgöttinnen, die die Lebenskräfte der Erde, damit auch die Energien der Sonne, die Fruchtbarkeit des Sommers, die heilende Wirkung der Maienbäder verwalteten? Lebte hier die Erinnerung an Frau Vrenes «Jungfrauen», die Priesterinnen, Kräuter-

Die zahllosen schweizerischen Bäder erschienen vielen ihrer Gäste als irdische Verwirklichung der Träume vom Paradies

frauen, Hexen, die noch sehr lange an solchen heiligen Orten den hilfesuchenden Menschen ihren Rat gegeben haben sollen? Oder nur an die wegen ihres Leichtsinns berühmten «Bade-Mädchen», die für die Unterhaltung der Gäste Badens und ähnlicher «Stätten der Lust» zu sorgen hatten? Ich glaube, für die Dichter des «Riti, riti Rössli» waren alle diese Vorstellungen zum bunten Bilde einer lockenden Einheit verschmolzen.

Eins ist damit sicher: Wie noch der Gewährsmann von 1576 bezeugt, waren die Eidgenossen glücklich über ihre «Seen, deren viel in dem Land sind, auch mächtige und starke rinnende Wasser»! «Nicht ein Volk in der ganzen Christenheit»[7] habe es damals gegeben, bei welchem das Baden, vor allem auch das Üben im freien Schwimmen, eine solche Bedeutung zu bewahren wusste: Kaum weniger als das gesamte Erlebnis der Berge prägte damit der überwältigende Eindruck der «von den Höhen im Frühling mächtig niederströmenden» Wasser eine ganze volkstümliche Kultur.

BRÜDERLICHKEIT AUS LEBENSFREUDE

Noch lange waren alle Verordnungen der um das «Seelenheil», eigentlich wohl um die Mündigkeit ihrer «Untertanen» besorgten Obrigkeiten unfähig, das freie Leben in Baden und in all den andern Alpenbädern zu unterbinden. Noch im 16. Jahrhundert versichert uns der Arzt Alexander Sitz: «Wenn leibliche Wollust und Mutwillen selig machte, so würde man an diesem Orte nahe zum Himmel haben.»[8] Unter den strengsten Gesetzen vermochte hier «die Freude ihren Tempel» zu bewahren, «wo man sich derselben ungescheut überlassen durfte».[9] In Zürich wird behauptet, dass sogar während der Herrschaft der härtesten Reformationsordnungen die Frauen ihre Treue zu jenen alten Heiligtümern der Venus oder Frau Vrene durchzusetzen verstanden: «Jeder Bräutigam» habe seiner zukünftigen Gattin «im Ehekontrakt versprechen müssen, sie alle Jahre einmal in die Bäder von Baden zu führen».[9]

«...mancher Handwerker... würde seinen Sommer sehr übel angewandt zu haben glauben, wenn er nicht einige Zeit mit Badelustbarkeiten zugebracht hätte.»[10] Wie wir auch beim Berner Rebmann entnehmen können, freute man sich noch lange daran, dass in der gemeinsamen Badefreude sogar die sich heraus-

Der Kriegszug bedeutete ebenfalls vor allem die Freude, mit Freunden aus andern Tälern zusammenzukommen

bildenden Standesunterschiede zwischen Herr und Knecht, Frau und Magd einen gewissen Ausgleich erfuhren.[11] Über die Ausstrahlungen dieser fast schon religiöse Erscheinungen annehmenden «Leibes-Lust» auf den ganzen Alltag wusste freilich Johannes Grob 1678 gütmütig zu spotten: Wenn die Frau von der «Badenkur» heimkomme, dann beginne stets «das Kramen»; alle daheimgebliebenen Hausgenossen sollten etwas Freude mitbekommen und erhielten darum Geschenke, die Dienstboten, die Nachbarn! Auch der Hausherr gehe sicher nicht leer aus – er erhalte sein Hörnerpaar...[12] Doch zu eifrigen, wahrscheinlich durch eigene Enttäuschungen «moralisch» gewordenen Sittenrichtern blieb immer das vielerwähnte abschreckende Beispiel vom Sturz des allmächtigen Zürcher Bürgermeisters Hans Waldmann: Dessen «Sorge» um das sittliche Verhalten seiner Zeitgenossen verlor sehr viel von ihrer Glaubwürdigkeit, als bekannt wurde, wie er sich selber in Baden zu belustigen pflegte.

Stolz behauptete es im 16. Jahrhundert Simler,[13] und die volkstümliche Chronik des Hans Rudolf Grimm hat es in verschiedenen Nachdrucken bis zum Ende der Alten Eidgenossenschaft abgeschrieben, dass auch unter dem rauhen schweizerischen Kriegsvolk geradezu «alle Liebe» herrschte. Friedlich und freundlich hätten die Leute aus den verschiedensten Gegenden miteinander verkehrt, während angeblich in den Heereslagern der Reichs-Soldaten stets Hader, Zank und Rauferei herrschten.[14] Handelt es sich hier um einen wahren Sachverhalt? Fast wichtiger erscheint es uns, dass in der Zeit seiner widerlichsten Machtkämpfe und religiösen Zwistigkeiten das einfache Volk der Schweiz fest daran glauben wollte, dass es immer noch so sei: Und dass Grimms Chronik, die solche Dinge erzählte, zum Entsetzen der zeitgenössischen Gelehrten das gelesenste, ja vom verachteten «Pöbel» sogar «auswendig gelernteste» Werk des 18. Jahrhunderts war![15]

Wie dem auch sei: Diese ganze «brüderliche» Liebe zwischen Vertretern von Volksstämmen mit oft sehr hart aufeinanderprallenden Neigungen ist durch keinerlei «aus kalter politischer Berechnung» entstandenen (und sehr pünktlich gebrochenen) Verträgen zu erklären, sondern nur aus sehr viel Freude, die diese Menschen zusammen zu geniessen wussten.

Der heilige Bergler

Der sagenhafte «oberländische» Gottesfreund soll noch in der Zeit des ebenso sagenhaften Wilhelm Tell geboren worden sein, über 100 Jahre gelebt und sogar den Niklaus von der Flüe erlebt haben. Wie dem auch sei, die Legendenkreise um diese drei wundersamen Männer umfassen zusammen die später von allen Überlieferungen verklärten «Goldenen Alter» der Eidgenossenschaft. Der ganze irdische Wandel des «heilgen Klaus» erschien seinen Landsleuten als «ein Vorbild für jeden Stand», also für Jugend, Soldaten, Beamte, Vorsteher des Vaterlandes, Ordensleute, Einsiedler, Eheleute, Eltern...[1] Gewaltige Wunder wurden von ihm berichtet – man behauptete sogar, fast im Sinn indischer Mythen, dass er sich an sein Dasein vor der Geburt zu erinnern vermochte: «Ist also Nicolaus schon erleuchtet gewesen, da er noch in der Finstere seiner Mutterschoss gesessen.»[2] Man war vollkommen überzeugt, dass «ihme, ehe er geboren, schon grosse Geheimnussen Gottes seynd gewiesen worden. Er sahe das Firmament des Himmels... mit seinen herrlich glantzenden Stern gezieret... Er sahe auch dazumal schon in dem Mutterleib einen hohen Berg, der mit seinem Gipfel über Luft und Gewölk sich bis an den Himmel erstreckte...»[3] Er habe sich auch später an die eigene Taufe erinnert, vor allem an einen alten Pilger, der dabei zugegen war – mystische Geschichtsschreiber haben selbstverständlich in diesem den grossen oberländischen Gottesfreund zu erkennen versucht![4]

Nach einem Leben im Sinn jener alten Eidgenossen, bei dem selbstverständlich auch entsprechende Kriegstaten nie ganz fehlen durften, zog er sich in ein kleines Tal zurück und widmete sich ganz und gar der Betrachtung des Göttlichen. Zeugnisse der Zeitgenossen erzählen als sein höchstes Wunder, dass er «nichts» zu essen pflegte – sie verstehen darunter wohl, nichts im Sinne der damaligen zivilisierten Gesellschaft, und dass ihm von aussen keine

Ein Urbild der Frömmigkeit für den mittelalterlichen Menschen wie noch immer für den heutigen Inder

Nahrung in seine Einsiedelei gebracht wurde: Nach Johann Stumpffs Chronik (1546) hätten schon damals «etlich» behauptet, «er habe wurtzlen geessen»;[5] und Heinrich Pantaleon von Basel schrieb 1565 in seinem Buch über «Teutscher Nation warhafften Helden» – er habe am abgelegenen Ort «ein heilig Leben geführt, sich allein der Wurzeln, Kräuter und kalten Wassers beholfen und sonst kein Speis und Trank gebrauchet.»[6] Bereits vom heiligen Beatus, dem Apostel des Alpenlandes, vielleicht einem Leitbild des Bruders Klaus, erzählt die Legende, er habe in seiner Höhle am Thunersee nur von «schlechten Kräutern und wilden, ungekochten Wurzeln» gelebt[7]: «Durch die Bärg- oder Härd-Lütli» habe dieser schliesslich, so versichert die noch heute fortwirkende Volkssage, alle Geheimnisse der Pflanzen jener Wildnis kennengelernt.[8]

Was aber das grösste Wunder des Bruders Klaus ist: Durch sein Beten und seine auf alle Fälle wunderbare Ernährungsart in dauernder Verzückung erhielt der märchenhafte Gebirgler einen solchen Einfluss auf seine Zeitgenossen, dass die kriegerischen Stämme der Schweizer seinem Rate blind folgten. Wahrscheinlich zuverlässig wissen die Chronisten, dass es seine Botschaft war, die nach den Eidgenossen-Siegen gegen die Burgunder den Streit um die Beute «beschwichtigte» und damit das drohende Auseinanderbrechen jenes Bundes verhinderte. Sogar ein Abt, Johannes Trithemius, verglich damals in seinen Hirschauer Annalen den Einfluss des Mannes von Unterwalden mit dem eines durch seine Seher zum Volke redenden Gottes: «... an welchen sie (die Eidgenossen) sich in allen ihren wichtigen Angelegenheiten gewendet und dessen Worte, Räte und Ermahnungen gleich den Orakelsprüchen eines Pythius Apollo aufgenommen.»[9]

Religionsübung als Genuss

Er «schien», wie Oswald Myconius gegen 1519 weitergab, «alle Geheimnisse der Heiligen Schrift zu erfassen, obwohl er keinen Buchstaben lesen konnte».[10] Seine göttliche Weisheit sollte er nach einer seltsamen Nachricht aus einem «Büchlein» entnommen haben, das offenbar keine Buchstaben enthielt, dafür aber in «drei Farben» war – «rot, weiss und schwarz».[11] Nach einer schon um 1487 gedruckten Schrift besass er für seine mystischen Betrachtungen ein heiliges Zeichen, das ihn die Gottheit verstehen liess: «Ein Rad mit sechs Speichen.»[12] Dieses Betrachtungsbild, über das Katholiken und Reformierte in späteren Jahrhunderten so viel herumrätselten, soll ursprünglich «nur in dem geometrischen Schema bestanden haben».[13] Eine Schilderung von 1488 redet über «jene Darstellung des Rades... durch die er wie in einem klaren Spiegel das ganze Wesen der Gottheit widerstrahlen liess»: «Diese und die andern Geheimnisse und verborgenen Bedeutungen jenes Rades hat unser Einsiedler in seinem ‹Buche›, das heisst in jenem Rade, gelehrt...»[14]

Wie der Einsiedler Klaus wohl durch seine Gesichte auf seine Farben und das sechsspeichige Rad kam, auch darüber haben wir eine Reihe von offenbar zuverlässigen Hinweisen: Nach einem Bericht von 1487 sagte er zum Beispiel zu einem darob anscheinend erstaunten Jüngling von Burgdorf, dem Menschen müsste die Betrachtung göttlicher Dinge so schmecken, «als ob er zum Tanz ginge».[15] Eichorn (1607) führt einen Bericht an, man habe den Einsiedler einmal im Zustande der «Verzückung» – die lateinische Niederschrift braucht das Wort «Ekstase» – getroffen, «mit aufwärts gewandten, verdrehten Blicken, offenem Munde und schrecklichem Gesichtsausdruck». Als der Heilige dann wieder zu sich kam, habe er dann den Zeugen erklärt: «Ich bin zu dorff gesyn.»[16] Etwas geängstigt, man könnte diesen Mundartausdruck irgendwie ketzerisch verstehen wollen, beeilt sich Eichorn, ihn möglichst harmlos zu erklären: «Das heisst: ‹Ich habe im Geiste meine Freunde besucht›, und will keineswegs etwas anderes bedeuten.»[16] Die neuere Forschung weiss selbstverständlich genau, dass diese Worte in der Berglersprache einen ziemlich anderen Sinn besassen, drückt sich aber gern so vorsichtig aus, dass es immer noch für einen in der Heimatkunde nicht sehr bewanderten Leser ziemlich dunkel bleiben muss: «‹Zu dorff gesyn› bedeutet doch etwas mehr, als die Interpretation Eichorns zugeben will.»[16] «Dorfen» heisst nun im Schweizerischen ganz einwandfrei: «Zusammenkunft mehrerer; ‹einen Dorf halten›, das ist eine Zusammenkunft, Versammlung, vorzüglich von Freunden und Nachbarn; ‹Bergdorf›, Zusammenkunft auf einem Berge; ‹Nachtdorf›, nächtliche Zusammenkunft; ‹Dorfete›, Zusammenkunft, besonders mit dem Nebenbegriffe eines frohen und belebenden Genusses.»[17] «Dorfen» hat überhaupt auch den Sinn von «in Gesellschaft sein, eine Zusammenkunft abhalten». Zu Dorf sein, zu Dorf einen Besuch abstatten, besass damit verständlicherweise fast vor allem die Bedeutung der gemeinsamen Hingabe an sinnliche Freuden: «Vorzüglich heisst es in Glarus bei Mädchen nächtliche Besuche vornehmen, sowohl als solche annehmen; man sagt daher: ‹das Mädchen hat schon gedorfet, zählt schon seine Liebhaber und Freier, nimmt schon Besuche von ihnen an.› (Diese Sitte ist unter den eigentlichen schweizerischen Gebirgsvölkern fast allgemein eingeführt, wiewohl auch unter andern Benennungen, zum Beispiel kilten, lichteln.)»[17]

«Dorf» als Ausdruck für menschliche Gemeinschaft bedeutet damit für das Volk der Alpen geradezu einen Kreis von Menschen, die bei jedem Zusammentreten sinnliche Freude aneinander empfinden: Alle die mundartlichen Ausdrücke, die aus diesem Denken hervorgingen, erklären uns die gewaltige gesellschaftsbildende Kraft, die aus solchen «Dorfeten», sei es aus politischen Gemeindeversammlungen wie dem auf dem Rütli, sei es auch aus den verrufenen «Nacht-Dorfeten» der Ketzerbünde, hervorzugehen vermochte. Dass für den frommen Klaus seine verzückte Vereinigung mit dem Göttlichen ebenfalls ein solches «frohes, genussvolles» Dorfen war, ist eine der wichtigsten Urkunden über das innere Leben der Bergler in der Zeit jener kriegerischen «Gottesfreunde».

EINSIEDLER KLAUS ALS UNRUHE-STIFTER

Auch lange nach dem Tode des wunderbaren Heiligen tauchten «Botschaften» auf, die vom Volk der zerstrittenen Kantone, von sich oft blutig befehdenden

Reformierten und Katholiken gleichermassen, als gültig anerkannt wurden. Die durch die weiterwirkende Macht des gestorbenen Einsiedlers beunruhigten Obrigkeiten scheinen einiges unternommen zu haben, den Einfluss von solchen hochpolitischen Nachrichten zu unterbinden und sie für Fälschungen von übelgesinntem «Ketzervolk» zu erklären. Man wusste aber in der Innerschweiz ganz allgemein, dass schon zu Lebzeiten des Ekstatikers sich ein ganz junges Mädchen von Unterwalden in seiner unmittelbaren Nähe angesiedelt hatte, dass es ihn (bald selber als eine Heilige angesehen!) sehr lange überlebte und auch alles tat, sonst nirgends festgehaltene Worte von ihm in Umlauf zu bringen. Von dieser Einsiedlerin Cäcilia, die erst 1565 annähernd 100jährig aus unserer Welt gegangen sein soll, wird uns versichert: «Es haben auch Bruder Claus und Bruder Ulrich ihro viel huldsame Ermahnungen und Unterweisungen neben manchen zukünftigen Dingen geoffenbaret, die sie hinwiederum nach dero Ableben andern kundbar gemachet hat.»[18]

Johann Joachim Eichorn schrieb 1607 voller Bedenken: «Ein Sektierer hat schon vor vielen Jahren ein hübsches Gedicht über diese Ratschläge des Bruder Klaus herausgegeben, mit solchen Kunstgriffen verziert, dass es nicht allein von den schweizerischen Protestanten, sondern auch von den naiven Katholiken als authentisch aufgenommen und verteidigt wurde. Es hat aber heftige und verletzende Spitzen, durch die es das hochmütige Volk aufzustacheln sucht, nicht nur gegen seine Obrigkeit, sondern auch gegen fremde Fürsten.»[19] Es musste eben die «gnädigen», durch wirtschaftliche Beziehung mit den Grossmächten Europas immer reicheren «Herren» der Eidgenossenschaft beunruhigen, dass das «niedere» Volk nicht nur so «hochmütig» war, sich auf die Freuden der Freiheit zu besinnen – sondern dass es sich in dieser «ketzerischen» Haltung noch durch weitererzählte Aussprüche seines Heiligen zu bestätigen wusste. Schon um 1513 sang das Volk eine Mahnung des grossen Einsiedlers zu friedlichem Wesen: Nur wenn man die Schweiz überfallen wolle, dann müssten ihre Bewohner «das Spiel» durchschauen und sich tapfer wehren. Schlimm werde es im Lande erst sein, wenn dessen Vertreter beginnen würden, von den Regierungen anderer Staaten Gold in Hülle und Fülle anzunehmen. Wenn die Eidgenossen dann nicht mehr fähig seien, «in das Spiel» zu blicken (lugen) und es weiterhin zu durchschauen – «wird es (das Gold) uns zuletzt verraten».[20]

Solche angeblich wörtlichen Aussprüche des Heiligen haben zweifellos beigetragen, den damals von Volksbewegungen geschürten Bauernunruhen der Schweiz und ihrer Nachbarländer eine Begründung zu geben: Bei Hirten, Bauern, Bürgern, bei Gelehrten wie Paracelsus erwachte damals, um 1525, neben der Sehnsucht zur religiösen Unabhängigkeit auch der wachsende Widerstand gegen die wirtschaftliche Ausbeutung durch jene von ihrem Diener Eichorn so ehrfürchtig genannten eigene, mit den «fremden Fürsten» durch für sie einträgliche Beziehungen verknüpfte «Obrigkeit». Noch 1653, 150 Jahre später also, erhoben sich die Bauern gegen ihre Ausbeuter, die sie des «Verrates» an allen Grundsätzen der alten Eidgenossenschaft anklagten, indem sie neben Tell auch Niklaus von der Flüe als ihren grossen Verbündeten besangen. «Gleich wie zu Tellen Leben (Lebzeiten)» gehe es jetzt wieder zu, hiess es im Lied der Aufrührer, wie damals durchtobe die Geld- und Machtgier der neuen «Landvögt» die Kantone: «Ein jeder Herr will leben / Wie'n junger Edelmann; / Es muss es ihm hergeben / Der arme gringe Mann.» Also werden darum die «lieben Eidgenossen» aufgerufen, «zusammenzustehen» wie einst auf dem Rütli; die «Herrenpossen» sollten sie wieder «verachten» und den «fremden» Geist aus «eurem Vaterland» verjagen – erst dann würden wieder «Fried und Ruh» einkehren. Auch dieses Lied endet sehr bezeichnenderweise: «Denkt an den Bruder Klausen / Und sprechet früh und spat: / ‹Mit Knütteln muss man lausen›, / Und folget meinem Rat.»[21]

Noch im 18. Jahrhundert, also sozusagen bis zum Untergang der Alten Eidgenossenschaft, mussten die Luzerner und Berner Regierungen mit den strengsten Strafen gegen die Verbreitung solcher Lieder einschreiten, die «man stark unter dem Volke zu verbreiten suchte».[22]

Die Drohung der Kommunen

Voll Angst um die Zukunft des Reiches entsetzte sich im 15. Jahrhundert Felix Hemmerlin über die Eidgenossen, diese «vieler Grafen, Baronen, Vornehmen und Adligen Mörder, ein Staunen der Welt und Schrecken der Nachbarländer»: «Die Schwizer waren eben die ersten Frevler gegen ihren Herrn, und so bekamen alle, welche der Reihe nach mit ihnen frevelten, auch ihren Namen... So heissen auch alle Böhmen, Mähren und so weiter Hussisten nach dem ersten Johann Huss, die Arrianer von Arriua dem ersten Ketzer...»[1] Schweizertum erscheint ihm damit geradezu als der Name einer ebenso «erstaunlichen» und «erschreckenden» neuen Sekte, die auf allen Gebieten Unruhen erzeugte. Das Volkslied sang im gleichen Sinne: «Nun sind etlich, die wend kein Herren han, / Weder dem Babst noch Kaiser sin (sein) undertan...»[2]

Auf der Grundlage der mündlichen Überlieferungen und von Hinweisen der Chronisten hat man festgestellt, dass die Art, wie sich das «gemeine» Volk der Eidgenossenschaft während der Reformation an allen geistigen Auseinandersetzungen beteiligte, «uralten Glaubensbesitz» und daraus erwachsene Bildung zu verraten scheine: «Ihre (der Landleute) Bibelkenntnis ist älter als die Reformation. In den wenigen Jahren seit dem Erscheinen der Reformationsbibeln gewinnt der Bauern nicht die Bibelkenntnis, die gelehrte Prädikanten matt setzt.»[3] Der Winterthurer Chronist Ulrich Meyer sah die Aufführung eines Schauspiels im kleinen Dorfe Wülflingen und bezeugte über diese gebildeten Bauern: «Sie fand (fangen) aber jetzund an listiger werden, dan (denn) burger in den stetten.»[2]

Die Reformatoren stützten sich zuerst auf diese volkstümlichen Bewegungen, denen sie zweifellos einen guten Teil ihrer besten Gedanken und damit ihre politische Schlagkraft verdankten. In des Berners Niklaus Manuel Spiel «Vom Papst und seiner Priesterschaft» klagt der Prior über den Bauern, dem die ganze Ordnung Roms vollkommen gleichgültig sei und der nur nach seinem Gewissen leben will: «Sprech ich: es muss ein römischer Ablass sin; / So spricht der Bur freventlich, er schisse drin! / So sprich ich denn: Bur, du bist jetzt im ban (Bann)! / So spricht der Bur: ich wüschti den ars (Arsch) dran...»[4]

Die Welle solcher volkstümlichen Stimmungen mochte der reformierten Kirche in verschiedenen Kantonen zum Sieg verhelfen – «bald jedoch gingen die wirtschaftlichen und sozialen Forderungen der Bauern so weit, dass sowohl Luther als Zwingli mit aller Kraft gegen sie auftreten mussten».[4] Für das Weltbild jenes Gemeinschaftslebens der Alpen gab es eben keine Möglichkeit einer geteilten Unabhängigkeit – der Mensch sollte frei sein in der Wirklichkeit seines Alltags, genau wie in seinem Verhältnis zum Göttlichen: Der «Wilde Mann,» der in den Sagen auf seinen Alpen «keine Zäune» irgendwelcher Art dulden will, erstand wieder im 16. Jahrhundert. Wie zum Beispiel Kessler von St. Gallen berichtet, gab es in dieser Stadt mehr ketzerische Wiedertäufer als «Papisten» und «Evangelische»: «Sie hielten auf den Bergen, in Wäldern und Äckern ihre Zusammenkünfte, und daher kam es, dass die Kirchgemeinde zu

St. Laurenzen täglich abnahm und kaum noch jemand daselbst den ordentlichen Gottesdienst besuchen wollte.»[5]

GESELLSCHAFTS-UTOPIEN DER REFORMATION

Man hat festgestellt, «dass die eifrigsten Wiedertäufer zugleich auch die unruhigsten Köpfe in politisch-sozialer Hinsicht waren».[6] Genau wie bei den mittelalterlichen Katharern, Albigensern, Waldensern (Vaudois), «Hexen» und so weiter wird uns wahrscheinlich bei all diesen Gruppen nur durch einen gemeinsamen Sammelnamen und durch die tückisch-«propagandistischen» Verallgemeinerungen ihrer Feinde eine Einheit vorgespiegelt, die keinen Augenblick bestand. Oder wie der Chronist Salat feststellte: «Dann sie waren, und sind noch untereinander so gar uneinig und widerspenstig, dass nichts gewiss, noch endlich (endgültig) von ihnen zu setzen.»[7]

Von den «Freien Brüdern», die von ihren Verleumdern «die groben, wüsten Brüder» genannt wurden und offenbar im Gebiet von Zürich auftraten, vernehmen wir zum Beispiel: «Sie verstanden die christliche Freiheit fleischlich; denn sie wollten von allen Gesetzen frei sein.» Sie anerkannten kein Knechtsverhältnis und wollten mit jedem Bezahlen von Zinsen und Zehnten aufhören.[8] Aus den Satzungen (Statuten) einer solchen Bewegung lesen wir in bernischen Akten: «Alle Brüder und Schwester dieser Gemein soll keiner nütt (nichts) eigens haben sunder (sondern) wie die Christen zur Zit (Zeit) der Apostel alle Ding gemein hielten...»[9] Selbstverständlich fehlte es um 1525, als solche Gedanken auf dem Höhepunkt ihrer Kraft standen, nicht an kindischen Schlaumeiern, die hier das Wasser auf die eigene Mühle zu lenken versuchten: «Ein anderer (schaffhausischer) Bauer hatte ein Häuschen gekauft, es aber nicht bezahlen können. Er habe aber, wie er bei einem Verhör aussagte, die Hoffnung gehegt, ‹wenn das Evangelium (also die Zeit der Herrschaft der Wiedertäufer-Ideen! S.G.) komme, so brauche er dasselbe nicht mehr zu bezahlen.›»[10]

Solche lächerlichen Randerscheinungen dienten den katholischen oder «evangelischen» (gleichermassen dem Obrigkeitsstaat zusteuernden) Feinden, um für spätere Jahrhunderte ein Zerrbild dieser Gemeinschaften zu malen: Nach ihnen bedrohten alle Täufer die Gesellschaft, «und deshalb konnte man diese jedenfalls als potentielle Verbrecher betrachten».[11] Auch Zwingli «glaubte, dass das Täufertum die Gesellschaft auflösen würde, wenn es zur Geltung käme»[11] – und so heiligte der Zweck der Staatserhaltung jedes gegen sie verwendete Mittel der verlogensten Verleumdung und auch der blutigen Gewalt.

Es blieb darum den Anhängern der religiösen und gesellschaftlichen Freiheit auch am Ende der Reformationszeit nichts anderes übrig, als sich in jene Aussenseiterwelt der Alpen zurückzuziehen, in der schon alle ihre Vorgänger Zuflucht gesucht und überlebt hatten: «Auf den hohen Bergen sind Hütten, die man Stafel nennt: Doch habe ich auch rechte Wohnhäuser gesehen, sie sind aber von Täufern in Zeit der Verfolgung gebauet worden... Massen sie auch unter dem Haus verborgene Keller und Löcher gehabt, darin sie sich vor den Häschern verkrochen.»[12]

DAS HIMMELREICH IN APPENZELL

Das «Wiedertäufertum» besitzt in jener ersten Hälfte des 16. Jahrhunderts die Merkmale einer echten Jugendbewegung: «Da dann etwa jung liederlich Volk, so einesteils um der Buberei, so unter ihnen vorging, etlich um Faulheit, und wie sie's nannten, menschlicher Freiheit willen... zu ihnen gelaufen.»[13] Noch mehr Macht als in St. Gallen erhielt die Bewegung im kleinen Hirtenlande Appenzell, wo sie bald gut 1200 Anhänger gezählt haben soll. Sie liefen «über Berg und Tal, vernachlässigten ihre häuslichen Angelegenheiten... Viele stiessen ihre Türen auf und warfen alle ihre Habe, Geld und Kleidungsstücke zum Haus hinaus und liessen es gern geschehen, wenn sie von andern hinweg getragen wurden.»[14]

Das «Sterben» wurde ebenfalls in jenen Versammlungen betrieben, wobei die Täufer «verzückt» auf den Boden stürzten: auf diese ekstatische Art wollten sie in höhere Zustände gelangen und ihre «Offenbarungen» erlangen. Waren die Kleider zuerst Ausdruck massloser Demut, so glaubte sich das Volk bald darauf für wiedergeboren und prunkte in bunten Trachten, «Federn und Blumensträussen»: «Man hüpfte und tanzte und trieb allen Mutwillen und Leichtfertigkeit»; Hals und Herz hätten sogar die Mädchen entblösst getragen: Sie trugen Ringe, die bedeuten sollten, «dass Gott mit ihnen vermählet sei», und sagten zu einander: «Auch wir waren tot, und sind wieder lebendig worden.» Der Chronist Kessler wetterte dagegen: «Nicht weiss ich zwar, wie sich Gott mit ihnen vermählet habe, aber das weiss ich, dass diese Ringe zu sehr fleischlicher Liebe unter ihnen nach Buhler- und Hurer-Gewohnheit zu unkeuschen Begierden

Religiöse Gemeinschaften, die das Göttliche «auf Bergen und in Wäldern» suchten, standen durch Jahrhunderte hinter gesellschaftlichen Unruhen

gedient haben.» Man behauptete: «Manns- und Weibspersonen setzten sich in Stuben und Wäldern und an andern einsamen Orten zusammen und übten die schandbarsten Laster, oder wie sie es nannten, ‹die Werke des Glaubens›, aus.»[14]

Ähnlich erzählt auch Gottfried Keller in seinen «Züricher Novellen» über dieses Wiedertäufer-Treiben: «Zuweilen vereinigten sich alle... bildeten einen Ring und tanzten im Kreise, sangen Kinderlieder, klatschten in die Hände und hüpften in die Höhe.» Tannzapfen hätten sie an Fäden «hinter sich her gezogen» – «und was dergleichen Unsinn mehr war».[14] Der Tannzapfen war nun einmal das liebste Kinderspielzeug der Alpenländer und bedeutet, wie viele seiner Mundartbezeichnungen beweisen, eigentlich immer – «die Kuh»[15]. Wenn Paracelsus sein Berglertum betonen wollte, gebrauchte er dafür die Redewendung, er sei «in Tannzapfen erwachsen».[16] «De Muet / mit dem Breithuet / hät meh Gäst (Gäste), / wedder der Wald Tannäst.» So lautet ein schweizerisches Kinderrätsel[17], und seine Auflösung bedeutet – «die Sterne»: Offenbar wurde das Volk bei der Betrachtung der dunklen Äste mit ihren Tannzapfen an die himmlischen Gestirne erinnert (wer denkt da nicht auch an die vergoldeten Tannzapfen am Weihnachtsbaum...)

Anton Henne, Geschichtsforscher, Politiker und Dichter der ersten Hälfte des unruhigen 19. Jahrhunderts, staunte, in griechischen und germanischen Mythen «fast lauter mir schon (als Kind) bekannte Züge» wiederzufinden[18], und wollte im Volksglauben der Alpen sozusagen die ursprünglichsten Sagen entdecken: Von den alten «Hirten und Jägern» sei der Himmel als «Weide, Alp, Wald» angesehen worden; die Gestirne «drin weidend, wandernd» und von einem gewaltigen «Jäger, Hirten, Riesen» (ein solcher wäre wohl auch der eben erwähnte wilde Mann «Muet») gehütet.[19] Wenn einst die jungen Menschen in Appenzell, St. Gallen, im Zürcher Oberland ihr «Himmelreich» auf Erden erleben wollten, so gehörten die Sternenreigen und das Spiel mit den «Kühlein» der Paradieses-Alp ebenso dazu wie für die Märchen und Kinderlieder ihrer urzeitlichen Vorfahren.

«WIEDERTÄUFER» EINST UND HEUTE

Der Bayer Aventin schilderte es in jenen Jahren mit Begeisterung, wie in der Eidgenossenschaft «ein gemeiner Mann mitsampt andern» kühn «Richter und Schergen verjagten, erwürgten überal herumb die Amptleut und richteten einen freyen Standt».[20] Ulrich Hugwald, genannt Mutius (1496–1571), schwärmte gleich Rousseau für die «keineswegs müssige Musse» der ländlichen Lebensart; «sie allein sei nicht wider die Natur und wider Gott» – wozu er ebenso durch das Wiedertäufertum bestätigt wurde wie durch die später in seiner «Chronik» verherrlichte Freiheit der alten Schweizer Hirten: Er scheint in seinem Traum vom glücklichen Zukunftsstaat 1524 den Revolutionär Thomas Münzer bestätigt zu haben, mit dem er damals in Basel zusammenkam.[21]

In jener Zeit zeichnete der Petrarca-Meister seinen «Stände-Baum»: Zuunterst sieht man die Bauern schwer arbeiten, über ihnen kommen die höheren Gesellschaftsschichten, nacheinander Bürger, Adel, dann Kaiser und Papst. Zuoberst auf dem Baum sehen wir aber wieder die gleichen Landleute, nur diesmal nicht für die andern ihren Schweiss vergiessend, sondern tanzend und musizierend: «Der bäuerliche Ruhetag als letzte Staffel unseres Stammbaumes ist Sinnbild für die Wiederkehr der ständelosen, zwietrachtlosen saturnischen Urzeit.»[22] Es wurde bereits von den älteren Geschichtsschreibern betont, dass der deutsche Bauernkrieg von 1525, während dem die Aufrührer auf ihren roten Fahnen etwa sogar das weisse Schweizer Kreuz trugen[23], durch die Freiheit der Eidgenossen angeregt wurde: «Arnold schreibet, dass solches nach dem Exempel der Schweizer geschehen sei, welches auch Cario anmerket.»[24]

«Schweizer» bedeutete schliesslich schon im 15. Jahrhundert ein Mensch sein, der die Auffassungen der Eidgenossen teilte, sich «zu einem bestimmten freien Lebensstil bekannte». Kaiser Maximilian erkannte in Konstanz die Unmöglichkeit, «Schweizer mit Schweizern zu schlagen» – ein Teil des Geheimnisses der eidgenössischen Siege beruht in der Tatsache, dass die Krieger der Fürsten innerlich auf ihrer Seite standen. Max von Zevenbergen, ein Staatsmann des Kaisers Karl V., warnte, dass zuletzt sich Gemeinde um Gemeinde dieser furchtbar gefährlichen Schweiz anschliessen könnte, bis «ganz Teutschland allein eine Kommune (ain commun) sein und alle Obrigkeit daraus vertrieben würde».[25] Noch um 1600 nannte der Venetianer Padavino «die Schweizer Fanatiker der Gleichheit», – und für den französischen Staatsrechtler Bodin waren sie gleichzeitig geradezu «Kommunisten».[26]

Mögen jene religiös-gesellschaftlichen Träume immer wieder zu einer verfolgten Sage geworden sein, gerade in ihrem Umkreis erkennen wir die gleiche Erscheinung, die Gottfried Keller in den volkstümlichen Tell-Spielen seiner Zeit erlebte – dass «Vergangenheit und Zukunft nur Ein Ding» sein kann.[27] Wie schrieb doch 1932 Hermann Hesse im Tessin? «Zu jener Zeit... war unser Volk... manchen Hirngespinsten, aber auch echten Erhebungen der Seele zugänglich, es gab bacchantische Tanzgemeinden und wiedertäuferische Kampfgruppen, es gab dies und jenes, was nach dem Jenseits und nach dem Wunder hinzuweisen schien.»

Gerade diese Stelle[28] wurde nach 1966 für die neuen Jugendbewegungen Amerikas zum Aufruf, neue, «im gleichen Lebensversuch vereinigte Gemeinschaften» zu begründen: Verblüffend genug erzielte darum Hesse (1877-1962), Jahre nach seinem Tode, in den USA Millionenauflagen und ist heute, zusammen mit Paracelsus, Rousseau, Jung[29], ein Hauptanreger dieses «das Göttliche und eine ‹Gesellschaft der Liebe› suchenden Neuen Volkes (New People)», dieser Wiedertäufer der Gegenwart.

Ruhestörer in der Hochschule – vor 444 Jahren

«In das innere Leben der Universität mischte sich der Rat nicht ein. Er begnügte sich mit der Sorge für ihre äussere Existenz. So konnte sich denn freies Akademisches Leben entfalten, in welchem erst die Studien richtig gediehen...» Ein solches Bild entwirft Edgar Bonjour [1] nicht etwa von einer sehr modernen Hochschule, an der freiheitlicher Geist einzog, sondern von der ersten (und durch Jahrhunderte einzigen) Schweizer Universität, der von Basel.

Auch sonst herrschte an dieser 1459 gegründeten Bildungsstätte ein Betrieb, der uns ein halbes Jahrtausend später als die verwirklichte Utopie der vielberedeten «Mitbestimmung» erscheint: «Die Universitas magistrorum et studentium bestand aus der gesamten Körperschaft aller Universitätsangehörigen; ursprünglich waren auch die Studenten als gleichberechtigte Korporationsmitglieder im Rate – der heutigen Regenz – vertreten, stellten sogar einmal den Rektor.»[1]

Im Umkreis einer solchen Hochschule, einer würdigen «Schöpfung freier Bürger», wie sie Bonjour nennt, gedieh ein buntes, abenteuerliches, phantasievolles Leben. In Basel kreuzten sich wichtige Kulturwege, die wichtige geistige Mittelpunkte des Nordens und Südens miteinander verbanden. Hier verliessen die Pilger aus den Niederlanden und aus Burgund ihre Rheinschiffe, um nun unter vielerlei Gefahren den von zahllosen Sagen umgebenen Gebirgsweg nach Rom unter die Füsse zu nehmen. In Basels Wirtshäusern um die Hochschule herum trafen sich ernsthafte Wahrheitssucher, die ersten Dichter und Denker des Humanismus und der Renaissance mit im Volke berühmten Gauklern und Zauberkünstlern. Man weiss aus zeitgenössischem Zeugnis, dass um 1525 sogar der geschichtliche Doktor Johannes Faust, dessen unglaubliches Leben später Goethe und zahllose andere Künstler zu unsterblichen Werken anregte, in Basel weilte und jedermann mit seinen verwirrenden, vielleicht hypnotischen Spielereien in wachsendes Erstaunen setzte.[2] Der berühmteste unter diesen wunderbaren Gästen Basels war aber wahrscheinlich Theophrastus Hohenheim, genannt Paracelsus, der 1493 geborene Wunderdoktor aus dem innerschweizerischen Einsiedeln.

ZWISCHEN UNIVERSITÄT UND UNTERWELT

Als Arzt in Strassburg hatte der umstrittene, durch alle Länder Europas und nach den Schilderungen seiner Schüler sogar des Orients wandernde Mann den Basler Buchdrucker Froben geheilt – so ist verständlich, dass er 1527 eine ehrenvolle Berufung an die noch junge Basler Hochschule erhielt. Freilich, wer gedacht hatte, der unstet durch die Welt ziehende, überall nach seiner Wahrheit suchende Gelehrte freue sich über eine geachtete Lebensstelle – der sah sich schon bald bitter getäuscht. Mögen nämlich die mittelalterlich-eidgenössischen Hochschulbräuche ziemlich rauh gewesen sein – Professor Dr. Paracelsus tat einiges, um sogar einen ziemlich weitgezogenen Rahmen der geduldeten akademischen Möglichkeiten zu sprengen.

Alte Bilder der Basler Hochschulgelehrten beweisen uns die Tatsache, dass die Herren Professoren etwa durch das Recht auf das Tragen von Adelskleidern geehrt wurden und damit zeigen durften, dass sie zur damaligen gesellschaftlichen Oberschicht gehörten.[1] Den Wissenschaftler und Vagabunden Paracelsus verdross aber ganz offensichtlich jede vornehme und einigermassen gediegene Gesellschaft! Schon bald machte er sich rücksichtslos «durch seinen bedenkenlosen Verkehr mit Angehörigen niederer und geächteter Schichten suspekt»...[3] Der verachtetste, von allen «anständigen» Bürgern gemiedenste Stadtteil von Basel schien ihm gerade richtig, hier seinen Wohnsitz zu suchen und auch zu finden: Es war dies damals der verrufene «Kohlenberg», diese «berühmte und berüchtigte Freistatt der Verfolgten, Pilger, Kriegsflüchtigen, Landsknechte, Zigeuner, Bettler und abenteuernden Scholaren»...[3]

Bleiches Entsetzen erfüllte bald jedermann, der etwas auf seinen Umgang hielt, über den Freundeskreis des berühmten Gelehrten. Oporinus (1507–1568), der während der Basler Zeit in enger Gemeinschaft mit dem eigenartigen Hochschullehrer lebte, schilderte später die Verworfenheit des von ihm masslos beneideten Mannes: «Tag und Nacht» sei dieser «dem Trunk und der Prasserei ergeben, dass man ihn kaum eine Stunde oder zwei nüchtern fand». Aus dieser einseitigen Schilderung vernehmen wir sogar, dass der abenteuerliche Wunderarzt «ganze Tische voll von Bauern zum Trinken herausforderte... und gewann».

Wirtshäuser als Lehrstätten?

Ähnlich schilderte auch Heinrich Bullinger, der nächste Freund Zwinglis, das Ärgernis Paracelsus – auch für ihn war der ihm in seinem ganzen Wesen unverständliche Gelehrte nur ein schmutziger Zecher unter verkommenen Fuhrleuten! «Cacophrastus» war bekanntlich ein Schimpfwort, das in Basel gegen den lästigen Zeitgenossen verbreitet wurde. Wie man es heute, wo die Lateinbildung nun einmal nicht mehr so verbreitet ist, uns erklären muss, bedeutete dieser Schimpfname ursprünglich eben einen in der «Aeneis» von Vergil vorkommenden Sohn des Unterwelt-Gottes Vulkan, «der sich der Magie und der Nekromantie verschrieben hatte». Die Bedeutung der Schmähung ist damit die Kennzeichnung als ein «scheusslich gebildeter Halbmensch irren Blicks» – nach Tepnef damit ein Ausdruck, der eine deutliche und grobe Anspielung auf das äussere Erscheinungsbild, die kaum sehr gepflegte Bekleidung und das ganze Auftreten des verhassten Neuerers enthielt.[4]

Während also Professor Paracelsus keinen Augenblick sich scheute, mit den verdächtigsten «Elementen» seiner Zeit sich «herumzutreiben» und sogar äusserlich ziemlich genau wie sie aufzutreten, vernachlässigte er geradezu sträflich die Pflege aller «guten» und damit auch nützlichen Beziehungen. Seelenruhig versäumte er es anscheinend sogar, rechtzeitig ein einigermassen ordentliches Mitglied des Lehrkörpers seiner Universität zu werden, wozu man damals eben «in den Universitätsmatrikel eingeschrieben sein und den Nachweis eines Doktorgrades erbringen» musste: «Er unterzog sich solcher Formalitäten jedoch nicht. Folglich wurde er seitens der Fakultät nie als ordentliches Mitglied anerkannt. Man sprach ihm das Promotionsrecht ab...»[5]

Tat also der wilde Mann, der «Waldesel» aus Einsiedeln, kaum etwas, um als «ordentlicher» Mitarbeiter des Basler Gelehrtenkreises angesehen zu werden, so wusste er seinen (gelegentlich gar mit geheimen Zauberkünsten erklärten) Einfluss auf seine Schüler nicht gerade im Dienste der öffentlichen Ordnung einzusetzen. Von Basel aus schrieb er zum Beispiel an die Zürcher Studenten einen Brief, in dem er sie als «combibones optimi» anredete: «Hierin fanden die Splitterrichter einen Beweis, dass er ein ausgemachter Trunkenbold gewesen sein müsse, denn nur ein solcher könne schamlos genug sein, als Professor gegenüber Studenten, diese seine ‹gar lieben Zechgenossen› zu heissen».[6]

Das Ende einer Studenten-Unruhe

Es kam bald zu wirklich sehr «antiautoritären» Demonstrationen in der Öffentlichkeit, über die wir heute freilich, da Hass und leidenschaftliche Zustimmung das Bild der eigentlichen Ereignisse zweifellos sehr verzerrten, kaum genau Auskunft zu bekommen vermögen. Am 24. Juni 1527, also am Tage der Sonnenwende, am Johannistag, ging Paracelsus so weit, dass er massgebende Lehrbücher der Medizin, damit amtliche, vergötterte Grundlagen der ganzen Weltanschauung von damals, «im Kreise der johlenden Studenten symbolisch verbrannte. Mehrere Zeitgenossen haben diesen ungewöhnlichen Akt, worin sich Paracelsus auf unerwartete Weise zu erkennen gab, schriftlich festgehalten.» Er selber rühmte sich nachträglich: «Ich habe die summa der bücher in sanct Johannis feuer geworfen, auf das alles unglück mit dem rauch in luft aufgang.»[7]

Bald, und verständlicherweise, war damit das Gastspiel des gelehrten Unruhestifters in Basel zu Ende: «Die fanatische Orthodoxie und die Dämonen einer spiessbürgerlichen Stadt schufen den Wahn eines gerechten Zornes. Er mummte die Menschen ein wie in einen Nebel.» Dies schrieb F. Strunz vor über 40 Jahren. Oder auch: «Man wollte keinen Possenreisser und Landstreicher im Kollegium, der Unfug seiner Lehre beschmutzte die Universität: Schmachzettel schickte man ihm in die Wohnung, Anfeindung, Neckerei und lärmendes Gelächter kamen sogar aus dem Kreise der Hörer...»[8] Todesmutig wehrte sich der gehetzte Mann gegen die immer tückischere Hetze. Doch immer geringer war die Zahl der ehrlichen weltoffenen Menschen, die es noch öffentlich wagten, zu ihm zu stehen und den immer mörderischeren Wellen des Hasses Widerstand entgegenzusetzen.

Im letzten Augenblick, der ihm noch blieb, vermochte Paracelsus die Mauern der Stadt zu verlassen, um von da an bis zu seinem Tode im Jahre 1541 als ruheloser Vagabund durch die Welt zu ziehen. Bitter schildert er am 4. März 1528 selber, wie «der (Basler) Magistrat von Hass, Zorn und Missgunst getrieben, wider mich beschloss, man solle mich festnehmen und nach Herzenslust mit mir verfahren. Sagen lässt es sich nicht, wie sehr mich das von Herzen quält.»

Paracelsus, der grosse Erneuerer der Wissenschaften, erscheint auf seinen Bildern meistens mit dem Schwert – wie ein Held alter Freiheitskriege

Ein demokratischer Magier

Es ist nun einmal eine seelische Gesetzmässigkeit, dass man gerne alles tut, ein grosses Unrecht nachträglich zu rechtfertigen. Also wurden jetzt von den «siegreichen» Verfolgern erst recht alle die schmutzigen Geschichten über den verfolgten Mann herumgeboten, und es ist ihre Schuld, dass einer der grössten Wissenschaftler aller Zeiten noch durch Jahrhunderte als ein Gauner und Gaukler, Hexenmeister und Kurpfuscher galt – und dass eigentlich erst die Romantik seiner sorgfältig beschmutzten Gedankenwelt etwas Gerechtigkeit angedeihen liess.

Kein Geringerer als Joh. G. Zimmermann (Zürich 1763) schildert den Erdenwandel des Paracelsus noch folgendermassen: «Er lebte wie ein Schwein, sah aus wie ein Fuhrmann und fand sein grösstes Vergnügen in dem Umgang des liederlichsten und niedrigsten Pöbels. Durch die meiste Zeit seines ruhmvollen Lebens war er besoffen.»[9] Besonders fleissig sammelte den ganzen, über den einsamen Aufrührer ausgegossenen Unrat ein gewisser J. Brucker, der sein Paracelsus-«Bild» ebenfalls im 18. Jahrhundert veröffentlichen konnte: Ein Gottesleugner, ein Atheist, sei er gewesen, der nie die Zeit fand, sich eine Kirche von innen anzusehen – nur bei zechenden Knechten und Trossbuben habe er sein «grösstes Vergnügen gehabt», und übel sei stets seine höhnische Rede über alle göttliche und weltliche Ordnung gewesen. Er war nach Brucker nichts als eine Art herumvagabundierender Zigeuner, ein Landfahrer und Marktschreier – höchstens ein Kenner von allerlei Schwindelkünsten, zu denen ihm «die Juden und anderes Lumpengesindel (hat) tapfer helfen müssen». Nur mühsam findet dieser verleumderische, seinerzeit angesehene Schriftsteller ein paar «Milderungsgründe» für die ihm widerliche Lebensweise, die ganze sagenumwobene Grobheit seines zwei Jahrhunderte früher verstorbenen Opfers: Es seien dies gewisse barbarische Moden jener Zeit, dann der verabscheuungswürdige «Umgang, den Paracelsus bei allerlei ungeschliffenen Leuten gehabt»; selbstverständlich auch – «sein Vaterland!».[10]

Heute können wir aus den nachgelassenen Büchern des erstaunlichen Mannes genau nachlesen: Gerade was dem Standesdünkel seiner Gegner an ihm am verächtlichsten schien, dies betrachtete er als einen grossen Vorzug, den ihm ein gütiges Schicksal in die Wiege legte. Stolz war er auf seine Jugend unter den «groben» Berglern. Seine Sprache, seine vielgeschmähte Verhaltensart sei so und nicht anders, also schrieb er selber voller Spott und Stolz, weil er unter Tannzapfen aufgewachsen sei; nicht bei den feinen Speisen der vornehmen und reichen Oberschicht, sondern «nur» bei Käse, Milch und Haferbrot: «... der ich bin von Einsiedlen, dess Land ein Schweitzer, soll mir meine Ländliche Sprach niemands verargen.» Herausfordernd schrieb er, dass man gerade dort, wo das Volk am gröbsten, ungebildetsten, also von den Einflüssen der «feinen» Art der Herrschenden am unberührtesten sei, man noch am leichtesten Früchte eines selbständigen Denkens, damit Bausteine für die Erneuerung der gesamten Wissenschaft zu finden vermöchte! «Nehmet euch das zu einem Exempel, das Bauern sind bei den gröbsten Schwaben, bei den gröbsten Bayern etc., die mehr Kranke gesund gemacht haben, denn alle eure Schreiberlinge (Scribenten) der griechischen Sprache.»[11]

Tell als Akademiker

«Ich muss ein Landfahrer sein und bleiben», lehrte darum Paracelsus seinen echten Freunden und Schülern, nur so komme man zu den wahren Er-Fahrungen, ohne die es überhaupt kein freies Denken gebe: «Deshalb folgt daraus, dass der Arzt nicht alles, was er können und wissen soll, auf der Hohen Schule lernt und erfährt, sondern er muss zeitweise zu alten Weibern, Zigeunern, Schwarzkünstlern, Landfahrern, alten Bauersleuten und dergleichen mehr unachtsamen Leuten in die Schule gehen und von ihnen lernen. Denn diese haben mehr Wissen von solchen Dingen als alle Hohen Schulen.»[12]

Heute erstrahlt in Fachkreisen der Name des Paracelsus als eines der gewaltigsten Forscher auf dem Gebiet der Heilkunst und der Naturwissenschaften in einem immer strahlenderen Lichte. Mag man aber in seinen durch Jahrhunderte verketzerten Werken immer häufiger erstaunliche Erkenntnisse entdecken, die der seltsame Zigeuner-Professor ganzen Zeitaltern vorwegnahm – langsam erscheint uns als die gewaltigste seiner Taten seine mutige, vorurteilslose Haltung gegenüber seiner Umwelt; also genau das, was ihm seine vornehmen, heute längst vergessenen Zunft- und Zeitgenossen als ein verdammenswürdiges Verbrechen ankreideten.

Mitten in der immer aberwitzigeren abendländischen Entwicklung zum widerlichsten Standesdünkel, zur Verachtung und Ausbeutung des «niederen Pöbels» glaubte Magier Hohenheim an das Volk, teilte dessen Alltag und dessen Festfreuden, dessen Nöte und dessen von der Obrigkeit verabscheute Bräuche. In der engen Beziehung zu diesem Volk erkannte er immer klarer die wichtigste Voraussetzung für sein (und einer fernen Zukunft!) schöpferisches Dichten und Denken.

Die Ausbreitung des Sagenkreises um Tell und seiner Rütli-Eidgenossen riss im 14. Jahrhundert das Alpenland und damit nach und nach einen bedeutenden Teil Europas in das Erdbeben von lärmig oder im stillen durchgekämpften Kriegen gegen alle Festungen der Vertreter einer mittelalterlichen Rechts-Ordnung. Das gleiche sich langsam durchsetzende Urbild des freien Menschen erschuf in den Gebirgstälern unbezwingbare Stützpunkte der «Gottes-Freundschaft» – die dem einfachen Menschen den unmittelbaren Weg zum Göttlichen erschloss und die damit der blutigen Allgewalt von jedem selbsternannten «Stellvertreter Gottes auf Erden» den Niedergang ankündete.

Und nun verkörperte sich endlich der ewige Umwälzer aus den Bergen in den ersten unter den Wissenschaftlern der Renaissance und zertrümmerte das Gebäude der angeblich unfehlbaren «wissenschaftlichen» Lehrsätze, dieses Zwing-Uri für den menschlichen Geist.

Bauernkrieg mit geistigen Mitteln

Der Prager Alchimist H. C. Reinhart schildert 1608, wie die bayrischen Bauern seiner Zeit die Wissenschaft der amtlichen Hochschulen als Dienerin der sie ausbeutenden Mächtigen zu verspotten wagten: «Ja wenn Theophrastus (Paracelsus) noch lebte, der war ein rechter Doktor für die Bauern, mein Vater sagt, wenn er einem geholfen, so hat er sich mit ihm bezecht, und (ihm) noch wohl Geld darzu geben. Kein solcher Doktor ist jetzt im ganzen Bayerlande, denn sie seien alle nun auf Geldgeiz geneigt, sie helfen dem Kranken oder nicht, so muss nur Geld da sein.»[1] Ähnlich erklärt auch die Tiroler Sage: «Nichts rührte aber den berühmten Doktor (Paracelsus) mehr als die Dankbarkeit des bescheidenen Volkes, während er anderseits Bitterstes wegen der Reichen erfahren musste.»[2]

Man hat in neuerer Zeit den grossen Theophrast von Einsiedeln nicht nur als faustischen Gelehrten, sondern auch als Bahnbrecher revolutionärer Entwicklungen wiederzuentdecken versucht, von den Gedanken der «Täufer» und Bauernaufrührer der Jahre um 1525 beeinflusst, vielleicht sogar als einen ihrer wichtigsten Träger: In den Tälern des unruhigen Ländleins Appenzell habe er dann geradezu als eine Art «politischer Agitator» und Volksaufwühler gewirkt und die Bevölkerung gegen Ausbeutung und Unrecht aller Art aufgeklärt.[3] Ob dies alles stimmt oder nicht: Dadurch, dass er die in geistiger Bedeutungslosigkeit niedergedrückten Schichten bestätigte, aus eigener Kraft jenseits aller ständischen Hochschulen ihren Weg zur Wahrheit über das Göttliche und die Natur gehen zu können, vollführte er wahrscheinlich eine der wichtigsten Leistungen der neueren europäischen Geschichte.

«Verstat sich uf das Wetter», wird etwa beim Chronisten Etterlin von Tell gesagt, ganz ähnlich wie in den urzeitlichen Sagen über die «Wilden Leute» und Bärglütli der Alpen. Seine Kenntnis der Natur ist es gerade, die ihm seine eigentliche Überlegenheit über Gessler und seine Soldaten verschafft und ihn aus seiner Gefangenschaft befreit.

Die Möglichkeit einer solchen volkstümlichen Bildung war für spätere Jahrhunderte die grösste Störung in ihrem Weltbild des Standesdünkels. Für das 17. Jahrhundert bezeugt Scheuchzer, bei ausländischen Schriftstellern «würden viel kein gross Bedenken tragen, uns (also die Eidgenossen, S. G.) den Tieren zuzurechnen». Die «Bergluft», damit versuchten sie ihre sich nach der Freiheit der Alpen sehnenden Völker zu trösten, würde die «Gemüter der Einwohner ganz tumm» machen.[4] Demgegenüber mühte sich gerade der Naturforscher Scheuchzer gleich Paracelsus nachzuweisen, dass sich hinter der äusseren «Einfalt» das tiefste Wissen um die Geheimnisse der Natur verbergen konnte: Gerade wiederum in diesem Verstehen des Wetters «werden die naseweisen Sterngucker weit übertroffen von unsern gemeinsten Bauern».[5]

Noch Beobachter des 19. Jahrhunderts schildern uns solche ländliche Gelehrte, welche die Bildungsfähigkeit aller «Stände» bewiesen und durch ihr blosses Dasein für die demokratischen Bewegungen «revolutionärer» wirkten als alle schöngemeinten Aufrufe: «...welche ein wahrhaft beschauliches

Leben in den Klüften der Alpen führen, müssig umherschweifen und sich, wie die Leute sagen, ‹Gedanken machen›. Das halbmüssige Leben als Hirten, das Umherschlendern hinter den Ziegen führt allmählich in diesen Zustand über.»⁶

UNIVERSITÄT IN HIRTENHÜTTEN

Nicht weniger als Haller, der in seinen «Alpen» über die sich als Kenner der Geschichte und als Naturwissenschaftler erweisenden Alpenhirten staunte, verwunderte sich im 18. Jahrhundert auch Tschudi: «Findet man auch etwann selbst unter den Bauren solche Männer, welche auch ohne einige Lehr-Meister, schöne Uhr und Orgel-Werke, oder auch andere sothane Kunst-Maschinen verfertiget, die würdig sein dörfften, sich von Königen und Königlichen Societeten sehen zu lassen?»⁷

Zahllos waren die Fremden, die über diese «Künstler» schrieben, «die die Natur allein gebildet hat»⁸. Alles war hier voll von Sonderlingen, Bauern, die sich als ausgezeichnete Mechaniker, schöpferische Bastler, Kunsthandwerker erwiesen, etwa stückweise Uhren und Gewehre verfertigten: Viele von ihnen, ich erinnere nur an den «Jeger-Dovi» in der Appenzeller Überlieferung (bezeichnenderweise wieder einmal abenteuerlicher Söldner, Bauern-Magier und Hersteller wunderbarer technischer Geräte in einem)⁹, lebten wie ihr grosses Vorbild Paracelsus durch Jahrhunderte in der Sage ihres Volkes.

Das Gespräch über Fragen «von Gott und Natur» gehörte für Bauern und Bürger zum Alltag

Wichtig zur Erkenntnis des in vorgeschichtlichen Zeiten wurzelnden Wesens dieser Kultur (genau wie ihres so wichtigen Beitrags an die industrielle Entwicklung, durch die sie dann ihre Zerstörung fand!) wäre das Sammeln all der zerstreuten Nachrichten über all die wunderbaren Grosstaten in stillen Tälern: Jene «Sonderlinge aus dem Volke der Alpen, die, abgetrennt von Wissenschaft und Kunst der grossen Welt, doch mit einem überraschend sichern Spürsinn und bewundernswürdiger Beharrlichkeit nach irgend einem praktisch künstlerischen Ziele strebten, zum Beispiel auf eigene Faust Klavier- oder Globusbauer oder Heiligenbildmaler werden».[10]

Rousseau hat gar nicht übertrieben, wenn er die ländlichen Gebiete der Schweiz, vor allem auch die des von ihm durchwanderten Jura, entsprechend schilderte: Die Stuben der Bauern seien oft mechanische Werkstätten oder «Laboratorien für physikalische Versuche». «Alle können ein wenig zeichnen, malen... die meisten spielen Flöte... Diese Künste sind ihnen nicht von Lehrern beigebracht, aber gehen ihnen sozusagen durch Überlieferung ein.»[11] Rousseau hatte zweifellos recht, wenn er, als Zusammenfassung solcher Wandererlebnisse, den Zusammenhang zwischen politischer Freiheit und der Entfaltung der schöpferischen Kräfte im Menschen erkannte. Nur jemand, der das eigentliche Glück in einer vielseitigen Entfaltung all der in ihm eingeschlossenen Möglichkeiten erkennt, hat auch das Bedürfnis, alles für eine Gesellschaft zu tun, die ihm dafür die Voraussetzungen schafft.

«Die Schweiz war von jeher an Originalen und Autodidakten reich. Ohne fremde Aufmunterung und Hilfsmittel entwickelte ihr Genie sich durch sich selbst.»[12] Für die wahre Geschichte der Entstehung, Bewahrung und Wiedergewinnung der eidgenössischen Unabhängigkeit ist der stille, aber überall verspürbare Einfluss dieser «Spinner und Bastler», ketzerischen Wissenschaftler und verträumten Alchimisten wahrscheinlich unendlich wichtiger als das nach Biographen stets «entscheidende» Wirken von stolzen Staatsmännern und Heerführern.

Die bewahrte und verlorene Selbständigkeit

Noch in der Mitte des 19. Jahrhunderts besang aus eigener Anschauung C. Widmer die Küher auf ihren Bergen: «Indess: uf Alpe könnt' kei Fürst regiere, / Keis Militär wüsst da d'Hushaltig z'führe; / Kei'r Polizei falt's i, die Kühjer z'plage.»[13] Was hier in einer der unruhigsten, zur gewaltsamen Unterdrückung eigenständiger politischer Bewegungen geneigten Zeiten der neueren Schweizergeschichte gerühmt wird, bezog sich nicht nur auf äussere Verhältnisse. Die Fähigkeit der Bevölkerung abgelegener Täler, auf allen Gebieten des Geistigen stolz ihre innere Freiheit zu bewahren, erfüllte auch Gegner von diesem «trotzigen Wesen» mit nur oberflächlich versteckter Bewunderung. Loen, der die Schweiz 1719–1724 kennenlernte, kam zum Schlusse, dass die vielen ausgesprochen schlechten Urteile über deren Völker darin den Grund hätten, dass man hier den Moden jeder Art zu widerstehen verstünde. Hier würde nichts unbesehen übernommen: «... sie gehen auf den Grund und urteilen scharfsinnig... Hier ist das Land, wo man die meisten Originalien findet.»[14]

Sogar ein staats- und kirchentreuer Beobachter der Brüggler-Sekte, die sich im 18. Jahrhundert rasch in abgelegenen Berggegenden des Bernbiets auszubreiten vermochte, schildert voller Staunen die selbsterworbene volkstümliche Bildung dieser «Ketzer», die den Boden für so selbständige religiöse Entwicklungen bot: «... die Reichen haben die Armen unterhalten, ihre Schulden bezahlt etc., die Straf-Gelder wegen verbotenen Versammlungen haben sie willig und freudig erlegt. Gute Bücher zu kaufen, haben sie Summen Geldes verwendet. In Summa, sie achteten Geld, wie dürres Laub.»[15]

Alle Verbote und Zensurvorschriften der Obrigkeit, die sich durch also aus eigener Kraft gebildetes Landvolk in ihrer Vormachtstellung gefährdet sah, nützten durch Jahrhunderte hindurch herzlich wenig. «Coxe erzählt uns, dass er selbst in dieser Stadt (Basel) Krämer kannte, die Virgil, Horaz und Plutarch lasen. Aus diesem Grunde glaubt er sich wohl zu dem Schlusse berechtigt, dass auf der ganzen Welt kein Volk so glücklich sei.»[16] «Fast alle haben eine kleine Sammlung von ausgewählten Büchern, die sie ihre Bibliothek nennen», bezeugt uns Rousseau von den von ihm stets fleissig besuchten schweizerischen Bauern.[11] Schon zu seiner Zeit las man sogar, nach anscheinend zuverlässigen Zeugnissen, auch seine eigenen Werke, genau wie die seines Gegners Voltaire, in den Dörfern der französischen Teile der Eidgenossenschaft![17] Menschen, die nach den Spielregeln des damals herrschenden Absolutismus eigentlich zu der «untersten Klasse» gehörten, redeten also über die Gedanken der damals einflussreichsten Philosophen ebenso selbständig und offen wie ihre Vorfahren des 15. und 16. Jahrhunderts über die dunkelsten Fragen der Bibel. Im königlichen Frankreich sei so etwas unmöglich, wurde nach solchen Erfahrungen festgestellt,[17] und die Beschämung über diese Erkenntnis war es vor allem, die die Gebildeten Frankreichs in ihrem Wunsch nach einer gesellschaftlichen Veränderung bestätigte.

Doch gerade damals, zumindest im Umkreis der eigentlichen Mittelpunkte der Macht, war dieser Geist der Selbstbildung im Schwinden begriffen. Einige Jahre vor dem Untergang der Alten Eidgenossenschaft schrieb in Basel eine englische Reisende: «Solcher Triumph der Bildung, ein Märchen aus alten Zeiten, ist heute in zehnfache Nacht versenkt.»[16] Der Glaube jener alten Sektierer, dass gegenüber der Ausbildung der Kräfte des menschlichen Bewusstseins, diesem einzigen wahren Reichtum, das Geld nur «dürres Laub» sei, war nur noch die Überzeugung einer oft grausam verfolgten Minderheit. Auch die Alte Eidgenossenschaft zerstörte vor ihrem 1798 erfolgten Untergange sich selber – durch das Vergessen jener Grundlagen, aus denen durch Jahrhunderte ihre wahre Grösse erwuchs.

Die Gesamtheit als Geschichts-Forscher

Josias Simmler (1530–1576) wirkte als angesehener Theologe in Zürich; Bullinger, der mächtige Nachfolger Zwinglis, war sein Taufpate und Schwiegervater. Seine geschichtlichen Ausführungen sind der bezeichnende Ausdruck einer Zeit, da Staat und Kirche es wider die zunehmenden Angriffe von allerlei Ketzern immer notwendiger fanden, sich gegenseitig zu bestätigen und zu verherrlichen. Simmler fand es nun in jeder Beziehung entsetzlich und sehr gefährlich, dass über die ganze Eidgenossenschaft die Auffassung verbreitet sei, «dass sie aus Aufruhr und Umsturz, und das heisst für ihn: aus Unrecht und Gewalt, hervorgegangen sei».[1] Es seien «etlich Missgünstige», behauptet er, die so weit gingen, «unverschampt» zu verkünden, «es seie kein Regiment und ordenliche Policey bei ihnen».[1]

Geschichtsschreibung wurde damit in jener Zeit von Renaissance, Humanismus, Reformation, also seit jenem Jahrhundert, da sie im nördlichen Europa in unserem Sinne überhaupt erst entstand, geradezu ein Mittel, die bestehende «Ordnung» zu bestätigen, «Regiment und ordentliche Policey» rücksichtslos gegen alle Ruhestörer durchzusetzen. Die Staatsverfassung, wie sie damals Simmlers Vorbild Bullinger in seiner Dichtung «Lucretia und Brutus» so ausführlich verkündete, «ist der römischen republikanischen Verfassung fast wörtlich nachgebildet»[2]: So unterscheidet sich auch die von einem ähnlichen Standpunkt aus geschaffene eidgenössische Geschichtsschreibung in ihren Leitbildern eigentlich herzlich wenig von der des übrigen, vom römischen Staatsdenken geprägten Abendlandes. Sie tat alles, jeden Glauben an wilde Freiheitsüberlieferungen aus dem Volke zu verdrängen.

Der Chronist Mutius von Basel (1539), der anscheinend im geheimen stark den Träumen der damaligen Ketzer zuneigte und sich darum fürchten musste, schrieb entsprechend: «Wir leben in einem so schlimmen Zeitalter, dass es niemals in irgend einem Jahrhundert weniger sicher gewesen ist, sogar über dasjenige zu sprechen, worüber man vor hundert Jahren überall geschrieben und gelesen hat.»[3]

ARCHIVE OHNE LEBEN

Es sei unmöglich, wurde im 18. Jahrhundert behauptet, in der Eidgenossenschaft an die Urkunden der Geschichte heranzukommen, so dass diese «mehr ein Eigentum des Staubes und der Würmer, als der Menschen sind».[4] Ein anderer Schriftsteller jener Zeit gibt traurig zu: «Doch müssen wir gestehen, dass viel Schriften durch das Alter, noch mehrere durch die Gewalt des Feurs, die meisten aber, durch der Menschheit Bosheit in Kriegen, oder durch Fahrlässigkeit zu Grunde gegangen.»[5] In vielen Fällen, wenn es uns darum geht, das in bestimmten Zeiten herrschende staatliche und kirchliche Weltbild auf die Richtigkeit seiner geistigen Grundlagen zu überprüfen, hält es schwer, im Verschwinden schriftlicher Quellen «nur» das Walten des Zufalls zu er-

Das Schreiben und Lesen von «allerlei Chroniken» rechneten die
Eidgenossen zu ihren schönsten Lebensgenüssen

blicken: Über wichtige im Bernbiet unterdrückte Ketzerbewegungen des Mittelalters sind «alle bezüglichen Aktenstücke aus dem Berner Staatsarchiv verschwunden».[6] Auch die «eigentlichen Protokolle der Hexenprozesse sind verschwunden, und aus den vorhandenen meist kurzen Notizen lässt sich wenig für die Psychiatrie Verwertbares gewinnen».[7] Wenn Johann Jakob Eichorn (1607) einen seltsamen Bericht über die Ekstasen des Niklaus von der Flüe aufschrieb, musste auch er beifügen: «Dabei ist die Unachtsamkeit der Alten, die so grosse und wissenswerte Dinge lässig bewahrten, höchlich zu bedauern.»[8] «In der Amtsschaffnerei Trachselwald ... wurde uns mit bedeutungsvollem Blick erklärt, im Archiv fehlten merkwürdigerweise die Akten der Jahre nach 1651, also aus der Zeit, da die Aufstände des Landvolks in Verrat, Blut und Marter erstickt worden seien.»[9] Sogar über Aufzeichnungen vom Treiben der alten bernischen Spielleute vernehmen wir nach einer merkwürdigen Nachricht, dass sie «da wo sie noch zu finden waren, leider vernichtet worden sind.»[10] Eine «kritische», «sachliche» Geschichtsschreibung, wie sie im letzten Jahrhundert als «die allein richtige» angepriesen wurde, kann also fast weniger «objektiv» sein als die eines naiv irgendwelche mündlichen Geschichten berücksichtigenden gotischen oder barocken Chronisten: Die «schriftlichen Archivakten», auf die sie allein abzustellen versuchte, verdammen grundsätzlich den Standpunkt der gewaltigen, gar nicht mit der «Schreibkunst» vertrauten Mehrheit des Volkes. Noch zweifelhafter wird es, wenn wir uns überlegen, wie winzig in gewissen Jahrhunderten die Minderheit war, die, ohne jemand Rechenschaft abzulegen, zu bestimmen vermochte, «was» von den Aufzeichnungen ihrer Vergangenheit und Gegenwart «einigermassen erhaltenswert» war.

Dass die mündlichen Überlieferungen, Sagen, Lieder, volkstümlichen Schauspiele zu bestimmten Zeiten «als für das Seelenheil schädlich» bekämpft wurden, ist uns heute für die Erkenntnis der damals herrschenden Grundhaltung von grosser Wichtigkeit. Ebenso aber auch, dass Spätere als Ausgangspunkt für ihre «historischen» Betrachtungen die noch vorhandenen «Urkunden» erwählten: Damit fast ausschliesslich den juristischen, seelenlosen Niederschlag des jämmerlichen Zanks innerhalb machtgieriger Oberschichten um «Zinse und Zehnten», also ihre wirtschaftlichen Rechte und Vorrechte.

LEBENDIGE ÜBERLIEFERUNG

Doch die freiheitliche Überlieferung der Eidgenossenschaft überstand alle Versuche zu ihrer Zerstörung wie die ihrer Umfälschung. Als zum Beispiel Ladislas, der künftige polnische König, 1624 das Land besuchte, vernahm er die noch völlig lebendige Sage des Aufstandes (rebelio) «der Schweizer gegen ihre Herren, wovon sie eine fantastische Geschichte berichten, die aus einem Märchen entnommen zu sein scheint».[11] Ein Bergler, dem er zufällig begegnete, erzählte ihm «eine Menge Geschichten, von wahren und erfundenen». Mehr noch als alle Worte überzeugte aber den Prinzen die ganze Haltung dieses noch in jeder Beziehung ungebundenen Mannes: Er schenkte seinem vornehmen Gast einen schönen Kristall und verweigerte dafür jede Entschädigung – ausser einem herzhaften Händedruck.[11]

Man hat viel darüber gespottet, wie zwangsläufig gering die geschichtlichen Kenntnisse des einfachen Schweizervolkes waren, das sich zu allen Zeiten (zum Beispiel im Bauernkrieg von 1653) auf das Vorbild von Tell und der Männer auf dem Rütli zu berufen pflegte: Sogar die ländlichen Schreiber und Lehrer konnten «wohl über den Untergang Pharaos im Roten Meer, nicht aber über die Taten der ersten Eidgenossen Auskunft geben».[12] Die damals schon gedruckten geschichtlichen Werke (Stumpf, Simmler, Stettler) waren noch nicht «in die ländliche Oberschicht oder ins Dorfschulhaus gedrungen».[12] Trotz (oder gerade wegen!) dieser Unkenntnis amtlicher Chroniken blieb das Volk jener Grundauffassung treu: Eine Chronik besass für jene Jäger-Hirten, Hirten-Bauern und die aus diesen hervorgegangenen Städter nur dann einen Sinn, wenn sie dem «gemeinen Mann» zu lehren vermochte, «wie teuer unsere Voreltern die edle Freiheit, in der wir leben»[13] angesehen hatten. Napoleon erkannte hier den eigentlichen Sinn dieser Überlieferung, und es war dies wahrscheinlich der Hauptgrund, warum er das ohnmächtige «helvetische» Staatengebilde nicht mit einem Federstrich von der europäischen Landkarte beseitigte: «Ohne die Demokratie würde man in der Schweiz nur dasjenige wiedersehen, was man überall wahrnimmt.»[14] Dieses weniger von seinen gelehrten Forschern, sondern von einer ganzen Volkskultur erschaffene Geschichtsbild war es, das die Wissenschaft des 19. Jahrhunderts beeinflusste: das sie zwang, in grossen Umwälzungen nicht mehr die Taten von einzelnen, sondern den Ausdruck des Willens der Gesamtheit zu erblicken. «Was sind die Annalen anderer Völker? Verzeichnisse, mit dem Blut und den Tränen der Untertanen geschriebene Verzeichnisse der Torheiten, Laster und Verbrechen ihrer Fürsten. Die Geschichte der Eidgenossenschaft dagegen, wenigstens in den ersten Jahrhunderten derselben, ist nur ein grosses Triumphlied auf den Sieg der Sache des Volkes» (Johannes Scherr).[15]

Die neueste Auseinandersetzung mit der eigenen Vergangenheit zum Zwecke der Standortsbestimmung für eine freie Zukunft entstand in der Schweiz der sechziger Jahre als eine volkstümliche Jugendbewegung: «Vieles spricht dafür, dass die Tells-Legende anfängt, sich zu erholen von dem fürchterlichen Schlag, den ihr die Gründerzeit-Leute versetzten; dass sie im Begriff steht, wieder wahr zu werden. Die Art jedenfalls, wie sie von Kindern der neuesten Generation nacherzählt wird, lässt das hoffen. Denn nur sehr wahre Geschichten werden von Kindern sozusagen eingebürgert in den eigenen Existenzbereich.»[16] Eine grössere Ausstellung zur Entwicklung der ganzen Tell-Rütli-Sage, die im Juli 1972 in der Landesbibliothek stattfand, endete mit einem Schaukasten voll Untergrund-Zeitschriften und «Hippie»-Flugblättern, die bewiesen, dass es heute wie in allen Jahrhunderten wieder einmal verketzerte Jugendgruppen sind, für die jener alte, volkstümliche Freiheitsglaube eine Verpflichtung für neues Wirken darstellt.

Tells Wiedergeburten

Besonders die Geltung des unberechenbar-wilden Berglers Tell, der immer wieder von allen Aufrührern zu ihrem Vorbild genommen werden konnte, ärgerte alle die im Auftrag ihrer Obrigkeiten «Ordnung» in die schweizerische Überlieferung bringenden Chronisten: Schon für Gilg Tschudi war dieser Waldmensch ein «haltloser, elementarer Eiferer, der seine persönliche Erregung im entscheidenden Augenblick vor dem gemeinschaftlichen Ziel nicht zurückdämmen kann» (Labhardt).[1] Tschudi wollte es ganz genau wissen: «...und war ihnen (den Eidgenossen) doch auch widrig, dass der Tell nit des Land-Vogts ungebürlichen Gebot mit dem Hut noch diesmal gehorsam gewesen...»[1]

Es waren eben «besonders die privilegierten Klassen der Schweiz geneigt, Tell als einen Rebellen zu betrachten, da er sich durch die Ermordung des Vogtes ausserhalb der Gesetze der Gesellschaft... gestellt hatte».[2] Vor allem gerade in der katholischen Schweiz, trotzdem sie schliesslich die ältesten Gebiete des Landes umfasste, versuchte man in der ersten Hälfte des 18. Jahrhunderts «die alten Eidgenossen» aus den einst so volkstümlichen Schauspielen von den Bühnen zu vertreiben – diese erschienen «immer noch zu tageswirksam und zu gefährlich (!), so dass man lieber den parteilosen, verblassten, antiken Helden mit allen barocken Requisiten aus der Versenkung hervorzerrte».[3]

Emanuel von Haller behauptete es schon 1760: «Moralischerseits ist keine Ursache sich auf einen meuchelmörderischen Totschläger viel einzubilden.»[4] Heinrich Zschokke, der freilich später unter dem Einfluss des neuen revolutionären Geistes seinen Standpunkt völlig änderte, erwähnte noch während jenem Ende der Lebzeit der alten Eidgenossenschaft die Sage, nach welcher die «drei Tellen» in einer Berghöhle schlafen, «um dann die Freiheit der Schweiz noch einmal zu retten». Er fügte bei: «Diese Volkssage beweist nichts als etwa den Mangel an Geisteskultur, welche noch in der Schweiz herrscht. Der Historiker hat keine verachtenswertere Quelle.»[5]

Die durch ihre wirtschaftlichen Beziehungen mit den einst so bekämpften Fürstenregierungen (vor allem durch den Söldnerhandel!) reichgewordenen schweizerischen Oberschichten fanden in solchen Behauptungen die Rechtfertigung für ihr ganzes Tun: Sich vor jedem tieferen fremden Beobachter täglich lächerlich machend, überboten sie sich darin, durch Übernahme aller höfischen Bräuche und die Verachtung des «Pöbels» ihre «Geisteskultur» zu beweisen. Berns Patrizier radebrechten französisch; man verbot sogar in Gebirgsgebieten, in «Älplerhemden und anderem unflätigem (!) Gewand so sie dies Orts gewohnt» in die Kirche zu gehen[6]; man erklärte jedes Abrücken von demokratischen Sitten als Ausdruck des menschlichen Fortschritts: «Bei den Barbaren ist der Unterschied der Geburt unbekannt...»[7]

Ein französischer Reisender konnte darum 1781 erklären: «Fast alle geschulten Schweizer (Suisses instruits) glauben kein Wort von dieser (Tellen-)Geschichte.»[8]

Jedes Zeitalter der Schweizergeschichte besann sich auf die
Gründungssage: Auf Tell, den Rütlischwur, die Eroberung der
Vogtsburg durch junge Kilter

Doch ein paar Jahre später war die Eidgenossenschaft ein Trümmerhaufen, dessen spurloses Verschwinden nur noch eine Frage von wenigen Jahren schien. Der Name Tell war dagegen ein Kampfruf der Revolutionäre in ganz Westeuropa, und mehrere von der neuen Freiheitssage berauschte Städte Frankreichs trugen sogar seinen «für jeden Patrioten heiligen» Namen.

Kritik der Kritiker

Wenn wir das halbe Jahrtausend der «kritischen» Auseinandersetzung mit der «eidgenössischen Gründungssage» zu überblicken versuchen, entdecken wir sehr häufig den gemeinsamen Hintergrund hinter den nur auf den ersten Blick so verschiedenartigen «Begründungen» ihrer Gegner: Der ehrlich-reichstreue Zürcher Felix Hemmerlin erklärte sich im 15. Jahrhundert ganz offen als Parteigenosse der für ihn in jeder Beziehung gottnahen Ordnung der «römischen» Kaiser und Päpste. Das «niedere» Volk stand nach seinen Schilderungen im wörtlichen Sinne (!) schon dem Aussehen nach Teufeln und Wald-Tieren näher als dem Leitbild des echten Menschen.[9] Die aufrührerischen Bergler erschienen ihm darum als die dämonischen Feinde aller ewigen, von Gott selber geplanten Weltordnung des christlichen Abendlandes.

Mönnich lehrte 1840: «Der Tell ist ein bäuerlicher Hirt und Jäger, voll Groll und Grimm gegen die fühlbaren Übel, welche ihm und seinen nächsten Freunden und Verwandten zugefügt worden sind, oder noch bevorstehen, trotzig und keck aber nur da, wo er es ungestraft sein kann, oder wo ihm jeder andere Ausweg versperrt ist.» Hier sei «dies ganz Unedle, Unideale, aber auch

Ungespreizte, das ihn für moderne Poesie fast untauglich macht»: Ein Grundwesen, das «uns und der ganzen gegenwärtigen Welt (!) missfällt».[10]

Nach «modernster» Auffassung hat dieser noch immer ungebändigte Tell völlig aus dem Schulunterricht zu verschwinden, «damit er sich nicht eines Tages wie der Osterhase in Luft auflöst und auf diese Weise die Glaubwürdigkeit des Unterrichts erschüttert».[11] Es geht hier offenbar ausschliesslich wieder einmal um eine zum Tabu erklärte «Glaubwürdigkeit»; um die in ihrer Gesamtheit als Gesslerhut verehrten starren Schullehren, deren geringste Anzweiflung durch ein paar wache Kinder für gewisse Gesinnungsvögte noch immer den Weltuntergang bedeutet.

Unterschwellig (oder gelegentlich ganz offen) wird damit das dem Volk «vermittelte» Geschichtsbild als ein Mittel der Erziehung zur blinden Staatsgläubigkeit, und nicht als eine wichtige Hilfe zur allgemeinen Bewusstseinsbildung betrachtet: Die Möglichkeit, dass gerade das lebendige Gespräch über Dinge wie Tell, oder von mir aus auch der Osterhase, dem Menschen echtes Wissen über seine inneren Gesetzmässigkeiten (und damit über die Gesetzmässigkeiten in den zwischenmenschlichen Beziehungen!) einbringen könnten, wird sorgfältig ausgeklammert.

Die ganze Art des Hirten- und Jäger-Helden, genau wie den ganzen gewaltigen Sagenkreis um die mythischen «Wilden Leute», empfanden die schreibenden, offenen oder verschämten Anbeter der Obrigkeiten des 18. Jahrhunderts (genau wie die späteren abergläubischen Lobhudler der Götzen des Industrialismus!) als ihrer käuflichen Welt feindlich. Sie empfanden diesen Tell sogar, weil in ihrer Lebenslust unterdrückte Schichten in ihm den Ausdruck ihrer geheimen Sehnsucht zu finden versuchten, als in jedem Jahrhundert neu auferstehende Bedrohung ihrer Zivilisation.

Eigentlich erreichten sie aber mit ihrem Kampf gegen Tell nicht mehr wie ihr erster Vorgänger, der Landvogt Gessler: Sie, die die Geschichten um den Aufrührer aus den Bergen als ein zweifelhaftes Mischmasch missverstandener, schädlicher «Märchen» nachzuweisen versuchten, wurden durch ihre meistens alle volkstümlichen Erzähler in den Schatten stellende Unsachlichkeit zu den eigentlichen Kronzeugen der Sage.

Auf Schritt und Tritt lieferten sie durch ihr ganzes Wirken den überzeugenden Beweis, dass in einer Volksdichtung, die Jahrhunderte später noch in solchen Ausmassen alle Gemüter zu erregen vermag, eine tiefe Wahrheit verborgen sein muss.

Das Tellspiel durch alle Zeiten

Tells Tat galt für das Volk als zeitlos – wobei sich freilich jedes Geschlecht ihrer «würdig» zu erweisen habe, sie also nachvollziehen muss. «Sind denn wieder auferstanden / Die Tyrannen dieser Landen? / Tun vielleicht ihr Kind und Geschlecht / Wieder halten Gricht und Recht?» fragen im volkstümlichen Theaterstück des 17. Jahrhunderts die «drei Tellen» von der Bühne herab.[12]

Auch zu Beginn des Schauspiels «Bruder Klaus», geschrieben um 1615 durch den Zuger Johann Mahler, gehen «Täll» und seine zwei andern Rütli-

Eidgenossen durch das Land und erkennen ihre Nachkommen kaum noch, da diese für Geld ihre einst gegen alle Mächte ertrotzte Freiheit wegschenkten. Die drei bitten Gott um Hilfe für das unwürdige Volk, worauf ihnen ein Engel verkündet, es würde den Schweizern ein Prophet gesandt werden[13]: Niklaus von der Flüe ist hier also als eine Art Wiedergeburt jenes Geistes, der einst die Tellen beseelte!

Von Tell sangen die Bauern bei ihrem Aufstand gegen die Oberschichten im Jahr 1653, und, als «die drei Tellen» verkleidet, schritten ihre berühmten Aufrührer vor den Scharen, diese zum neuen Kampf für die Freiheit begeisternd. Im mündlich und durch Flugblätter verbreiteten Lied, das mit den Worten «Wilhelm bin ich der Telle / von Heldenmut und Blut» beginnt, ermahnt der unsterbliche Jäger, sein Werk der Freiheit nicht durch «Eigennutz und Geiz» zu zerstören: «Mir ist's, ich sehe kommen / So manchen Herren stolz, / Bringen ein grosse Summe / Des Gelds und roten Golds, / Damit euch abzumarkten, / Zu kaufen eure Kind, / Die kein Wort können reden, / Noch in der Wiege sind.»[14]

Im März 1798, als die ursprünglichen Freiheitsträume um Tell und Rousseau bei französischen und helvetischen Revolutionären schon längst vergessen waren, wollte in Winterthur, «zum Schrecken der Bürger», eine Bande ländlicher Aufrührer gegenüber bevorzugten Städtern eine nach ihrer Auffassung gerechtere Verteilung des Besitzes erzwingen. Männer in Kleidern aus weissen Bettlaken, wahrscheinlich als Anspielung an die sagenhaften «Hirtenhemden» der Rütli-Helden, sollten die «alten Schweizer» vorstellen und führten den bewaffneten Zug. Einer von ihnen war gar der Tell selber und kam mit seinem Knaben daher, «begleitet von Musikanten mit Geige und Waldhorn».[15]

Eine «Auferstehung Tells» war dann für die echten radikalen Politiker, wie wir es ausführlicher noch sehen werden, der Sinn all der volkstümlichen Erhebungen des 19. Jahrhunderts. Man dichtete etwas schauerlich: «Mir ist, wenn jäh vom Felsenrand / Die Gletscher krachend springen, / Als hört' ich aus dem Alpenland / Die alten Schweizer singen.»[16] (Was unmittelbar vorher erst noch mit dem Sprechen Gottes vom Berge Sinai verglichen und gleichgesetzt wird...) Tells Tat galt wieder als für jedes Zeitalter entscheidend. «Mit Gesslers Falle / Fällt das Werk der Tirannei. – / O nun sind die Schweizer alle, / Ewig, / Ewig sind sie frei.»[17]

Mochte 1940 nach Aussage von Zeitzeugen kaum noch ein Kind ein Verhältnis zur Tell-Sage besitzen[18] – die lebensgläubigeren Kinder dieser Menschen neigten 30 Jahre später wiederum zum Umdenken: «Nach dem ‹Zürcher Krawall› im Jahre 1968 konnten die unruhigsten Gruppen der Schweiz (Studenten, Künstler, Mittelschüler, Rockers, Hippies) im Corbusier-Zentrum Zürich ungestört auf wechselnden Wandzeitungen und ‹revolutionären› Flugblättern ihren Willen kundtun. 42fach konnte man nun auf diesen unzensierten Anschriften und Aufrufen Tells Namen lesen – den des neuen Helden Che Guevara nur etwa 30mal. Bakunin, Leary, Dutschke, Ho, Lenin, Mao, Kropotkin, Trotzki usw. folgten mit viel Abstand.»[19]

Gottes barockes Welt-Theater

In der Zeit der Niederwerfung der Bauern-Unruhen und des Aufstiegs von sich an religiösen Auseinandersetzungen und Söldnerhandel bereichernden Oberschichten versuchte der Zuger Johann Caspar Weissenbach (1633–1678), seinen Mit-Eidgenossen einen Spiegel vorzuhalten. Für Bürger und Bauern schuf er ein umfangmässig unglaublich riesenhaftes Stück, zu dessen Aufführung man «über die 300 unterschiedene Kleidungen» verwendete. Weissenbachs Welttheater um die Schicksale «Helvetias» durch die Jahrhunderte spielt im Freien: «Die Tradition des Volksschauspiels, die in den Innern Orten besonders stark war, mag dabei vielleicht mitgewirkt haben.»[1] Ebenso treu dem Grundwesen der einheimischen Volkskultur verpflichtet ist auch der eigentliche Gehalt des gewaltigen Stücks: Es «eifert für die Demokratie und beklagt ihren drohenden Untergang».[2]

Was man daran lange Zeit für barocken, überladenen Schund, unbedeutende Nachahmung der Jesuiten-Dramen ansah, wirkt heute unterhaltend bunt; nicht weniger als im 17. Jahrhundert auf die bezauberten Zuger Zeitgenossen. Man lese nur die köstlichen Erklärungen zu den einzelnen Auftritten: «Der grünende Erdboden ist ganz günstig der glücklichen Helvetiae, bringt Blumen herfür mit jedes löblichen Cantons Farben gebildet. Flora macht daraus einen Sieges-Krantz. Das Theatrum wird eröffnet, Flora kommt in einen Garten herfür.»[3] Oder der fromme Niklaus von der Flüe wandelt sich plötzlich zu einem helvetischen «Orpheus», der von «vier Wild-Mannen», die sofort als «die eidgenössischen Fauni» Erklärung finden, besungen wird.[4]

DIE GESCHICHTE ALS TRAUMSPIEL

Nur eine oberflächliche Betrachtung und ein Denken in sinnentleerten Schlagwörtern vermochte dann die kindliche Freude an dieser Bilderwelt als eine Art geistiger Überfremdung des 17. Jahrhunderts zu deuten: Mochten die barocken Eidgenossen jüdisch-christliche Vorstellungen mit heidnisch-antiken Begriffen vertauschen oder vermischen – in den ihnen nun durch die Bücher vermittelten Bildungsschätzen der ganzen Welt entdeckten sie ausschliesslich Bestätigungen der eigenen Überlieferungen: Der Berner Hans Rebmann besang schon um 1600 auf der Grundlage des durch die Entdeckungsreisen ins Unermessliche anschwellenden Schrifttums die Gebirge aller Erdteile, aber eigentlich ausschliesslich, um für ein Gemälde seiner Bergheimat einen würdigen Rahmen zu erhalten.[5] Der Zuger Weissenbach bereicherte sein endloses Schauspiel mit den Auftritten griechisch-idyllischer Hirten und des biblischen, von Gott zum Helden und Herrscher auserwählten David – offenbar, um in der alten schweizerischen Hirten-Freiheit das Spiel ewiger Gesetzmässigkeiten aufzuzeigen.

Schon Bendicht Marti (Aretius) nannte im 16. Jahrhundert die Berge «Theater des Herrn»[6], und als «Schaugerüste Gottes» betrachtete die Alpen noch das 18. Jahrhundert.[7] Auf der «helvetischen» Bühne, dies ist der «rote

Von der Dichtung des Barocks wird die Schweiz als Bühne eines
ewigen, göttlichen Theaters erlebt

Faden» durch die von Weissenbach vorgeführten «Scenen», erkenne man die gleichen Wahrheiten wie beim Betrachten der himmlischen Sterne – also die Unbeständigkeit von allen sichtbaren Erscheinungen, den Wechsel, die Verwandlung von allen Dingen: «Doch ist bekandt, / Am g'stirnten Landt, / Ist flüchtig als (alles) und wendig, / Jetzt Nacht, bald Tag, / Nimmt auf, nimmt ab...» Den gleichen Vorgang auch für die menschliche Welt aufzuzeigen, betrachtet der barocke Dichter als seine Aufgabe: «Dies ist mein Ziel / Und das Beispiel / Helvetia tut geben / Dann es sich wendt / Wie's Firmament, / Tut auch dem Gstirn nachschweben.»[8] Im Traum erscheinen etwa Helvetia die «Drei Tellen», die sagenhaften Begründer der Eidgenossenschaft, und klagen: «Ach ich kann mich nicht erkennen, / Dieses Volk nicht Lands-Leut nennen! / Unser Grab und Lagerstatt / Man gewiss verändert hat.»[9] Oder wir entnehmen der Anleitung des Spiels: «Das zuhörende Volk will auch ein Scenam in dieser Comedi vertreten. Die vier Bauern kommen aus dem Volk, auf das Teatrum». Diese Männer, also ausdrücklich als Sprecher der Zuschauer aufgefasst, stellen bekümmert fest: «Bruder redst recht? Was hends (haben sie) g'spilt? / Der Anfang unsrer Freiheit s'gilt. / Hend nit die Buren solche Macht? / Ist unser wenig noch gedacht.»[10]

Gleichermassen über den Niedergang ihrer Welt klagen aber, einige Bilder vorher, die von den Schweizern niedergeworfenen mächtigen Herren: Alles werde «über Haufen» geworfen, im ganzen Gelände sehe man nur noch «eingefallne Mauern». Alles werde «umgekehrt», es sei ein ewiges «hin und her»; die Bauern seien die, die «alles erben». Vom römischen Gott Mercurius lassen sich die Edelleute trösten: «Wüsst ihr nicht, dass alls unb'ständig? / Wie die Zeit als flüchtig geht, / Wie der Wind und Schatten wendig / Also auch die Welt besteht.»[11] Der barocke Mensch wollte von seinem Welttheater lernen, dass nur derjenige, der geschichtliche Aufstiege und Niedergänge als ein göttliches Spiel zu betrachten weiss, ruhig seinen Weg geht.

Schon bei Weissenbach findet sich «Flucht in die Hirtenidylle» als «Flucht vor der verfeinerten hohen Gesellschaft».[12] «Die fröhlichen Hirtenknaben» preisen auf seiner Bühne «Gott ihren Erhörer durch den Klang der Instrumenten»: «So viel Woll das Schäflein tragt / So viel Dank sei Gott gesangt.»[13]

Das verlorene Paradies

Aber kann man überhaupt von «Flucht» reden, wenn eine Kultur, als geistige Voraussetzung für einen Neubeginn, sich auf den eigentlichen Sinn ihrer Überlieferungen zu besinnen wagt? Wie feste Felsen, von denen sozusagen die verwirrenden Fluten der wechselnden Schicksale in ganz bestimmte Bahnen gezwungen werden, erscheinen auch bei Weissenbach ganz bestimmte Urbilder: Tell und die Rütli-Eidgenossen; die Liebe von Anneli und Joggeli, dank der das feste Unterdrücker-Schloss Rotzberg zerstört werden kann; Nikolaus von der Flüe; unter freiem Himmel das Göttliche besingende Hirten und während des wildesten Zechens philosophierende Bauern. Christus selber versichert «Helvetia», übrigens mehrfach ausdrücklich mit dem auserwählten Israel der Bibel verglichen, mit diesem Volk seine ganz bestimmten Gedanken zu haben: «O Schweitzerland, / Nicht jedem Stand / Wie dir gab ich den Segen.»[14]

Es wäre eigentlich der Inhalt eines ganzes Buches, bis in die Einzelheiten nachzuweisen, wie sehr eine solche Überzeugung damals das ganze Volk, gleichgültig, ob es katholischer, reformiert-kirchentreuer oder ketzerischer Überzeugung anhing, zu durchdringen begann. Dr. J. B. Dillier (1668–1745), Stifter des Kollegiums von Sarnen, verfasste die Worte eines Alpsegens, von dem zumindest die Melodie «uralt sein muss»[15]: «Hier über dieser Alp steht ein gold-ner Thron. Dar-in wohnt Gott und Maria mit ihrem herzaller-liebsten Sohn.» Der Berner S. Lutz (1674–1750) predigte: «Gott hat euer Land in etwelchen Stücken Canaan gleich gemacht, dieses war bergicht, hatte Wasser-Bäche, und lautere Brunnenquellen, so alles erfrischeten, hochgrüne fette Weiden; Dies alles hat euch der allmächtige Schöpfer zugeteilt...»[16]

Kyburz, eigentlich fleissiger Bekämpfer von allerlei in abgelegenen Tälern eingenisteten religiösen Volksbewegungen, begann seine «Theologia naturalis» mit dem Bild, das im Alpaufzug der Küher ein Sinnbild des einstigen gottgefälligen Daseins auf dem Berge Zion zu erkennen versucht. Auch er dichtete: «Ich muss euch noch zuletzt / Ein Wort ans Hertze drucken, / Die Ihr auf Bergen wohnt! / Ihr seit in vielen Stucken / Den Patriarchen gleich, / Und dem geliebten Volk, / Das Gott geführet hat / Durch seine Gnadenwolk.»[17]

Die fremden Reisenden staunten im gleichen Jahrhundert, wie sehr barocke Gedankengänge zu Bestandteilen der volkstümlichen Religiosität zu werden vermochten. Von einem bekannten Oberländer Küher und Bergführer wird uns etwa erzählt: «Gern wandte er alles auf die Bibel an, in der er ausserordentlich bewandert war. Der Aarfluss war ihm der Jordan; ein Berg der Libanon oder Moria; das Haslital das gelobte Land... und wo es nur anging, belegte er das Gesagte mit einem Spruch.»[18] Noch in einer alten Walliser Sage erlebt ein Kesselflicker auf dem Gliserhorn die Pracht des zwölftorigen Zion.[19] Eine Appenzeller Bauernmalerei, um 1850 entstanden, zeigt, während vorne Jesus unter seinem Kreuz keucht, im Hintergrund die Felswand der heimatlichen Kreuzberge.[20] «Wollte doch schon das Landvolk mitunter den Niesen nach seinem älteren Namen Jesen als den Berg der Verklärung oder der Himmelfahrt Christi ansehen.»[21]

Die Obrigkeit scheint gegenüber dieser zäh nachlebenden Neigung, das ganze Alpenland als göttliche Bühne, «sozusagen als Spiegelbild des Himmels»[22] anzusehen, stets «viel Misstrauen» empfunden zu haben – weil sie hier eine Quelle von Volksunruhen erblickte: «Bereicherung auf Kosten der Mitbürger erschien für eine solche Betrachtung sozusagen als eine Lästerung gegen göttliche Gesetze, ähnlich wie den biblischen Propheten.»[22]

Die Erleuchtung des Gemsjägers

Christian Huber (1693–1749) lebte im Alpendorf Guttannen, liebte als echter Mensch seiner Kultur die verwegene Gemsjagd an «gefährlichsten Stellen», fehlte «selten» an Festen und bewies bei jeder Gelegenheit seine Begabung als Schwinger und sicherer Schütze.[1] Die «abgeschlossene Lebensweise im Gebirge» wird zur Erklärung des Ausbruchs seiner mystischen Neigung verwendet – seine offenbar eine romantische Handlung vorziehenden Landsleute erzählten eine wilde Sage: Todesgefahr beim tollkühnen Klettern, das Auffinden des Geripps und des Gewehrs eines vor einem Jahrhundert verschollenen Gemsjägers hätten bewirkt, dass er beschloss, von nun an alle seine Gedanken auf das Göttliche zu richten.[1]

Sein ganzes Leben versuchte er von da an, ein neuer Niklaus von der Flüe in einer streng-reformierten Landschaft, seinem Entschluss anzugleichen: «Seine Nahrung bestand ausschliesslich aus Milch, Käse und Ziger.» Unermüdlich versenkte er sich jetzt in die Bibel, aber auch, bezeichnend genug, in Schriften «über vaterländische Geschichte, in welcher er bedeutende Kenntnis erlangte» – und aus denen er eine verwandte Botschaft herauszulesen glaubte wie aus den Büchern des Alten und Neuen Testaments. An den Abenden bot er seinen an Zahl zunehmenden Gästen in diesem Sinn echte Vorträge «über die Bibel und auch aus der Schweizergeschichte, an welch letztere er immer kulturgeschichtliche Betrachtungen anknüpfte»[1]. Die Geistlichkeit wurde ob den im Volke immer beliebteren «Wallfahrten» zum selbsternannten Gottesmann eifersüchtig und beunruhigt – und verklagte ihn beim Berner Rat, weil er «das Volk von der Kirchen abwendig mache».

Doch der bescheidene und erstaunlich besonnene Mann brachte es fertig, den Ruf offener Ketzerei zu vermeiden und trotz einem obrigkeitlichen Verbot einigermassen ungestört weiterzufahren, anhand von biblischen Geschichten und Geschichten über die Taten der Tell-Zeit seinem Volke den eigenen Weg zur Erleuchtung zu erläutern. Viele erstaunliche und unmittelbare Auswirkungen zeitigte sein Beispiel in jener Alpengegend: Es kam zum Beispiel in Guttannen, ohne dass ein Erwachsener dazu bewusst angeregt hätte, zu einer echten «Erweckungs-Bewegung» der Kinder. Acht- bis 14jährige verbanden sich zu gottgefälligem Leben und trafen sich jeden Abend, um entsprechende Lieder zu singen – sehr häufig die des nur noch himmlischen Dingen zugekehrten Gemsjägers, den sie anscheinend überhaupt als ihr grosses Beispiel ansahen.[2]

Diese Lieder, die Dichtungen des im stillen und gegen seinen Willen für seine Zeit so berühmt gewordenen Mannes, sind heute eines der ergreifendsten Zeugnisse für die innere Entwicklung der Menschen seiner Art.

GEISTLICHE ALPENROSEN

Durch die Sammlung der frommen Lieder, die Christian Huber zu entsprechenden Melodien für seinen Freundeskreis verfasste, schimmert manches über den

Die Höhen-Einsamkeit des Gebirgsjägers und -hirten erzeugte die Neigung zu mystischen Gedankengängen

wahren Sinn seiner inneren Entwicklung durch. Herzlich bedauert der Bergler jene Jahre seines Lebens, in denen er von jedem Gottsuchen vergass: «Das Wildbrät tat ich jagen / und ware selbst ein Tier...»[3] Jetzt habe er den wahren Sinn des Daseins erkannt, und sein ganzes Leben habe sich dadurch verändert: «Nun bin ich arm an Geist, und muss nur Gott zuhören, was der mir gutes spricht, und mich sein Kind will lehren, nun lässt er reichen Trost in meine Seele fliessen, das Lebens-Wasser sein, das tu ich oft geniessen.»[4]

Der Vorgang der Erleuchtung seiner Seele wird gelegentlich, sehr bezeichnend für jene Zeit, da sich nach zahllosen Zeugnissen sogar «einfache» Hirten und Bauern mit den «Geheimnissen der Elemente» zu befassen versuchten, sogar mit alchimistischen Ausdrücken veranschaulicht: «Erfahrenheit, die lehrt, und macht mich recht bewährt, wie Gold im Tigel, und kann die Todes-Kraft samt aller Höllen-Macht mich nicht besiegen.»[5] Nur die Vorgänge im Innern seines Bewusstseins sind für unsern Mystiker aus den Alpen wichtig – keine äussere Gewalt besitzt in sich die Fähigkeit, solche Entwicklungen zu stören oder gar aufzuhalten: «Lass Sternen und Erden mit ihrem Gewirke nur poltern und spielen in ihrem Bezirke, der Spiegel von aussen kann dich nicht beflecken...»[6]

Die ganze, mit unseren gewöhnlichen Sinnen wahrnehmbare Welt ist für Huber, genau wie für seine zahllosen Gesinnungsgenossen in den Hütten aller Täler, nichts als ein «Spiegel»; also Spiegelung, Abglanz der wahren Wirklichkeit, des göttlichen Lichts: «Mein Liebster ist im Himmel, er ist ein grosser

Fürst, schwebt über allem Getümmel der Welt und ihrem Gehürsch. Dahin steht mein Gemüte, dahin strebt meine Seel, o das ich könnte wohnen beim heiligen Himmels-Heer.»[7] Nur für den wird ein solches Leben möglich, der solche Erkenntnisse nicht nur mit dem Munde wiedergibt, sondern für den sie einen Bestandteil seines ganzen Sinnens und Fühlens zu werden vermögen. Ein solcher Mensch schaut das Göttliche – weil er selber dessen Bestandteil geworden ist: «Mein Leser und Singer neig nicht nur dein Ohr, sondern dein Herze zum himmlischen Chor, willst du ein' Harfe des Geistes auch werden...»[8]

Sagen und volkstümliche Dichtungen bestätigen uns hundertfach, dass im «Stande» der Gebirgsjäger der Ausbruch mystischer Neigungen «eher eine Regel als nur eine Ausnahme war». In einem älteren Mundartgedicht wandert ein solcher froh durch die Berge – tief unter ihm sei ja alles menschliche Leid! Der «Wilde Hürst», also der sagenhafte wilde Jäger der Alpen, sei sein Gefährte, der ihm die Gemsen zutreibe. Wenn der «Berggeist rufe» und der Tod komme, dann: «Tief wohl im finstre Grund / Beit (warte) i (ich) bis d'Urständ (Auferstehung) chunnt (kommt), / Glästet deh (Glänzt dann) d'stutzig (die schroffe) Flueh, / Stig i der Sunne zue.»[9] Reithard, ein Freund und Anreger Gotthelfs, verwendete für ein Gedicht die Geschichte vom Tode eines Glarner Jägers, die er nach eigener Anmerkung einem wahren Bericht entnahm. Hoch im Gebirge ereilte den Mann im Herbststurm der Tod. Erst im Frühling fand man seine Leiche, die an einem Felsen aufrecht stand: «Die Büchse, seines Lebens Lust, / Sie ruhte treu an seiner Brust, / Und vom Gebet, das ihn gereinigt, / Hatt er die Hände noch vereinigt.»[10]

Nachdem aber Christian Huber alle halsbrecherischen Felspfade seiner Bergheimat siegreich bezwungen hatte, wagte er sich an noch verwegenere Taten. Ziel seiner Jagd war nun nicht mehr allein das begehrte «Wildbrät», sondern das Göttliche in ihm selber. Seine Liebe zum Volke war aber so tief und stark, dass er sein Bewusstsein immer wieder vom ewigen Licht losriss, um jedermann ein Wegweiser zu den von ihm bezwungenen Höhen zu sein.

Im Paradies des Über-Sinnlichen

In barocken, sinnlichen Bildern besingt unser Gemsjäger, der zu einem der grössten Gottsucher seiner Zeit wurde, seine Erleuchtung, die ihn schon auf Erden dem «Himmels-Heer», dem «himmlischen Chor» nahe brachte. Der Mensch und das Göttliche, sie brauchen einander zu ihrem vollendeten Glücke wie zwei von Leidenschaft erfüllte Liebende.

Wer denkt nicht an alte Sagen, wie sie die ganze Alpenwelt, so auch Hubers engere Heimat, das Berner Oberland, ohne Zahl kennt: Hirtin und Hirt grüssen sich nach einer solchen Geschichte auf grosse Entfernung, von Berg zu Berg, mit dem weitreichenden Schall ihrer Alphörner. Die Liebste stirbt, doch auf geheimnisvolle Art klingen die trauten Töne gleichwohl zum Burschen hinüber, und er versteht daraus sogar die lockenden Worte: «Im Frithof han myn Platz ich g'non, / O möchtist bald doch zu mir chon!» Der Hirt verstand diese Aufforderung zum Nachkommen, und die Sage endet mit den vielschichtigen

Der «Höhen-Aufstieg» galt der Kunst sehr häufig als ein Gleichnis zeitloser «Wanderung der Menschenseele zum Licht»

Sätzen: Noch in der gleichen Nacht habe er seine Herde verlassen «und stieg den Berg hinauf. Niemand hat ihn wieder gesehen».[11]

Gelegentlich etwas überfliessend rührselig, wie es nun einmal in jenem Jahrhundert der Einflüsse von Barock und Rokoko Mode war, aber in der Stimmung solchen Volksdichtungen verwandt, tönen Christian Hubers Liebesschwüre zwischen der menschlichen Seele und dem Göttlichen: «Ja er ist's, jeder Frist, der uns liebet, O das holde Schätzelein, kann ohn meine Seel nicht sein...»[12] Oder: «Mein Schätzelein komme, vertilge du Fromme das Falsche in mir, tu du in mir stehen, so mag ich stets gehen den Wege mit dir.»[13] Der Weg des Menschen zu seinem Gott, oder auch (es ist dies für einen nichtergriffenen Leser von verzückter Mystiker-Dichtung eigentlich nie ganz deutlich!) Gottes zum Menschen, wird geschildert wie ein Kilter-Abenteuer. Der Liebhaber bewegt sich durch die Finsternis zum wegweisenden Schein, der vom Fensterlein seiner Liebsten ausgeht. Der kirchliche Satan ist für solche Bilder nur noch der kläffende Hofköter, der offenbar nur die eine Aufgabe besitzt, die ganze Angelegenheit etwas spannender werden zu lassen. «Hiermit will ich aufsetzen, ein Kränzelein, der Liebsten meiner Seelen, ja es soll sein. Sie ist die mich gesuchet, auf Berg und Tal, sie tät mich himmlisch küssen, und nicht ablahn.»[14] Freudig wird festgestellt, die «Liebste» habe sich gegen eine ganze «Buhler-Schar» durchgesetzt: «Der Teufel täte toben, gleich wie ein Hund» – doch das Licht der Liebsten «das täte leuchten durchs ganze Land»...

Die Vereinigung mit dem Göttlichen erscheint in diesem Sinne als das Ziel aller Wünsche, die Verschmelzung in höchster Liebeslust zu einer unauflösbaren Einheit. Es gibt keine menschlichen Ausdrücke, um diesen Vorgang ganz wiederzugeben – bei den Versuchen, dies trotzdem zu tun, verfällt der dichtende Gemsjäger fortlaufend den Worten der sinnlichsten Volkslieder: «In der Liebsten Armen, kann man recht erwarmen, da ist gut zu sein, sie tut selber wachen, da kann man recht schlafen, holdes Schätzelein.»[15]

Der sein Leben für seine Überzeugung, für die «Freiheit» wagende Mensch ist eine Lieblingsgestalt der volkstümlichen Kunst

Der schlechteste Untertan

Schon als um 1525, offenbar vor allem angeregt durch das Beispiel der «freien Eidgenossen», die Bauern der deutschen Nachbarschaft den unglücklichen Kampf für ihre Rechte begannen, zweifelten diese selber schon längst am Wert der von ihrem Lande ausgehenden Anregungen: Wenn das aufrührerische Landvolk auch siegen könnte, meinte der St. Galler Chronist Johannes Kessler (1502–1574), würde gleichwohl die alte Ordnung erhalten bleiben – es gebe nun einmal keine Gesellschaftsordnung ohne Obrigkeit... Wenn es auch, äusserlich gesehen, etwas wie einen Umsturz gebe, so setzten sich einfach ein paar der machtgierigsten Führer der damit um jeden eigentlichen Erfolg betrogenen Aufständischen auf die Sitze der gestürzten früheren Herren. Wie ihre Vorgänger suchten nun auch sie ihren Lebensunterhalt von den aus dem Volke herausgeholten Zinsen und Zehnten, ja sogar «so viel schärfer, je ärmer sie sind» – also um so tückischer, je unterdrückter sie selber vorher waren.

Wir Eidgenossen hätten es selber am eigenen Leibe gelernt, überlegte es sich Kessler, dass es vollkommen sinnlos sei, alle «Nerones, Tyrannen und Wüteriche» zu stürzen. Die früheren «Tyrannenwürger», gemeint sind wohl deren unmittelbare Nachkommen, hätten sich nun in den alten Ausbeuter-Burgen eingenistet und trieben es jetzt genau nach deren altem Brauch. Man könnte sich vorstellen, wenn die Eidgenossen von einst wiederkämen, «würden sie die unseren um der Tyrannei wegen nit dulden».[1]

Doch mochte sich auch bei der Bevölkerung jener Gebiete, die im Mittelalter die Hauptlast des Kampfes gegen alle «Wüteriche» getragen hatte, die alte Freiheitsgläubigkeit nach und nach zersetzt haben, gerade bei den benachteiligten Bevölkerungsschichten wurde sie immer wieder lebendig: Unruhen flackerten in den Tälern des Jura auf und in denen des italienischsprechenden Tessins. Emmentaler Bauern träumten und sangen von der Wiederkehr des Tell; Greyerzer Bergler erhoben sich, und die Toggenburger forderten die Freiheit für ihre Landsgemeinden. Mochten die Oberschichten der wichtigsten eidgenössischen Stände längst die Bequemlichkeit von Vorrechten, ausländischen Bestechungsgeldern und unmündigen, steuerzahlenden «Provinzen» gelernt haben, wie ein unfassbares Gespenst zogen die alten Sagen immer wieder durch das ganze Land: Widersprüchlich nur für den oberflächlichen Betrachter lebte im 16. bis 18. Jahrhundert die eigentliche Überlieferung der Schweiz vor allem in deren «Untertanenländern».

Vom Räuber zum Revolutionär

Wollten auch die reichgewordenen «Gnädigen Herren» den Absolutismus der ausländischen Fürsten als hohes Vorbild ansehen, die Macht ihrer Amtsleute endete nur zu oft ausserhalb des Schattens ihrer mit obrigkeitlichen Wappen geschmückten Verwaltungssitze. Vergeblich versuchten die «für die Ordnung ihres Landes verantwortlichen» Männer von Graubünden Friedrich Schiller, der in der ersten Fassung seiner «Räuber» ihr Gebiet als ein Paradies des Banditen-Lebensstils erwähnt hatte, mit politischen Intrigen bei seiner Regierung zu verfolgen – die «Ordnung» ihres Landes wurde im damaligen Europa gleichwohl und allgemein als ein Chaos empfunden.[2] Auf der andern Seite der Eidgenossenschaft galt zu Beginn des 18. Jahrhunderts die von Berns Patriziern beherrschte Waadt als der freie Tummelplatz von Banden gefährlicher Menschen, «nicht etwa von Landes-Fremden, sondern meistens ihrer Herkunft nach echten Waadtländern»: «Sie besetzten während einer bestimmten Zahl von Jahren zahlreiche Gebiete in Erwartung des Reisenden, um ihn auszuplündern...» Sie waren sogar verwegen genug, ihre Streifzüge «bis zu den Toren der Städte» auszudehnen.[3]

Würde sich die Geschichtsschreibung der meisten Kantone bei der Sichtung der noch vorhandenen Urkunden endlich vom Blickwinkel der Obrigkeiten, ihrer eigennützigen Landvögte und bezahlten Chronisten lösen, es wäre auch für jenes Zeitalter des «Absolutismus» eine grossartige Schweiz zu entdecken: Wiederum die Eidgenossenschaft noch immer nicht gebändigter Hirtenstämme, deren unglaublich grausam unterdrücktes «Räubertum» nichts anderes war als die ziellose Äusserung der gleichen Kräfte, die im Mittelalter zur berühmten «Freiheit» der «Bergleute» führten. Mag das Treiben jener «Banditen» des 17. oder 18. Jahrhunderts oft eine Wildheit entwickelt haben, die uns heute abstossen kann, sie erreichte nur selten den kalten Sadismus der damaligen staatlichen oder kirchlichen Obrigkeit, die «unbotmässige» Untertanen unter nichtigstem Vorwand als Sklaven auf französische oder italienische Galeeren verkaufte oder als «Ketzer» und «Hexenmeister» langsam zu Tode folterte.

Es ist bezeichnend, dass heute fast nur das Volk der Jura-Berge, das innerhalb einer immer einheitlichen Schweiz ihre Eigenart in der Gründung eines neuen Kantons zu retten versucht, auf seine Vergangenheit des 18. Jahrhunderts wieder stolz ist. Aus dem Wirrwarr des verkannten Bandentums und des aufflackernden Aufruhrs der Landleute verehrt es heute die Gestalt des Bauernführers Pierre Péquignat, der an der Spitze eines Heers von Tausenden von Anhängern durch das ihm zujubelnde Land ritt.[4] Vergeblich riefen damals die Jurassier die Eidgenossen zu Hilfe – diese dachten an ihre geschäftlichen Beziehungen zu dem das Gebiet beherrschenden Fürstbischof und zu dem diesen unterstützenden französischen König. Auch vertrug es sich schlecht mit dem mühsam erhaltenen inneren Gleichgewicht der damaligen Schweiz, das Land mit einem Volk zu belasten, das sich so frech gegen alle Herren auflehnt. Die Bauernführer wanderten 1740 auch hier auf das Blutgerüst oder in die Galeeren, doch noch heute sehen die Jurassier in ihnen ihre ewigen Vorbilder und besingen bei ihren politischen Massenfesten jenen Bauern Péquignat aus Courgenay: «Toujours, nous te rendons hommage, / Que ton nom passe d'âge en âge.»

«Unordnung» vor der Neuschöpfung

Die Soldaten des Königs von Frankreich und Berns um eigene Vorrechte besorgte Patrizier halfen im 18. Jahrhundert dem zum «Römischen Reich

Deutscher Nation» gehörenden Fürstbischof von Basel bei der blutigen Unterwerfung «seiner Jurassier». Frankreichs König und der Fürstbischof, gleichermassen beunruhigt durch die einen Revolutionssturm anfachenden Ideen Rousseaus, unterzeichneten 1780 in Versailles einen Vertrag, der beide Herrscher gegenseitig verpflichtete, «nicht zu dulden, dass ihre jeweiligen Feinde und Gegner sich in ihren Ländern und Herrschaften niederliessen und dass sie ihnen keinen Durchgang zum Angriff oder zur Bedrohung des Verbündeten gewährten. Sie versprachen sich gegenseitig, solchen Versuchen, wenn nötig mit Waffengewalt, entgegenzutreten.»[5] Wie eng die Zusammenarbeit der geängstigten Regierungen war, sehen wir unter anderem daran, wie ein Erlass des Basler Fürstbischofs gegen die Kesselflicker, Gassenlieder-Träger, Marktschreier, Spielleute, Leier- und Zauberlaternen-Träger, Taschenspieler vom 1. Dezember 1785 schon nach wenigen Tagen auch von der Berner Regierung abgedruckt und auch im eigenen Namen verbreitet wurde: Man fürchtete, dass dieses unruhige Volk überall in den Ländern Gelegenheit suche, «allerlei Diebstähle, Strassenräubereien und Unordnung darinnen zu begehen».[6]

«Dank» der «Zusammenarbeit» dieser Art gegen alle Unruhe-Herde wurde hier verhindert, dass ein kleines Volk den eigenen Weg zum eidgenössischen Bunde fand: «Die Wirren hatten mehrere Jahrzehnte lang gedauert; die Zustände im Fürstentum erinnerten in vielem an die vorrevolutionäre Situation in Frankreich, doch die Revolution des Dritten Standes blieb im Jura ohne Erfolg, weil das Ancien Régime von aussen Unterstützung erhielt. Ohne diese Komplizenschaft hätte ein ‹Bastillensturm› einige Jahrzehnte vor 1789 im Jura stattfinden können.»[5]

Ähnlich wurde von den Toggenburgern festgestellt, die ebenfalls in der Mitte des 18. Jahrhunderts verzweifelt ihre Unabhängigkeit gegen den Fürstabt von St. Gallen verteidigten: «Das Recht zur freien Landsgemeinde, das die Talleute forderten, war ein Zeichen der Freiheit und kam keinem Untertanenvolk zu. Eine der ersten Handlungen der befreiten Untertanenländer in der späteren Revolutionszeit war deshalb der Zusammentritt zu Landsgemeinden. Hartnäckig und andauernd verteidigten die äbtischen Leute ihre althergebrachten und ihre vermeintlichen Freiheiten, entschlossen, sie in diesem Kampfe, wenn immer möglich, zu erweitern... Im Hintergrund des Streites brannte der Freiheitswunsch, der sich kaum ein halbes Jahrhundert später, mächtig emporlodernd, freie Bahn verschaffte.»[7]

Solche Unterdrückung, die auf die Dauer von der Ajoie bis zum Livinental keinen Erfolg haben konnte, beschwor im Untergrund jene Volkskräfte, die gegen Ende jenes Jahrhunderts die erstarrte Eidgenossenschaft von innen zersprengten – und dann wenige Jahrzehnte später eine neue Schweiz errichteten.

Im Jura, 1793 ebenso gegen den Volkswillen mit Frankreich verbunden wie dann 1815 durch Beschluss der europäischen Grossmächte mit dem Kanton Bern, schwärmte man für die Gesinnung des durch Schiller neu-verklärten «Tyrannen-Stürzers» Tell: Im «Eichenschatten» der Ruinen des Elsässer Schlosses von Morimont (Mörsberg) empfanden sich 1826 drei junge Jurassier,

Stockmar, Quiquerez und Seuret, als neue drei Eidgenossen und begingen ihren «Rütlischwur».[8]

Aus dieser «Romantik», die damals ganz ähnlich «Untertanengebiete» vom Thurgau bis zum Tessin erlebten, entstand eine Bewegung, die schon wenige Jahre später vor allem den bernischen Randgebieten ermöglichte, die Patrizierherrschaft hinwegzufegen. Ein Roman jener Zeit bezeugt, wie, trotz einander unverständlicher Sprachen, Männer aus dem Jura und Bergler aus dem Oberlande sich bei zufälligen Begegnungen als wahre Brüder ansahen und liebten – vereint im gemeinsamen Kampf gegen alle Vorherrschaften.[9]

In der neu aufgefassten Kulturgeschichte der Eidgenossenschaft tritt uns eine erstaunliche Tatsache entgegen: Wir finden hier eigentlich keine «benachteiligten» Gebiete, keine stets nur im Schatten des Glanzes von Hauptstädten gefügig dahinwelkende «Provinzen». Jede noch so von den Mittelpunkten der damaligen Macht abgelegene Landschaft erwies sich in bestimmten Zeiten als der wichtigste Träger der gemeinsamen freiheitlichen Überlieferung.

Der Soldat und seine Fee

Der Waadtländer Major Jean Abraham Daniel Davel, vielgerühmt wegen seiner soldatischen Tugenden, die er in ausländischen und einheimischen Kriegsdiensten bewies, wurde 1723 zum Helden für sein von der bernischen und eigenen Verwaltung unterdrücktes Volk. Mit den 600 Mann aus seinem Musterungskreise zog er gegen Lausanne, stellte sein kleines Heer auf dem Münsterplatze in Kampfbereitschaft auf und ging zu den entsetzten Ratsherren, um diese für sein jedermann überraschendes Vorhaben zu gewinnen. Die Waadt, damals unter der Oberhoheit der immer mächtigeren Republik Bern, sollte seiner Meinung nach als selbständiger Kanton der Eidgenossenschaft ausgerufen werden. Die Truppen würden darauf an die Gümmenenbrücke ziehen, um den Folgen einer solchen Handlungsweise, also einem Einfall der Feinde der neuerworbenen Freiheit, gründlich vorzubeugen. Die listigen Ratsherren von Lausanne taten verständlicherweise alles, um nützliche Zeit zu gewinnen: Sie überschütteten den ehrlichen Offizier mit honigsüssen Reden, vertrösteten ihn auf den nächsten Morgen – und lieferten ihn dann an die Berner Behörden aus.

Durch Erniedrigungen und Folter versuchten die Vertreter der völlig unsicher gewordenen Obrigkeit aus ihrem Opfer das Geständnis einer weitverzweigten Verschwörung herauszuholen. Dann wurde Davel hingerichtet: Er starb so froh, eine ihm durch göttlichen Beschluss zugewiesene Tat ausgeführt zu haben, und so glücklich, nun ins Ewige einzugehen, dass seine Henker und das ganze Volk erschüttert waren. Ratlos standen seine Zeitgenossen wie auch zahllose Geschichtsschreiber späterer Jahrhunderte gegenüber jenen Gründen, die offenbar seine Tat ausgelöst hatten und die ihm auch die übermenschliche Kraft verliehen, deren Folgen zu tragen: Die Aufzeichnungen seiner Richter erinnerten schon seine Landsleute an die Seiten aus einer schwärmerischen Dichtung.

Major Davels Erlebnis

Im Jahre 1691, nach andern Angaben sogar 1687,[1] weilte der 1670 geborene Jüngling Davel – unmittelbar bevor er in fremde Kriegsdienste zog – bei seiner Mutter auf dem Gute in Cully. Ein wunderschönes Mädchen, dessen Herkunft niemand zu kennen schien und das mit edelstem Stolz alle Annäherungsversuche der bezauberten Männer abzuwehren wusste, war gekommen, um bei der Weinlese mitzuarbeiten. Zum masslosen Schrecken der Mutter erklärte sie nun plötzlich dem jungen Davel, in drei Tagen würde er seinen Tod erleben, und gab ihm die genauesten Anleitungen, sich auf dieses Ereignis gründlich vorzubereiten. Selbstversenkung, das Beten aus der Tiefe des Herzens (méditation du fond du cœur), sei dazu notwendig, nicht etwa das Lesen der Bibel oder das Aufsagen von Formeln, also von Gebeten aus frommen Büchern! In der dritten Nacht verfiel nun der junge Mann tatsächlich einem tiefen Schlaf, den er selber dem Tod gleichsetzte. Göttliche Wesen traten zu ihm und redeten mit ihm über Dinge, die er nicht weitererzählen durfte. In unsäglicher Seligkeit schaute er ein wunderbares Licht.

Die geheimnisvolle schöne Winzerin sorgte anschliessend für seine Erholung aus diesem Zustand, den er als seine Wiedergeburt zu einem neuen, zum Göttlichen in bewusster Beziehung stehenden Menschen ansah. Das Mädchen brachte ihm ein geröstetes Brot, das so wohlschmeckend war, dass er auch seiner Mutter etwas davon geben wollte – was ihm aber die Schöne nicht erlaubte. Sie wollte auch an seiner Hand und seinem Gesicht Zeichen betrachten, ein Ding, das Davel gar nicht gefiel, weil ihn solches wohl an das Treiben der fahrenden Wahrsagerinnen erinnerte und er es für trüben Aberglauben hielt. Darauf zerschlug die rätselhafte Winzerin an seiner Stirne ein Ei, warf dessen Inhalt in ein Glas Wasser und deutete die Gebilde, die sichtbar wurden. Sie schilderte ihm auf diese Weise seine ganze Zukunft, offenbar sogar seine letzte Tat und das seine irdische Laufbahn abschliessende Ende. Auch salbte sie seine Stirn mit einem für sie heiligen Öl: «Noch geraume Zeit nach dieser Zeremonie strömte ein seltsamer Duft von seinem Haar aus. Seither wohnte Davel die Fähigkeit inne, die Zukunft vorauszusehen und Kranke durch Gebet und blosse Anwesenheit heilen zu können.»[2] Darauf verschwand die mystisch-magische Winzerin spurlos aus Cully, um dann höchstens in den Gerichtsakten des Jahres 1723 wieder aufzutauchen.

Herrscherinnen im Traumreich

Schwärmerische Waadtländer gingen so weit, in der «schönen Unbekannten» (la belle inconnue) sozusagen eine protestantische Heilige oder sogar einen himmlischen Engel zu vermuten mit der Aufgabe, ihren Helden zu seinem «Patriotismus», seinem Tod für die Heimat zu begeistern. Aber es ist nun einmal kaum der Brauch von Heiligen oder Engeln, aus Handlinien oder Eiern «die Zukunft» zu lesen, nach damaliger Auffassung schon eher die Gewohnheit von im Lande trotz allen Verboten in grosser Zahl herumziehenden «fahrenden» Hexen-Weibern. Gerade damals bezeugt uns ein Berner (1716): «Die sogenannten Zigeunern oder Heiden befleissigen sich auch sehr des Wahrsagens aus den Planeten. Dann so wissen sie die Lebenslinien in der Hand gar wohl auf zweideutige Weis auszulegen...»[3]

In jenen Jahren, als Davel die für sein ganzes Leben entscheidende Begegnung hatte, befand sich noch das ganze Waadtland im Schatten der grauenhaftesten Gerichtsverfahren «gegen Hexen». Das Land gehörte nicht nur offenbar im Mittelalter zum Kerngebiet der ganzen Erscheinung, sondern es fanden hier, soweit dies heute überhaupt noch genau nachgewiesen werden kann, von allen Gebieten der Schweiz mit Abstand am meisten der grausamen Hinrichtungen statt: In den Jahren 1611 bis 1660 waren es 2500 gemordete Hexen, 1661 bis 1680 immer noch deren 320![4]

Die damalige Waadt, vor allem deren gebirgige Teile, war, wie wir schon sahen, voll von ineinander übergehenden Überlieferungen von weisen Frauen, von Hexen und Feen. Nach allerlei Proben und Prüfungen, heisst es etwa,

Besonders die Waadtländer Sagen umkreisen das Leitbild jeder
«romantischen» Dichtung: die Gebirgs-Feen

machten letztere ihre Lieblinge unter den Jünglingen des Landes «zu den Vertrauten ihrer Gedanken»: «Sie weihten sie ein in die Mysterien der Natur und der magischen Künste, sie offenbarten ihnen die nützlichen Geheimnisse über die Tugenden der Pflanzen...»[5] Zusammen unternehmen sie mit ihren Freunden Flüge «ins Reich der Träume» (au pays des songes), um, wenn ihre sterblichen Verbündeten ihnen dann volles Vertrauen erweisen, sich mit ihnen in diesen Reichen zu ewigem Glück zusammenzufinden und zu vereinen.[6]

Die Sagensammler der Waadt verweisen uns auf die Tatsache, dass über die «Flüge», die magischen Seelen-«Reisen» der Zauberer ihres Landes, Vorschriften bekannt sind, die zu beweisen scheinen, dass solche Zustände tatsächlich vor allem durch die erwähnten «Tugenden der Pflanzen» erzeugt wurden: Gemeint sind vor allem die gefährlichen Nachtschattengewächse.[7] Andere Erforscher des Hexenwesens der Waadt nannten «Säfte von berauschenden Kräutern wie Hanf, Nieswurz, Mohn».[8]

Haben solche den fahrenden Ketzern bekannte Zaubermischungen Davels dreitägige «Meditation» gefördert? Was machte jenes Brot, das er geniessen musste, so wohlschmeckend, und jenes Öl, womit sein Haupt gesalbt wurde, so wohlduftend? Auf alle Fälle: Mit der Gestalt der wunderbaren Winzerin steigen wieder Bestandteile einer urtümlichen Kultur an die Oberfläche – und erschüttern das damalige Staatsgefüge.

Der Genfer Mallet regte das 18. Jahrhundert (unter anderem Goethe!)[9] zur Beschäftigung mit den nicht von Rom oder Griechenland stammenden Bestandteilen seiner Kultur-Überlieferung an: Keine religiöse Auffassung, so lehrte er, sei im Abendland je so verbreitet gewesen wie der Glaube an die Feen und ihre magischen Künste (aucun dogme n'a été plus général en Europe).[10] Wenn wir die zahllosen Sagen der Waadt und der verwandten Landschaften über den Umgang der «Feen» mit den Hirten betrachten und sie mit zeitgenössischen Berichten, sogar mit Gerichtsaufzeichnungen vergleichen, dann sehen wir ein, dass wir uns hier keinen Augenblick «nur» in der «Märchenwelt» befinden: Zumindest wenn wir darunter immer noch «ein Erzeugnis reiner Phantasie» zu verstehen suchen.

Auch der Berner Johann Rudolf Wyss der Jüngere dichtete noch für die «Alpenrosen» (1823) eine Hirtensage aus dem Haslital, nach der einst die zauberkundige Frau Ute für das Glück einer ganzen Landschaft sorgte und junge Menschen zur Ehe zusammenführte. In einer späteren Untersuchung über die Entstehung der schweizerischen Alpendichtung wird dazu recht trocken angemerkt: «Diese Frau Ute ist eine jener weisen Frauen im Gebirg, die beim Volk wegen vermeintlicher oder wirklicher medizinischer Kenntnisse in hohem Ansehen standen bis vor kurzer Zeit. Auch die neuere Alpenerzählung berichtet bisweilen von ihnen.»[11] Fast bis in die Gegenwart lebte also in den Bergen die Urzeit: Ist jene Begegnung des jungen Davel, bevor er in Kriegsdienste zog, noch mit den «Einweihungen» der zu Kriegern heranwachsenden Jünglinge in vorgeschichtlichen Kulturen zu vergleichen, die, als Höhepunkt geheimer Bräuche, mit der Hilfe ihrer kräuterkundigen Zauberpriester das Göttliche zu schauen glaubten?

Als im 18. Jahrhundert Rousseau eine «Geschichte des Walliserlandes» zu verfassen gedachte, befürchteten die Gelehrten, dies würde «lediglich eine Schilderung und reizende Beschreibung der Einfalt der Sitten der Walliser sein... aber keine Geschichte».[12] Die Berichte über Major Davel, den Freiheitshelden der Waadt, scheinen uns aber zu beweisen, dass sich damals im Gebiet des märchenhaft-malerischen Genfersees zumindest Vorspiele zu geschichtlichen Ereignissen genau so abwickeln konnten, als stammten sie aus den Träumen von Nachdichtern der Hirtensagen.

Der eigentliche Treibstoff der europäischen Kriege blieb das Blut der aus ihrer Heimat verdrängten «Söldner»

Geschäft mit dem Blut

Der englische Staatsmann Thomas Morus (1478–1535) schuf sich in seiner Dichtung um die Insel «Utopia» eine Schilderung seiner Heimat, wie er sie sich wünschte. Alle ihre Kriege führen seine geschäftstüchtigen «Utopier» mit Hilfe von Söldnern aus dem Volke der «Zapoleten», worunter er nach allgemeiner Ansicht die eidgenössischen Gebirgsstämme verstand. Dem in Handel und Industrie vorwärtsstrebenden Briten erschien die so andersgeartete Volkskultur als völlig unverständlich, darum an sich wertlos und sogar für die Entwicklung der übrigen menschlichen Zivilisation in höchstem Masse gefährlich. Ihren einzigen Wert sah er höchstens in kriegerischen «Tugenden» und war wohl der gleichen Ansicht wie sein Freund, der englische Diplomat Sir Richard Pace (um 1482 bis 1530): «Wem die Schweizer gewogen sind, der ist der Herr der Erde.»[1] Morus schildert also in seinem Wunschtraum: «...wie die Utopier gute Männer gut behandeln, so suchen sie diese schlechtesten der Menschen schlecht zu behandeln. Wenn nötig, setzen sie sie mit dem Versprechen eines grossen Lohnes den grössten Gefahren aus, von denen die wenigsten zurückkehren, um die Löhnung zu verlangen. Denen aber, die am Leben bleiben, zahlen sie (die Utopier) getreulich, was sie versprochen, damit sie um so williger sind, sich das nächste Mal den gleichen Gefahren auszusetzen. Auch kümmern sich die Utopier nicht darum, wie viele sie verderben; denn sie glauben, der Menschheit einen grossen Dienst zu erweisen, wenn sie sie von dieser verdorbenen und verruchten Menschenklasse befreien.»[2]

Eine solche Auffassung beherrschte die Höfe Europas offenbar durch lange Jahrhunderte. Die fremden Beobachter «überboten sich im Eifer, die wirtschaftliche Notwendigkeit des Solddienstes zu begründen».[3] Noch im 18.

 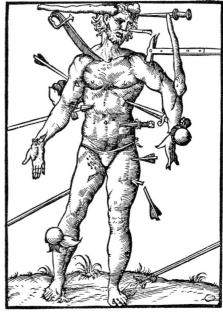

Jahrhundert verrät Abraham Stanyan (1669–1732), Englands Gesandter in der Schweiz, seine wahre Auffassung: Wenn die unruhige Eidgenossenschaft aufhören könnte, ihre Jugend in ausländische Kriege zu senden, dann würde sie durch ihre Fähigkeiten wieder zu einer drohenden Gefahr für alle umliegenden Länder – ja sie vermöchte offenbar deren staatliche Grundlagen zu erschüttern und geradezu eine neue Völkerwanderung auszulösen. (In all Probability, they would break in upon their Neighbours in Swarms, or go further to seek out new Seats.)[3]

Wenn wir uns die Blutopfer überlegen, die die Älpler fast ein halbes Jahrtausend hindurch auf allen Schlachtfeldern Europas darbrachten, können wir die Berechtigung solcher Überlegungen kaum abstreiten. Man schätzte, dass die «fremden Dienste» von 1474 an der Schweiz, und zwar besonders ihren Gebirgsgebieten, jährlich «2000–3000 der kraftvollsten und rüstigsten Jünglinge» kosteten.[4] «Wenn man erfährt, dass um 1740 über 10000 Bündner Soldaten unter fremden Fahnen standen, das heisst, gut 10 Prozent der Bevölkerung, so versteht man allerlei.»[5]

Die neuen Landesvögte

Für ihre zahllosen «Kriegstaten» benötigten also alle Herrscher Europas «vor allem» Eidgenossen; unermüdlich waren sie daran, durch gesteuerte Bestechungen die Oberschichten aller Kantone auf ihre Seite zu bringen. Bald bestand hier die vollendete Zusammenarbeit: Auch gewisse, dadurch immer reichere Geschlechter der Schweiz sahen nun im Söldnerwesen einen doppelten Zweck – den der eigenen Besitzzunahme und den, dadurch unruhige Volksschichten ausbluten zu lassen. Schamlos genug pflegten solche Herren noch im 19. Jahrhundert zu sagen, es sei gut, «wenn wir einen Ausfluss nach andern Ländern haben».[6] Wir haben genug Berichte, die zeigen, dass nicht die als einfache Soldaten in fremden Kriegsdiensten verheizten Menschen die «sonst nutzlosen Müssiggänger» waren – sondern eher die Vertreter der Oberschichten, die nun dank ausländischen Bestechungsgeldern immer mehr die Macht zu erschleichen vermochten. Eine Engländerin schildert 1794: «Jedes männliche Kind der drei demokratischen Kantone erhielt (vom königlichen Frankreich) vom Tage seiner Geburt an jährlich sechs Livres, und die Behörden entsprechend mehr.»[7] 1723 erhielten die schweizerischen «Wohlgesinnten» von Frankreich 837447 Livres an «geheimen Jahrgeldern», eine nach damaligen Vorstellungen gewaltige Summe. Von den Bürgern Solothurns, der Gesandtenstadt, wurde festgestellt: «Höhere Politik war ihnen fremd. Dafür sorgten die gnädigen Herren und Obern. Geld fiel wie Laub, und ohne grosse Arbeit und Mühe wanderte der Städter damals durchs Leben.»[8] «Das Bürgertum ist das faulste der Welt...» (La bourgeoisie est la plus fainéante du monde), lesen wir in zeitgenössischen Schilderungen.[9]

Es wird uns dies geradezu als ein bewusstes Zuchtergebnis der ausländischen Gesandten geschildert. Mit Hilfe der listig berechneten «Pensionen» wurden «Ehen» geschlossen, Leute willkürlich erhoben und erniedrigt, politische Gruppen gespalten und gegeneinander ausgespielt. Die französischen Gesandten waren sogar bedacht, dass ihre eigenen willenlosen Geschöpfe (leurs créatures) nicht zu mächtig wurden! Ihr Grundsatz war, «zu verhindern, dass irgendein Schweizer sich zu hoch erhebe, unabhängig von seinen Verdiensten».9 Völlig in den Händen der neuen ausländischen Vögte war zumindest in Solothurn die Jugend samt allen ihren Unterhaltungsmöglichkeiten; fast nie erhielt sie etwas wie echte Bildung: «Das Jesuiten-Kollegium ist schlecht, man holt sie von dort, um sie in (Kriegs-)Dienste zu schicken. Man hat mir versichert, dass ein Tanz- und ein Fechtlehrer in Solothurn ohne die französische Gesandtschaft keinen Lebensunterhalt hätten.»9

Feste, die die Beherrscher des schlafenden Volkes gaben, zeigten die ganze Erniedrigung der zum Parasitenstand niedergesunkenen Schichten. 1729 sprudelte in Solothurn bester Wein aus dem Brunnen, und der Gesandte warf Geld in die vor ihm kriechende Menge: «Es war ein komischer Anblick, wie oft Junge und Alte zur Erhaltung der Geldstücke übereinander purzelten, und wie dann die Sieger triumphierend solche der Menge zeigten... Und wenn auch kleine Missgeschicke mit unterliefen, wenn auch hie und da ein Wams- oder Rockflügel zerrissen, ein Mieder beschädigt wurde oder wenn gar ein mutiges Landmädchen mitten in das Gedränge geriet oder sonst in eine fatale Stellung kam, so war das immer ein besonderer Spass für die zuschauenden fein aufgeputzten Herrlein...»8 Es ist verständlich, dass, wie der Berner Samuel Engel mit entsprechender Empörung bezeugt, damals sogar französische Offiziere die Eidgenossenschaft für eine mit einigen Sonderrechten ausgestattete Provinz ihres Königreiches ansahen.9

Herrschaft des Geldes

Wie schon der Engländer Thomas Morus lehrte, verstanden es also die Vertreter ausländischer Staaten tatsächlich, die ausgeprägte Neigung der Eidgenossen «zum Müssiggange» auszunützen. Nur zu gern liess sich eine Oberschicht überreden, in Prunk und Glanz ihre Tage dahinzubringen – und erkaufte dies auf Kosten des übrigen Volkes, das es sich immer mehr angewöhnte, sich selber als eine rechtlose Masse von «Untertanen» anzusehen. Wer da nicht mitmachen wollte, dem blieb nun gar nichts anderes übrig, als einer solchen «Ordnung» in ein Dasein ausserhalb der von ihm als immer ungerechter empfundenen Gesellschaft auszuweichen. Schon Sir Richard Pace, der 1514 in der Eidgenossenschaft für England nach Söldnern suchte, staunte: «Die Bettler sind zahllos, und das Gold des Midas könnte sie nicht befriedigen.»1 Ein einheimischer Zeuge versichert im gleichen Jahrhundert: «...dass kaum ein Land ist, in welchem mehrere Bettler gefunden werden.»10

Immerhin finden wir zu Beginn des 19. Jahrhunderts Beobachter dieses wegen seines Umfangs so berüchtigten «schweizerischen Bettlerwesens», denen es wohl bewusst war, dass hier zwangsläufig entartete «Begriffe eines Hirtenvolkes» nachlebten: «Das ist eines solchen, welches erst aus dem Naturzustande in den einer bürgerlichen Verfassung übergeht; bei welchem der

Boden noch gemeinsames Gut ist und aller Reichtum nur in Viehherden besteht...

Aber lange noch erhält sich, wenigstens bei den trägen Armen (hier finden wir also schon die Vorstellung, dass der Reiche, der Mann, der den grössten Teil des einmal gemeinsamen Weide- und Waldbodens an sich bringen konnte, der tüchtigere, bessere Mann sein müsse, S.G.), der Begriff der Unrechtmässigkeit der ungleichen Verteilung der ursprünglich von allen gleichmässig besessenen Nahrungsquelle...»[11]

Unzufriedene, das Vergessen im Saufen suchende Volksschichten wurden nicht nur durch «schlaue Werber im Bunde mit schelmischen Wirten und Freudenmädchen» in Schulden gestürzt und damit in fremde Kriegsdienste gezwungen.[12] Unzufriedenheit über die eigene Lage und Ausweichen vor einer unverständlichen «Justiz», die eigentlich nur noch den Besitz der Oberschicht zu verteidigen und zu mehren hatte, bilden nach allen Überlieferungen den Hauptgrund, dass sich die Jugend anwerben liess.[13] Wie bündnerische und andere Urkunden zeigen, wurden auf die im Lande herumziehenden «heimatlosen» Bettler- und Vagabundenbanden richtige Jagden unternommen – und diese dann gegen entsprechende Entschädigung an ausländische Heere verkauft.[14] «Wenn Tell noch leben würde, dann hätte ihn Gessler in fremde Kriegsdienste verschoben», soll man noch 1830 gesagt haben.[15] «Luzern und St.Gallen bestätigten 1816 und 1817 die Zwangsverschickung in fremdländische Kriegsdienste als Strafe, und Schwyz verordnete sie noch 1821 als ein willkommenes Mittel, die ‹lästige Menschenklasse› der Heimatlosen und unverbesserlichen Tagediebe möglichst zu vermindern.»[16] Hier wurde also eine «lästige Menschenklasse» vor allem dafür «bestraft» und zu mörderischen Geschäften benützt, weil sie sich nicht ohne Widerstand in eine «Ordnung» einfügen wollte, die sie ablehnte: Weil sie, wie wir soeben sahen, an die «Unrechtmässigkeit der ungleichen Verteilung der ursprünglich von allen besessenen Nahrungsquelle», also des «gemeinsamen Bodens», glaubte!

Sinnvoll erscheint uns darum die Sage, dass es «vor allem aus fahrenden Sippen oder aus Hirtengegenden stammende Menschen und deren Nachkommen waren, die sich dann im 19.Jahrhundert gegen den Industrialismus auflehnten».[17] In ihrer Sehnsucht nach einer in ihren Märchen nachlebenden alten Freiheit wurden sie zu den Triebkräften neuer Entwicklungen.

Der Krieger als Philosoph

«Das Gemälde zeigt einen Burschen, der offenbar bereit ist, in die Ferne zu ziehen – dieser nimmt von einem Mädchen in Berner Tracht Abschied. Über den Häuptern von beiden schwebt eine Gestalt, die, so wie ich die Bauernmalerei verstehe, das Wunschbild des in fremde Dienste wandernden Jünglings ist. Sie zeigt uns einen Mann, der an einem Pfeifenrohr saugt, dessen Pfeifenkopf sich fast bei seinen Knien befindet, in phantastischem, sehr langem, wohl auf den Orient weisenden Mantel. Das Mädchen blickt zum Burschen, der Bursche aber zur bunten Gestalt über ihren Häupten – er ist offenbar schon berauscht vom fernen Ziel, dem er zustrebt; den Märchenländern, die er kennenlernen will.» So schilderte mir 1970 der junge Bauernmaler Alfred Bangerter (Oberburg) Darstellungen auf einem überladen reichgeschmückten Emmentaler Bauernschrank aus der Zeit der Französischen Revolution.[1]

Dafür, wie sehr solche Deutungen nicht selber Phantasien zu sein brauchen, wie sehr damals in den Träumen kiltender Liebespaare und zum Leid ihrer Mädchen wegziehender Jünglinge alle Wunder orientalischer Nächte auferstehen konnten, dafür haben wir sozusagen urkundliche Beweise: In der Mitte des 18. Jahrhunderts erschienen in der Republik Bern, dazu noch in französischer und deutscher Sprache, die angeblich echten Aufzeichnungen des schweizerischen Indien-Abenteurers Daniel Moginié. Der Held dieser Geschichte, der als Söldner im fernen Indien sein Glück gemacht haben soll, fand angeblich in den Mauern des väterlichen Bauernhauses in Chézales uralte orientalische Urkunden aus der Zeit seiner Ahnen. Nach diesen Papieren, die dem auf Abenteuer ausziehenden Krieger später von holländischen Gelehrten übersetzt wurden, seien seine Vorfahren einst aus Indien ausgewandert und im 11. Jahrhundert über Persien und den Kaukasus ins Waadtland gekommen. Aus der Tatsache einer solchen Abkunft erklärte dann Moginié seinen Sinn und seine Anlage für kriegerische Abenteuer.[2]

Indien in der Schweiz

Uns geht es hier nicht um die Bestimmung des wohl geringen Wahrheitsgehalts der Geschichte und der Söldner-Sagen, die zu solchen gedruckten Wunschträumen führten. Es geht uns auch nicht darum, die im Buch festgehaltenen Nachrichten über Indien, zum Beispiel die Gesetzgebung des Wischnu[3], auf Wert und Quelle zu überprüfen. Wichtig ist uns hier nur, dass diese Veröffentlichungen «den grössten Erfolg hatten», im Waadtland allgemein und wörtlich geglaubt wurden[4] und damit wahrscheinlich wiederum zahllose junge Menschen zu Abenteuern in fremden Ländern anregten.

Behauptungen, dass Schweizer Söldner aus ländlichen Verhältnissen mit den wenigen Sanskrit-Kennern über geheimnisvolle Schriften voll Neugier Gespräche führen und gar Indien als ihre wahre Heimat ansehen konnten – erschienen also damals für niemanden so ganz unwahrscheinlich. Es ist damit kaum abzustreiten, dass über den Kultur-Untergrund aller Länder und eben durch die Vermittlung der unruhigen Söldner sogar orientalische, indische Einflüsse in die für alle Ketzereien empfänglichen Alpenländer einzudringen vermochten...

Es waren ja tatsächlich wiederum diese allgegenwärtigen Schweizer Söldner, die bei Englands indischen Eroberungen eine entscheidende Rolle spielten und die, wie schon die Klagen über «Deserteure» beweisen, sehr häufig dem Zauber der indischen Kulturen verfielen. Ein Hauptmann de Ziegler jammerte zum Beispiel 1753, dass seine Soldaten im engen Umgang mit den Eingeborenen deren «Ausschweifungen» übernahmen.[5] Antoine-Louis Polier, ein weiterer unter diesen so unternehmungslustigen Waadtländern des 18. Jahrhunderts, brachte es sogar am Hof von Delhi beim Grossmogul zum hohen Würdenträger, widmete sich dort, und auch später nach Europa zurückgekehrt, nicht nur «asiatischem Luxus», sondern ebenfalls «Studien über Religion und Sprache der Inder» und – schenkte dem Britischen Museum «das erste komplette Exemplar der heiligen Lieder der Veda».[6] Zeitgenossen haben vermutet, dass es kein Geringerer als der aus dem Berner Patriziat stammende Gelehrte Samuel Engel war, der sich um 1750 mit den Nachrichten über jenen Moginié herumschlug und sie dann sozusagen als erfolgreichen «Tatsachen-Roman» herausgab:[7] Wenn dies zutreffen sollte, wäre dies der Beginn für die in seinen späteren wissenschaftlichen (anscheinend auch Rousseau begeisternden!)[8] Werken feststellbare Freude an der Beschäftigung mit kosmischen Mythen.[9]

Was einst im Jahrhundert des grossen Paracelsus die nach Europa einwandernden Zigeuner und auf ihrer Fährte all die Fahrenden Schüler, Alchimisten, Rosenkreuzer besorgt hatten, unternahmen nun die «käuflichen» Krieger der Eidgenossenschaft: Die Obrigkeiten mochten ihren Völkern noch so sehr alle Wege zu einer selbständigen Bildung vorenthalten und sie nur noch als gewinneinbringendes Schlachtvieh für alle Kampfplätze der Welt ansehen – die heimkehrenden Söldner vermittelten ihrer Umgebung die Möglichkeiten zur schöpferischen Auseinandersetzung mit der Zivilisation ihrer Zeit.

AUFKLÄRUNG AUS EIGENER KRAFT

Voller Überraschung bezeugen uns im 18. Jahrhundert zuverlässige Beobachter, die gute Gelegenheit hatten, mit der Bevölkerung einiger vom grossen Verkehr völlig abgeschiedener Täler zu reden: «Zu meiner grossen Verwunderung traf ich hin und wieder an den entferntesten Orten Hirten an, welche ziemlich gut Französisch verstanden, und mit uns von Holland, Frankreich etc., von grossen Städten, von der Pracht der grossen Welt, mit einer Gleichgültigkeit redeten, welche man sonst nur bei einem Weltweisen zu suchen gewöhnt ist.»[10] Ihr Dasein in der Einsamkeit der Alpennatur sei ihnen allen erstaunlich mehr wert als aller äusserlich so prunkvolle Betrieb um die Macht-Mittelpunkte des damaligen Abendlandes; die Zusammenkünfte mit den Bergbewohnern der Nachbargebiete seien für sie viel unterhaltender «als die prächtigen Freudenfeste, denen sie in auswärtigen Ländern beigewohnt.»[10]

Wenn uns also im gleichen Jahrhundert Rousseau seine «Hirten» ebenfalls fast als erhabene Weise darzustellen versucht und der grosse Wissenschaftler Haller in seinen «Alpen» über deren philosophische Grundhaltung ebenso staunt wie über ihre geschichtlichen und kräuterkundlichen Kenntnisse, so brauchen wir hier überhaupt keine «romantischen Übertreibungen» zu erblicken: Natürlich war nicht jeder Söldner ein Mystiker gleich dem Waadtländer Davel oder ein Indienschwärmer wie dessen Landsmann Moginié. Kein einziger war aber das, was man sich heute unter einem «Hinterwäldler» vorzustellen beliebt: Mochte ihm, als er aus seinem Heimattale fortzog, das «Leben in der grossen Welt» noch so begehrenswert erscheinen, seine Abenteuer in fremden Diensten entlarvten ihm restlos dessen Hintergründe; den ganzen nackten Kampf um Macht und Gewinn.

Wenn es solchen Alpenkriegern dann möglich wurde, wieder in ihre Heimat zurückzukehren, war ihnen aus diesem einfachen Grunde ihr Hirtenleben gar keine Gegebenheit, «von den Ahnen geerbte» Überlieferung, mehr, sondern eine bewusste Überzeugung, zu deren Begründung sie sich selber und ihren Nachbarn dutzendfach Gründe anzuführen vermochten. Was wir bereits als Nachklang der eidgenössischen Freiheitskämpfe und auch der faustischen Paracelsus-Zeit anführten, erhielt durch solche Männer eine Neubelebung: Um den eigenen Standpunkt und die blutig miterlebte Weltgeschichte völlig zu verstehen und damit das innere Gleichgewicht zu finden, las und redete der heimgekehrte Söldner mit seinem daheimgebliebenen Nachbar über alle grossen Fragen der Zeit. Vom Saanenland des 18. Jahrhunderts vernehmen wir etwa: «Die Hirten lesen in ihrer glücklichen Musse sehr gern angenehme Bücher, viele mit grössern Vergnügen Sebastian Münsters Cosmosgraphie, andere die Chroniken der Taten ihrer Väter...»[11]

Der Krieger, der aus der Fremde heimzukehren vermochte, erlebte
bewusst den Lebensstil des Hirten als Glück

Der «philosophierende Bauersmann», «der sich nach keinem besseren Zustande sehnte», war damit keine «reine Erfindung der phantasievollen Rousseau-Jünger» – an den Ufern der helvetischen Wildbäche gab es ihn damals offenbar als hundertfache Wirklichkeit.

Das ins Volk einströmende Gift brachte in erstaunlichen Ausmassen das Gegengift hervor: Nicht einmal das Söldnerwesen war fähig, ein unruhiges, in die Freiheit verliebtes Land niederzuhalten und die angemasste Macht von Oberschichten zu befestigen. Auf die Dauer erzeugte gerade diese Erscheinung jenen Geist, der in ganz Europa die Vormachtstellung aller «gnädigen Herren» erschüttern sollte.

Götter des Rokoko

Aus Jugendeindrücken, zum Teil sehr scharfsinnigen volkskundlichen Beobachtungen und seherischen Träumereien über die Herrlichkeit des «Naturzustandes» des Hirtentums schuf Rousseau 1752 sein musikalisches Singspiel «Le Devin du village»: «Rousseau, der schon in seinem Hirn eine ganze neue Welt trug, versuchte als Vorspiel der philosophischen, gesellschaftlichen, religiösen Revolution eine recht unschuldige Revolution, eine musikalische Revolution.» (Vapereau, 1865.)[1] Zum Abschluss der ganzen liebenswürdig-naiven Handlung, dank der ein sich verlassen glaubendes Hirtenmädchen mit den freundlichen Listen des «Devin», des ländlichen Zauberers, ihren Liebsten wiederfindet, versammelt sich das ganze Volk um den Magier – und besingt den wahren Sinn seines Daseins: «Die Liebe» herrsche über das ganze zum Märchen verklärte Hirtenleben. Phantasie und Laune, Beständigkeit und Treue, sie seien gleichermassen Bestandteile von diesem ewigen Spiel – die Liebe sei eben ihrem Wesen nach ein göttliches Kind. Wer sich aber ihr ganz hinzugeben vermöge, der wandere stets auf blumigen Wiesen, und seine Tage seien eine einzige Lust.

In Tanz und Lied wird nun ausdrücklich die Möglichkeit der Hingabe an eine als Weltenmacht aufgefasste «Liebe» und damit an alle Freuden zum Vorrecht der einfachen Hirten erklärt; zu einem Glück, dessen die Bewohner der fernen Stadt und der höfischen Oberschichten unmöglich teilhaftig zu werden vermöchten.[2] Wie jetzt auch die marxistische Kulturgeschichte feststellt, hatte damit Rousseau für seine wichtigsten Gedanken einen Ausdruck gefunden: «Sein Kampf für die Natürlichkeit, Ehrlichkeit und Volkstümlichkeit der Kunst»[3] fand seine Verkörperung in einem lebendigen, bunten Bild – vor einer durch einen «Dorf-Hexenmeister» bezauberten Gesellschaft.

Adel und Volk Frankreichs gerieten in einen wahren Taumel der Begeisterung. König, Dienstmädchen und Marktfrau sangen Melodien und Worte des Märchenspiels vor sich hin. Die «Rückkehr zur Hirten-Unschuld» bestimmte von nun an den Zeitgeschmack, die Kleidermode und nach und nach sogar alle politischen Utopien. Machtlos knirschten Rousseaus Feinde, die hier deutlich einen Beginn der Zerstörung des Lebensstils der Oberschicht und damit einen gefährlichen Angriff auf ihr Weltbild herausempfanden. Abbé von Caveirac wütete: «Der Text der Operette verrät den rohen Schweizerjargon.»[4] Doch dies war es ja gerade, was das französische Volk heraushören wollte!

Rousseau, der Zauberer aus dem Alpenland, ersetze für arm und reich ein Wunschbild durch das andere: Als Höhepunkt aller irdischen Herrlichkeiten, sozusagen als Paradies auf Erden, galten nun für niemand mehr die teuren Schlösser der Höflinge und das Spazieren in den wohlgeordneten Gärten von Versailles – sondern Liebe, Musik, Tanz, Gesang «im Kreis der einfachen Hirten». Der Jugend, die durch eine so gerichtete Kunst ihre ersten starken Eindrücke erhielt, blieb gar nichts anderes übrig, als 30 bis 40 Jahre später eine Revolution zu veranstalten: Also den verzweifelten Versuch, das Bühnenbild, ihre gesellschaftliche Wirklichkeit, im Sinn ihrer Träume neuzugestalten.

REVOLUTION AUS DEM HIRTENSPIEL

Rousseaus Hirtenmagie überschritt Frankreichs Grenzen und beschwor in ganz Europa alle schöpferischen Kräfte: In getreuer Anlehnung an den «Devin du village» schuf 1768 in Wien der nur 12jährige Wolfgang Amadeus Mozart «Bastien und Bastienne», die erste deutsche Oper. Die Geschichte von deren Entstehung ist von ausserordentlicher Wichtigkeit. Kaiser Joseph II. hatte dem jungen Musiker den Auftrag zu «La Finta semplice» gegeben, doch mitten in der Arbeit hintertrieb die Missgunst des neidischen Hofklüngels und der entsprechenden «Künstler» die Aufführung.

Der Mann, der Mozart mit einer Bitte um ein Singspiel für sein Gartentheater aufrichtete, war Franz Anton Mesmer, selber etwas wie die Verkörperung eines ländlichen Magiers: In den Wäldern des Bodensees war er aufgewachsen, «am Horizont überm See die schneebedeckten Schweizer Berge, alle überragend die Majestät des Messmer (heute Säntis genannt)...»[5] Das kindliche Erlebnis der Natur und Ideen des Magiers Paracelsus wurden in ihm zur wissenschaftlichen Überzeugung, dass alle Dinge der Welt durch für unsere Sinne unsichtbare «magnetische» Kräfte zueinander in Beziehung stehen müssten: Von hier aus suchte er sogar eine naturkundliche Begründung für seine feste Überzeugung, die seinen gewaltigen Einfluss auf die Gebildeten der Zeit zu einer Mitursache der Revolution machen sollte – dass eine «Oberherrschaft (Souveränität) des Volkes» Bestandteil der Weltordnung sei![6]

Die Uraufführung von «Bastien und Bastienne» in Mesmers Gartentheater wurde auf alle Fälle «eine bürgerliche Demonstration gegen höfische Intrigenwirtschaft».[7] Was uns heute am Singspiel geziert, rokokohaft-höfisch anmutet, war für jene Zeit der geschmacklosen Nachahmereien des Geschmacks der italienischen Oberschicht wiederum ein revolutionäres Bekenntnis zum Volkstümlichen. Schon die Namenwahl der Helden war eine möglicherweise bewusste Anspielung auf die Bräuche der Alpengebiete, zu deren Kulturkreis schliesslich Mozart genau wie Rousseau gehörten: Das Martyrium des heiligen Sebastian, Bastian war den Renaissance-Künstlern zur Ausrede geworden, sich heidnischen Stimmungen hingeben zu können; «einen nackten Menschenleib in vollendeter Schönheit darzustellen»[8].

Die sinnliche Sagenwelt uralter Hirtengötter strömte fast zwangsweise aus dem Volke in den Vorstellungskreis ein, und man verehrte Bastian als Beschützer des Viehs, aber auch der Armbrustschützen, Pfeilschnitzer, Soldaten. «Unter den zahlreichen Schweizer Schützengesellschaften tragen... viele seinen Namen»[9]; er wurde also etwas wie ein kirchlicher Tell! Basch, Sankt Baschi, Bäschi, Paschi, alles Ableitungen von Bastian, wurden gerade auch in den Mundarten der Eidgenossenschaft zur Bezeichnung für jeden etwas naiven, aber immer gutmütigen, herzensguten Menschen; auch für einen, der zu allen dummen Streichen aufgelegt ist, einen Spassvogel: Damit der Name für jene Vermummten an der Fasnacht, die aus blosser Lust am Fest mittaten und sich maskierten (also nicht etwa solche, die «um Gaben zu erbetteln» mitzogen!).[10]

«Kinder, Kinder! Seht, / nach Sturm und Regen / wird ein schöner Tag gebracht. / Euer Glück soll nichts bewegen, / dankt dies meiner Zauber-

Das Alpenland schauten Jünger von Haller und Rousseau als
«Spiegelung von Gottes Himmel-Reich auf Erden»

macht», singt der Hirten-Magier am Schlusse des Stücks zu den sich wieder liebenden Hirten Bastien und Bastienne. Wie zu Beginn jedes neuen Zeitalters war damals die Hoffnung aller schöpferischen Geister, aus der Kraft zeitloser Urbilder eine Kultur der ewigen Liebe und Freude zu erschaffen.

Das Zeitalter Rousseaus

Die Hirtenträume der Rousseau, Mozart, Mesmer überlebten das Rokoko, dessen Geist sie zu seinen künstlerischen und philosophischen Höhen führten, um ihn dann im Sturme der Revolution zu zerstören. Aus dem Lied und Tanz von Singspielen erstand vor den heranwachsenden jungen Europäern des 19. Jahrhunderts jenes lockende Bild, für das sie als heranwachsende Studenten in endlosen volkskundlichen und gesellschaftskritischen Forschungen tausendfache Bestätigungen zu erbringen suchten: Das Ziel eines «klassenlosen» Lebens, ganz ohne Ausbeutung des Menschen durch den Menschen.

Als der junge Karl Marx, auf dem Höhepunkt der Liebe zu seiner Braut, dieser 164 handgeschriebene Seiten seiner «Volksliedersammlung» schenkte, entnahm er von 46 deutschsprachigen Liedern nicht weniger als deren 42 dem Werk eines Romantikers schweizerischer Herkunft.[11] Die Zusammenstellung von Marx beginnt auch ausgerechnet mit «alemannischen» Volksdichtungen wie «Uffem Berg möcht i ruhe», «Ich hab schon tusigmol an Di gedacht», «Roti Rösli wott i suche», «Dort oben uffem Berge», «Du bisch so frumm, so lieb, so gut».[12] Auch ihm, damals in seinem Fühlen noch völlig bestimmt von der auf Rousseau und Haller zurückgehenden Romantik, war es offenbar unmöglich, sich für Liebesseligkeit bessere Bilder vorzustellen als diejenigen, die seiner Zeit die Volksdichtung des sagenhaften «Hirtenlandes» zur Verfügung stellte.

Schon das Aussehen dieses Liebesgeschenks, dieses Volkslieder-Bandes offenbart uns mehr über die kulturgeschichtlichen Hintergründe seiner inneren Welt als alle spitzfindigen Untersuchungen: «Die im Rokokostil gehaltene Einbanddecke ist gelblich weiss, das Muster goldfarben, mit grünen Girlanden und roten Rosen; in der Mitte eine Vase mit Trauben und Blüten.»[12] Es ist hier eigentlich immer noch der Geschmack der Zivilisation des 18. Jahrhunderts und gleichzeitig die Sehnsucht nach deren Überwindung! Wenn sich Marx später die klassenlose Urgesellschaft, also den Zustand der menschlichen Kultur vor jeder gegenseitigen Ausbeutung, vorzustellen suchte – kam ihm zwangsweise wieder, ganz im Sinne des ländlichen Hexenmeisters von Rousseau, das gleiche Hirtentum in den Sinn.[13] Ausgerechnet in der Zeit des Kommunistischen Manifests und der durch Europa gehenden Revolutionsstürme des 19. Jahrhunderts erwachte die Sage vom Hirtenland zu neuer Kraft: «Kaum ein Land der Welt mag es geben, das von jeher und in jeglicher Hinsicht so das Interesse der Politiker, der Ethnographen und Touristen auf sich gezogen hat wie die Schweiz.»[14]

Rousseau hatte auf der Grundlage von teilweise sehr scharfsinnigen Beobachtungen behauptet, dass auf allen Gebieten des Menschlichen die herrschende Zivilisation seiner Zeit gegenüber dem von ihm besungenen Hirtentum keinen echten Fortschritt aufweise. Die eigentliche Sklaverei sei das entfremdete Dasein «ausser sich», «nur in der Meinung der andern»;[15] nicht aus den echten inneren Bedürfnissen heraus, sondern unter dem Zwang der sinnentleerten Formen und Moden. Ein solches Weltbild, Europa vorgespielt im «Devin du village», wurde zum eigentlichen Ausgangspunkt aller politischen Philosophien, die von da an auf eine Wiederherstellung einer glücklichen Gesellschaft abzielten: «Die Kritik hat die imaginären Blumen an der Kette zerpflückt, nicht damit der Mensch die phantasielose, trostlose Kette trage, sondern damit er die Kette abwerfe und die lebendige Blume breche.» (K. Marx.)

Ketzer des Industrialismus

1742 verfasste der «Kommerzien-Rat» der mächtigen Republik Bern ein heute ausserordentlich peinliches Gutachten, in dem er die nur zu Jagd und Hirtentum und damit zu Unruhe jeder Art neigenden Bergler des Oberlandes durch Änderung ihres Lebensstils zu zähmen vorschlug. Zum Umerziehen sei die Einführung von Industrien am wichtigsten: Die «Unternehmer» (Entrepreneurs) sollten gleichzeitig das Vorrecht erhalten, Widerspenstige, also Alpenvolk, das sich nicht in irgendwelche Fabrikbetriebe zwängen lasse, «wegen Müssiggangs einsperren lassen zu dürfen».[1]

Die noch halbfeudalen Oberschichten des Landes jauchzten also im 18. Jahrhundert der langsam eindringenden Industrialisierung entgegen, weil sie nun endlich ein Mittel in die Hände zu bekommen hofften, die noch immer mächtige Lebenskraft unruhiger Volksgruppen zu zerstören und damit diese selber in Massen gefügiger Arbeitsroboter zu verwandeln. Auch Pestalozzi erkannte für die Schweiz das Zeitalter des einfachen Hirtentums für vollkommen abgeschlossen; seit langem schon seien in der Eidgenossenschaft die Kaufleute und Industriellen an der Macht. Es «bleibe dem Bauern... nichts übrig, als sich ins Joch der veränderten Umstände zu schmiegen; oder arm zu werden und sein Haus zu verlässigen und zu Grunde zu gehen».[2] «Ende des 18. Jahrhunderts war nach Meinung der Zeitgenossen die Schweiz das am meisten industrialisierte Land des europäischen Kontinents, was heisst, dass sie weltweit nach England den zweiten Rang belegte.»[3] Pestalozzi gehörte zu denen, die sich schon 1807 der Folgen dieses «Fortschritts» bewusst waren: «Das Elend des Landes ist dahin gediehen, dass unser Volk und sein physischer Zustand wahrlich an vielen Orten mehr als irgendwo in Europa gegen die Folgen der kleinen und grösseren Fabrikselbstsucht ... ein Gegengewicht bedarf.»[3]

Wie es überhaupt zu einem solchen Zeitalter des von Pestalozzi und andern geschilderten «physischen Verderbens» kommen konnte und wie das Volk aus eigener Kraft zu seiner Rettung ein «Gegengewicht» suchte, darüber vernehmen die meisten Kinder in ihrem Schulunterricht kein Wort, es ist dies aber vielleicht echtere «Heldengeschichte» als die vielbehandelte Epoche der burgundischen und italienischen Feldzüge.

Maschinen und Sklaven

Für die Völker im benachbarten Europa teilweise unerhört demokratische Spielregeln wirkten sich im 19. Jahrhundert oft gegen die schweizerische Arbeiterschaft aus: Es waren gerade die unterdrückten, ausgebeuteten Unterschichten, die es meistens fertigbrachten, die Gesetze zu ihrer geistigen und körperlichen Rettung zu hintertreiben oder ganz «bachab» zu schicken. «1870 noch verwarf das Zürchervolk mit Hilfe der Oberländer Textilarbeiter ein kantonales Fabrikgesetz, das den Zwölfstundentag hätte bringen sollen, mit 26981 zum Teil leidenschaftlichen Nein gegen 18289 Ja... Frauen und Kinder standen in ihrer Arbeitsnot schutzlos dem Egoismus und dem Unverstand der Männer gegenüber.» Gerade diese Allerärmsten waren auch 1877 die wildesten Kämpfer gegen das «Eidgenössische Fabrikgesetz», das die Arbeitszeit auf «nur» 11 Stunden täglich heruntersetzte.[4] Die Arbeiter, die noch zum guten Teil halbe Kleinbauern waren, tobten: «In dreizehn Stunden verdiene man mehr als in elf; was sollen wir mit den Kindern anfangen, wenn wir sie bis zum vollendeten vierzehnten Altersjahr nicht in die Spinnereien als Aufstecker schicken können... Ihr werdet sehen, die Herren ziehen mit den Fabriken aus in Länder mit billigeren Arbeiterinnen!»[4]

Schwach wurde dieses Gesetz (181000 gegen 171000) angenommen – gegen die Stimmen der industriellen Kantone. Erstaunlicherweise hatten die wegen ihres geschwundenen Einflusses verbitterten Kantone der Innerschweiz dem gesamten Volke einen Dienst erwiesen, dessen Wert wohl dem ihrer mittelalterlichen Freiheitsschlachten gleichkommt: «Wenn nicht unter der Führung sozial einsichtiger, einflussreicher Männer die Katholisch-Konservativen der Zentralschweiz für das Gesetz gestimmt hätten, so hätte die Unvernunft Zehntausender von Spinnerei- und Webereiarbeitern über sich selbst und ihre Kinder einen traurigen Sieg gefeiert.»[4]

Ohne jede Möglichkeit der zeitgemässen Ausbildung seines Bewusstseins wirkten sich hier für den «industrialisierten» Teil des Volkes seine politischen Rechte und sein Freiheitsstolz gegen sich selber aus: Der aus dem rasch zerfallenden Hirten- und Bauerntum stammende Arbeiter glaubte sich im alten Sinn und Geist «unabhängig», wenn er niemandem «dreinzureden» erlaubte, wenn er seine Lebenskräfte und vor allem die seiner unmündigen Kinder restlos zerstörte. Aus dem berühmten und allgemeinen «Müssiggang» der Schweizer wurde der kindisch-eigennützige Versuch, auf Kosten der Mitmenschen «hie und da schöne Tage zu haben». Verrückterweise genug sah sich um die Mitte des 19. Jahrhunderts eine Mehrzahl der Arbeiter als kleine «Unternehmer», damit «im gleichen Boot» mit den schwerreichen Fabrikherren: Die Zeiten, da in Fest und sinnvoller Arbeit sich Männer, Frauen und Kinder als Teile einer grossen Gesamtheit erlebten, waren längst zu einer Sage von Aussenseitern verblasst. Der meistens dem Schnaps verfallene Mann betrachtete sein Weib, die Eltern ihre aus diesem Grunde oft bewusst zahlreich gehaltene Kinderschar als nichts anderes denn einträgliche «Arbeitskräfte».

GRÜBLER AN DER WERKBANK

Schon früh ist es den Beobachtern des Volkslebens bewusst geworden: «Eine ganz auffallende Erscheinung ist die Tatsache, dass besonders in jenen Gegenden, wo die ‹Weberei› heimisch ist, auch das Sektenwesen blüht.»[5] Ganz unbestreitbar ist für das Gebiet der ganzen Schweiz das «Zusammenfallen von Textilindustrie und Sektiererei»: «Fast alle Sektiererbevölkerungen sind Weberbevölkerungen.»[6] Man hat dafür sehr äusserliche Ursachen gesucht, zum Beispiel den Umstand, dass die sitzende Lebensweise die Voraussetzung zum

Für die sozialistische Propaganda des 19. Jahrhunderts wurde Tell zum Vorkämpfer gegen jede Art der Geldherrschaft

«Grübeln» gebe. Oder gar, dass vor allem körperlich etwas geschädigte, schwächliche Menschen zu Webern wurden und ihre leiblichen Mängel durch himmlische «Erleuchtungen» wettzumachen versuchten.

Man macht für die Schweiz die gar nicht abstreitbare Feststellung, dass die eigentümlichen «Sektenbildungen» des beginnenden Industrie-Zeitalters gleichzeitig vor allem von Gebieten ausgingen, «deren Bevölkerung schon seit Jahrhunderten eine ganz besondere Neigung zum religiösen Separatismus zeigt und eigene Sektengebilde im wesentlichen aus sich heraus schafft».[7] Von der Familie Binggeli zum Beispiel, von der ein Vertreter im 19. Jahrhundert sich ganz «im lokalen Aberglauben, in der Magie und niederen Mythologie des Schwarzenburgerlandes verlor» und eine entsprechende Religion zu gründen versuchte, vernehmen wir etwa: Es «finden sich, über 400 Jahre verstreut, an die 10 Mitglieder, die im Sektenleben des Ländchens (Schwarzenburg) eine Rolle spielten». Man sei bei solchen Sippen gezwungen, von «förmlichen Schamanen – oder Druidendynastien» zu reden...[8]

Schon im Mittelalter suchte jene Gegend eigene Wege zu gehen: «Es lässt sich also sagen, dass die sonst so allmächtige römische Kirche hier nie ihre volle Macht hatte entfalten können. Darauf ist wohl die auffallende Tatsache zurückzuführen, dass in diesen Gegenden staatskirchenfeindliche separatistische Strömungen so leicht Boden finden.»[9] Das gleiche vernehmen wir über den religionsgeschichtlichen Untergrund des im 19. Jahrhundert sich ausbreitenden Sektierertums im Zürcher Oberland: «Interessant ist dabei die Beobachtung, dass manche der besonders kompromittierten Geschlechtsnamen...

fast vier Jahrhunderte früher sich schon an leitender Stelle bei den Wiedertäufern finden.»[10]

Der an seine Werkbank gefesselte, zum rechtlosen Industrie-Arbeiter gewordene Bergbauer griff im 18. und 19. Jahrhundert kühn zu den Resten seiner volkstümlichen Überlieferungen: Als Gegengewicht gegen seine seelische Verstumpfung suchte er nach einer Neubelebung jenes Gemeinschaftsgeistes, der es seinen Vorfahren ermöglicht hatte, gegen alle Mächte der Welt ihre freie Eigenart zu bewahren. Aus den gleichen Quellen, die einst die unbesiegbare Selbstbehauptung gegen die «Ordnung» von Kaiser und Papst, später gegen die «gnädigen» Obrigkeiten der Nach-Reformation ermöglicht hatten, erwuchsen nun auch die ersten Widerstandskräfte gegen die Anbetung des Industrialismus.

Der Kräuterarzt als Revolutionär

Anton Unternährer, der einer der sonderbarsten «Sonderlinge» des Alpenlandes werden sollte, wurde am 5. September 1759 zu Schüpfheim im katholischen Kanton Luzern geboren. Der Name scheint dort, im Entlebuch, von jeher mit volkstümlichen Unruhen verknüpft gewesen zu sein – zwei der Aufrührer, die im Bauernkrieg von 1653 im Tellenkleid ihren Scharen voranschritten, hiessen Unternährer. Anton arbeitete in seiner Heimat «längere Zeit als Küherknecht und beschäftigte sich nebenbei mit Lesen und Sammeln von Alpenkräutern».[1] Wieder einmal haben wir hier einen dieser aus eigener Kraft zur Selbstbildung vorstossenden Hirten, ohne die die Kulturgeschichte der Schweiz völlig undenkbar wäre! Zeugenaussagen berichten uns von geheimnisvollen Gästen seiner Hütte, dank denen er in die Geheimnisse der volkstümlichen Heilkunde und Natur-Philosophie eindrang: Von einem rätselhaften «Johannes», durch den er Einblick in magische Künste (Sympathie, Thaumaturgie) erhielt.[2] Doch plötzlich treffen wir ihn, schon 29jährig, in der Fremde: «In Paris sieht Unternährer den Beginn der Revolution. Er führt dort ein bewegtes und unsicheres Leben.»[3]

Wieder in der Schweiz, wurde er im Bernbiet wandernder Wunderarzt, der vor allem in den Ämtern Konolfingen, Bern, Schwarzenburg, Thun wirkte – und erhielt schon bald bei der Obrigkeit seinen festen Ruf als Religionsstifter und Verbreiter gesellschaftlicher Unruhen. 1799 steckte man ihn 10 Wochen ins Gefängnis, weil er anscheinend «bei den damaligen sogenannten Oberländer Unruhen nicht teilnahmslos war».[4]

Doch durch seine Tätigkeit als magischer Kräuterarzt sahen ihn die Berner Bauern «als einen Halbgott»,[5] und Reste älterer Sekten, wie die durch die Brüder Christian und Hieronymus Kohler in Seftigen und Schwarzenburg gegründeten «Brüggler», scheinen zu ihm übergegangen zu sein.

1802 verkündete er das Gericht über jene, «welche den Menschen ferner ein Tyrannenjoch auflegen wollen; alle Richter im Lande sollen abgeschafft, alle Schuldbetreibungen aufgehoben werden und keiner dem andern etwas schuldig sein als die Liebe».[1] Es gab bald «tumultarische Auftritte» vor dem Berner Münster, der Unruhestifter erhielt zwei Jahre Zuchthaus und wurde in seine Heimatgemeinde abgeschoben. Da er es aber meisterhaft verstand, mit seinen Gläubigen in Verbindung zu bleiben und sogar seine verbotenen Schriften abzusetzen, nahmen ihn nun auch die Luzerner, vor allem freilich auf Druck der bernischen Regierung «in abgesonderte Haft», in der er bis zu seinem Tode am 29. Juni 1824 verblieb.

Diese Gefängniszeit ist es, die, wie mir ein älterer Kenner oberländischer Sekten versicherte, «seine Anhänger von seiner Göttlichkeit überzeugte und die noch heute wie eine heilige Legende weitererzählt wird». Mit dem ihm eigentümlichen Humor berichtete er selber in seiner Schrift «Erfüllung» (Kapitel 42), wie er im Kerker zum «Aus- und Eingehen» jede Möglichkeit besass und auch gute «Weide», also Mittel zum Wirken in seinem Sinne, fand. Nur während der Luzerner Tagsatzung sei er «einige Tage in dem Zuchthaus verblieben» – aus Freundlichkeit gegenüber seinem Aufseher, «dass er nicht von seinem Dienst komme».[6]

Nach zäher Auseinandersetzung mit diesen unfassbaren «Antonianern», die 80 Jahre nach ihrem ersten Auftauchen unter anderem in Lützelflüh, Walkringen, Obersimmental, Saanen weiter bestanden, schrieb darum ein bekümmerter Geistlicher: «Hätte man ihn rechtzeitig in einem Irrenhause versorgt, statt ihn in den Gefängnissen herumzuschleppen und dort seine verrückten Bücher schreiben zu lassen, so wäre das Übel vielleicht im Keime erstickt worden.»[7]

LIEBE OHNE SÜNDE

Anton Unternährer erlebte das Göttliche auf seinen Wanderungen «über Berg und Tal». Im Bett einer Gaststätte geschah es nach seiner Schilderung: «Da umleuchtete mich das Licht plötzlich in der Klarheit wie zuvor, und stund vor mir eine unaussprechlich schöne Weibsperson, die sprach zu mir: ‹... Siehe, ich habe dich gesehen, ehe die Welt gegründet war...»[8] Das Göttliche, das er als sein eigenes ewiges Wesen ansieht, verkündet ihm etwa: «Siehe, du bist ein Hirtenknabe gewesen lange Jahre; jetzt will ich verschaffen, dass du ein Arzt wirst und musst in Berg und Tal reisen und bei den Armen und Gläubigen Wunderkuren tun.»[9]

Nicht nur die ganze Bibel, angeblich auch die Bücher des Paracelsus[10], sogar die Heldendarstellungen in den Strassen von Bern erschienen ihm als ein göttliches Bilderbuch; eine Anleitung für seine und damit jedes einzelnen Menschen Erleuchtung: «Siehe, auf allen Brunnenstöcken steht ein Bild, teils auf Pferden und teils sonst in Gestalten, davon in der Offenbarung von allem geredet ist und sonst in der Schrift an vielen Orten.»[11]

Die Gestalten der Dreieinigkeit verschwimmen für Unternährer ineinander; was das Göttliche erschuf, ist «gut», damit der ganze Mensch mit allen seinen natürlichen Trieben – er ist und bleibt «Gottes Ehre und Bild». Sünde ist nur die «Unterscheidung des Guten und Bösen in der Welt», daraus werde ja erst alles Sündige, Böse erzeugt! Von hier stammt das Verbrechen, dass man «den freien Gebrauch seiner Gaben, besonders die ungeschränkte Befriedigung des Geschlechtstriebes, durchs Gesetz, dessen Folge und Strafe das böse Gewissen ist, untersagte und aufhob».[1] Dies ist eine etwas peinliche Zusammenfassung aus der Hand feindlicher Theologen; die Anhänger Unternährers versuchten ihre «Wahrheit» durch Schwelgen in den von ihnen mit ihren Gehalten erfüllten biblischen Gleichnissen einzukreisen. «Sie denken nur konkret und sprechen in Bildern; ihre Sprache ist hyperbolisch, rätselhaft, mystisch»,[12] staunte ein Geistlicher über solche das Landvolk mitreissende Dichtung. Endlos strömen diese Wortfluten, «bis zur bacchantischen Trunkenheit».[7]

«Denn Gott ist die Liebe; das ist die schöne und liebliche Liebe in Wollüsten. Wer sie hat, der ist eines heiligen Lebens gewiss und Gott ist in ihm mit seiner Wollust»[13], heisst es etwa in des mystischen Hirten «Lustgarten».[14] «Da sind die Töchter des lebendigen Gottes, auch die wahre Stiftshütte und der

Tempel des lebendigen Gottes und auch das Haus Gottes genannt. Da haben sie in Lust und Freude ihre lebendige, heilige und Gott angenehme und wohlgefällige Opfer und der wahre vernünftige Gottesdienst. Und die Herrlichkeit des Herrn kam hinein in das Haus...»[13] Das Tor des Herrn, die Türe des Tempels wird dem weiblichen Schoss gleichgesetzt: «Drum ärgre euch nicht die Gestalt, / Die Gott, ihm gleich erschaffen; / Er gibt aus Lieb' euch selbst Gewalt, / In der Freiheit zu schlafen.»[15] Gott und der neue Mensch bilden eine Einheit, ebenso Mann und Weib, die sich in diesem Sinne lieben – und damit auch die ganze Gemeinschaft der Menschen, die dies erkannt haben. Doch die «Antonianer» mochten dauernd behaupten, dass ein Mensch, für den es keine Sünde gebe, gar nicht mehr das Bedürfnis habe, all das zu vollführen, was er sich im Zustande der Sünde im geheimen wünsche. Man versuchte ihnen trotzdem, «unzüchtige Versammlungen» in «schamlosester Nacktheit»[16] und auch Drogengebrauch zum Erreichen ihrer ekstatischen Zustände nachzuweisen – «Vermischung des (bei gewissen Bräuchen verwendeten) Weines mit gewissen betäubenden Substanzen, um dadurch eine schnelle Exaltation und Verrücktheit hervorzubringen».[17] Schmutzige Gerüchte und eigene, aus Verdrängungen geborene Alpdrücke wurden von den Richtern für «Beweise» genommen und damit das Lebensglück von ländlichen Gottsuchern zerstört...

Wie es in einer Erklärung von «Schultheiss und geheime Rät» der bernischen Republik von 1821 heisst, sah man einfach in der «Gemeinschaft der Güter und der Weiber», die man aus den mystischen Schriften der Antonianer herauslas, die Gefahr der «grössten Verwirrung der bürgerlichen Gesellschaft».[18] Noch viel später, nachdem der Glaube in Amsoldingen, Gsteig und Wohlen niedergekämpft worden war, kreidete man Unternährer an, dass in seinem Ausstrahlungsgebiet «der Geist lästerlicher Frechheit hin und wieder in den Verhören schwangerer Dirnen zum Vorschein kam»:[19] Aus einer neuerwachten Selbstsicherheit heraus übten gegenüber herrschenden Sittengesetzen «schuldig-gewordene» Frauen sich nicht mehr in einer vorgeschriebenen heuchlerischen «demütigen Reue».

Die Frömmigkeit der Kilter

Die von uns durchgesehenen Schriften der Gegner dieses «Sektenwesens» sind voll Verzweiflung über dessen «Unausrottbarkeit»: Eine Einstellung, die auf der Erkenntnis beruht, wie sehr diese seltsam-ekstatische Volksdichtung erzeugenden Religionsbildungen mit den eigentlichen Grundlagen der ganzen Hirtenkultur verknüpft waren und darum – hundertfach grausam unterdrückt – schon bald zum hundertunderstenmal neue Geheimgemeinden gründeten. Voll Angst redeten die Theologen noch um 1900 bei diesen ländlichen Untergrund-Weltanschauungen von «vulkanischen Eruptionen eines unheimlichen unterirdisch glühenden unterchristlichen Enthusiasmus».[20]

Bezeichnend genug schildert man 1750 als Bühne der ebenfalls in diese Richtung gehenden, für Unternährers Erfolge den Weg bereitenden Sekte der Brüder Kohler «eine abgelegene, rauhe und gebirgige Gegend» bei Rüeggisberg. Die Menschen noch ganz in den Händen des «schwer ausrottbaren Erbes des alten, halb heidnischen katholischen Aberglaubens», der «namentlich im Bergland» weitergelehrt wurde und zu dessen Eingeweihten auch die erwähnten Brüder Kohler gehörten – schon als Kinder «Glasgucker», Wahrsager aus «Zauberspiegeln» unter der Anleitung ihres Vaters! Dazu sei bei diesem Volke «ein gewisser sinnlicher Zug im Charakter» gekommen, «verbunden mit Schlauheit, Genusssucht und dem Hang zum Müssiggang. So war die Prädisposition zur Rottenbildung gegeben»[20]. Oder wie ein Zeitgenosse von diesen Berglern erklärte: «Die Einwohner sind fast durchgehends grob, roh, wild, ausgelassen.»[21]

Auf seine Art zweifellos folgerichtig forderte Professor Dr. F. Zyro die «Staatsbehörden» zum Kampf gegen diese nach seiner Ansicht schamlose «Weibergemeinschaft» predigenden Untergrund-Religionen auf. Zuerst sei «gegen den schändlichsten Schandfleck unseres Landes, den Kiltgang, welcher die Quelle namenloser Übel und Leiden ist», vorzugehen: «Dann stünden Staat und Volk den Sektierern gegenüber in grösserer Berechtigung da.»[22] Tatsächlich ist wohlbezeugt, dass Unternährer seine Anhänger «vor allem unter dem jungen Weibervolk» fand.[23]

Auch von Dorothea Boller (1811–1895), einer Sektengründerin im Zürcher Oberland, vernehmen wir, dass zu ihrer Entwicklung vor allem jene «Spinn- oder Lichtstubeten», dieses abendliche Zusammensein junger Mädchen und Burschen «in ausgelassener Fröhlichkeit», beitrug:[24] Wobei dort die Stimmung anscheinend sehr leicht aus einer allgemeinen Sinnlichkeit in religiöse Ergriffenheit umschlug. Wenn diese Hohepriesterin Dorothea später in ihrer «Krone mit funkelnden Edelsteinen auf dem Haupte», in glänzendem Schmuck und in kostbaren Seidengewändern auf die obere Terrasse ihres Hauses stieg, um so «unter freiem Himmel» mit ihrem Gott zu reden, muss dies auf ihre Anhänger eine unglaubliche Wirkung ausgeübt haben: Das Volksmärchen, Sagen von Feen und Hexen-Königinnen, weitergegeben gerade durch die sinnlich-übersinnliche Stimmung jener Lichtstubeten, Dorfeten, Kilterabende, schien in den Bräuchen dieser Sekten zur lebendigen Wirklichkeit zu werden.

Unternährer, dies wurde ihm von seinen Gegnern besonders verübelt, hat bei seinen Versammlungen «die Weiber nicht ausgeschlossen, gegen die Regel Pauli und der meisten Kirchgemeinschaften»[25]: Ob im Bernbiet oder im Zürcher Oberland, eine uralte, grundverschiedene Auffassung des Göttlichen stieg hier überall an die Oberfläche und schien durch ihr blosses Wiedererstehen «alle Einrichtungen der Gesellschaft zu gefährden».

Himmel auf Erden

«Das Land war voll Sonderlinge» schrieb Füssli über die Zeit, die unmittelbar der Gründung der Eidgenossenschaft voranging, und er verweist auf die Jahrzeitbücher des Klosters Einsiedeln, die als Hauptirrtum einer damals sehr einflussreichen Sekte anführen: «Sie hätten behauptet, die Venuswerke wären erlaubt und der Natur gemäss.»[26] Wie wir schon mehrfach sahen, durchdrangen

Das Volk eilte in seine zahllosen Sekten, weil es hier in seiner Sehnsucht nach einem freien Lebensstil Bejahung fand

solche Auffassungen die ganze volkstümliche Kultur und erschufen die von zahllosen Reisenden bestaunten «Seltsamkeiten» im gesellschaftlichen Umgang. Fremde Beobachter liessen sich etwa von Mädchen «Fensterpredigten» vorsprechen, also die lustigen Sprüche, die die «Kilter» aufsagten, um nach dem gemeinsamen Zusammensein der Jugend «eingelassen» zu werden: Man staunte, dass die darin enthaltenen «Zoten» «mit wunderbarer Naivität und Unschuld über ihre Zunge» kamen[27] – man vergass, dass Anspielungen auf das Geschlechtliche nur dann als Schweinereien aufgefasst werden können, wenn man durch die Mühlen einer entsprechenden Verbildung ging.

Es war ein Staunen: «Eine solche Mischung von Unschuld und Erfahrung sieht man nur in diesem Lande.»[28] Man stellte zwar fest, dass «die wechselseitige Vertraulichkeit zwischen den Burschen und Mädchen die Schranken der Sittsamkeit»[29] überschreite – gab aber meistens gleichzeitig zu, dass hier, wo die Verteufelung der Erotik unmöglich volkstümlich zu werden vermochte, Zustände herrschten, die man anderswo als Ziel von Wunschträumen ansah: «Man bemerkt, besonders unter den niederen Ständen, eine gegenseitige Herzlichkeit... Der Umgang mit dem andern Geschlecht ist frei und offen, ohne Ziererei und Zwang.»[29]

Was man gelegentlich all den angeführten Sekten vorzuwerfen versuchte, wurde bis in die Gegenwart, in der «das Kilten» nur noch «in abseits gelegenen Berggegenden» überlebte, als Verleumdung gegenüber dem volkstümlichen Brauch verwendet: Noch Simon Gfeller erwähnt die Sage von den «Blutt-Kilteten», «wobei die Teilnehmer sich aller Kleider entledigt und wilde, wüste Orgien ausgeführt haben sollen».[30] Das eigentliche «Verbrechen» dieser vielgeschmähten Sektierer scheint also darin bestanden zu haben, dass sie das Volk in seinem überlieferten, ihm durch seine Obrigkeit als «schwere Sünde» dargestellten Treiben sozusagen zu bestätigen wagten! Dass sie ihm dadurch Teile seines Selbstbewusstseins wiedergaben und es tatsächlich mit einem neuen «wilden Trotz» erfüllten.

Vom erwähnten Sekten-Gründer Kohler wird uns bezeugt, dass er bei einem Mädchen «kiltete» und ihr dabei lehrte: «Er sehe an der Himlezen der Bettstatt einen grossen Glanz, ja Sonne, Mond und Sterne, als ein Zeichen, dass solche Handlung Gott nicht müsse missfällig sein.»[30] Himlezen (auch etwa Himmelze, Himmelize) ist nur der alte Ausdruck für die verzierte Decke in einem Gemach oder Gebäude (etwa in der Kirche); vor allem auch für den Betthimmel[32]: Kohler schwelgte also mit seiner Schau nicht etwa in einem schwindelhaften Gesicht kosmischer Wunder, sondern er gebrauchte die Malereien, womit damals die Volkskunst die Decke über dem Bett zu schmücken pflegte, zum Beweis, dass ursprünglich kein Mensch die Liebe als eine Sünde angesehen habe...

Nach 1815, noch zu Lebzeiten von Anton Unternährer und von vielen seiner abgelegene Dörfer und Hütten durchziehenden Gleichgesinnten, versuchte der allmächtige österreichische Minister Metternich ganz Europa zu gemeinsamen Polizeimassnahmen gegen mystisch-religiöse Bruderschaften zu bewegen. In ihnen, die sich damals vor allem in der Schweiz, Baden, Elsass, Württemberg bildeten, sah er «die Vortrupps der politischen Revolution»[33]. Unmittelbare Zusammenhänge bis in die Einzelheiten hinein nachzuweisen wäre seinen Spitzeln wohl unmöglich gewesen: Jeder Versuch, zu einem neuen Verhältnis mit dem Göttlichen zu kommen, entlarvte aber dem Volk seine «Obrigkeiten», die ihren Machtanspruch aus der von ihnen entsprechend gedeuteten «Heiligen Schrift» zu rechtfertigen suchten.

Gasthäuser der Demokraten

Politische Freiheit, dies war eine aus zahllosen Erfahrungen erwachsene Auffassung von Rousseau, kann nur ein Volk hervorbringen, dessen ganzes gesellschaftliches Leben ein Ausdruck der Freiheit ist. Dort, wo alles sich um die Möglichkeit von Macht und Vorherrschaft dreht, dort verunmöglichen dagegen die nach und nach alle Schichten durchdringenden politischen Ränkespiele und Verrätereien sogar die Voraussetzungen zu einem Zustand, in dem man sein echtes Wesen zeigen kann. Sich im Zustand der Berauschtheit öffentlich zu zeigen, sei in den meisten Staaten des zivilisierten Europa geächtet und nur in der Eidgenossenschaft sozusagen in Ehren – niemand fürchte sich hier, sich so zu geben, wie er nun einmal in Wirklichkeit ist.[1]

Das Glück über die allgemeine Bruderschaft (fraternité) bringe die Herzen geradezu zum Überfliessen und zwinge den Einzelnen, sich in die Gemeinschaft seiner gleichgesinnten Mitbürger zu begeben. Bei den Ausbrüchen dieser jedermann beherrschenden Freude umarmten sich häufig Fremde und lüden sich gegenseitig ein, an ihren Vergnügen teilzunehmen. Die Freiheit in der Schweiz

Die berühmte «Gastfreundschaft in schlichten Hirtenhütten» bestätigte überall in Europa einen neuen Traum: den von der glücklichen Demokratie

sei geradezu durch die Tatsache beschränkt, dass man oft gezwungen werde, einen grossen Teil seiner Zeit bei festlichem Essen und Trinken zu verbringen![2]

Der französische Bauer stelle dagegen dem erschöpften Wanderer nur gegen bares Geld abgerahmte Milch und schlechtes Brot auf den Tisch, weil er Angst habe, jemand zu zeigen, dass er gar nicht so arm sei und in seinem Keller die besten Speisen gehortet habe – stets lebe er eben unter dem Alpdruck, jeder Fremde sei nur ein listiger Spitzel der ihn ausbeutenden Steuerverwaltung. Solche Erfahrungen in seinem geliebten Hirtenlande und in dessen Nachbarstaaten wurden für Rousseau zu den Grundlagen seines ganzen Weltbildes: «Dies war der Keim des unauslöschbaren Hasses, welcher sich seither gegen die Beleidigungen (vexations) entwickelte, welche das unglückliche Volk zu erdulden hat, und gegen seine Unterdrücker.»[2]

Zwischen Zote und Psalm

Die öffentlichen Gaststätten, die in der Umgebung einer sich um die Freude an der Freiheit drehenden Kultur entstanden, konnten darum gar nicht ausschliesslich den Zweck besitzen, ihren Besuchern gegen Geld Speise und Trank zu bieten. Auch wenn die Wirtschaft nicht geradezu «Zum Wilden Mann», «Zu den drei Eidgenossen», «Zu Tells Apfelschuss» oder ähnlich hiess, erwartete das sie besuchende Volk, dass sie schon äusserlich wie eine Verkörperung jenes Geistes wirkte, der an Markt- und Festtagen Weib und Mann in die Gemeinschaft der Gleichgesinnten trieb. Wenn wir alten Schilderungen trauen dürfen, waren jene Wirtschaften oft tatsächlich fast etwas wie Museen, Tempel der von den Menschen einer ganzen Volkskultur durch Jahrhunderte gesuchten Freiheit. Vom 15. Jahrhundert an bestaunten Einheimische und Fremde an schweizerischen Gasthäusern (wie selbstverständlich auch an andern öffentlichen Gebäuden!), die «in den Fenstern ganz schön eingebrannten und abgemalten Siege der Eidgenossen...».[3]

Daneben äusserte sich eine unbeschwerte Lust am Sinnlichen, die die Besucher aus andern Staaten oft mit jener bekannten Entrüstung erfüllte, hinter der sich der lüsterne Neid verbirgt: «Man sehe die Menge von zotigen Weid-Sprüchen, die abscheulichen Epigramme, Figuren und Schweinereien, die in allen Schweizer Wirtshäusern... hingesudelt und angeklext werden... In keinem Lande findet man das so allgemein und mutwillig.»[4] Entsprechend verwirrend und vielschichtig wirkte auf die Beobachter auch die ganze Volkskultur, die in diesen Schenken blühte: «Die geistlichen Lieder folgten unmittelbar auf die ausgelassensten Zoten und diese wieder unmittelbar auf die Psalmen.»[5] Was dem oberflächlichen Beobachter als so widersprüchlich erschien, war eben die Volkskunst von Menschen, die sich nicht verbieten liessen, alle Seiten ihres Wesens zu äussern.

Nicht selten soll sogar kunstvoller vierstimmiger Gesang aus den Weinkellern heraufgetönt haben, «wenn der Rebensaft die Gemüter der marktbesuchenden Bauern und Landmädchen fröhlich gemacht hatte». So sei wohl auch das berühmte Liebeslied «Ist aber e Mönsch uf Ärde» (Simeliberg-Lied) allen «ächten Bernbietern heimelig» geworden: «Dass es ehemals den Berner Regimentern, welche in französischen und piemontesischen Kriegsdiensten gestanden hatten, bei Todesstrafe verboten gewesen ist, dieses Nationallied zu singen, damit nicht unter den Soldaten durch dasselbe die Krankheit des Heimwehs veranlasst werde...»6 Noch für das schmucke Ausmalen eines Wirtshausgewölbes, des Berner Kornhauskellers, sammelte Otto von Greyerz für den Kunstmaler Rudolf Münger ziemlich vergessene Volkslieder – so entstand die für die schweizerische Heimatkunde so wichtige «Röseligarten»-Sammlung.7

«Ausserhalb von den Orten einer ihm unverständlichen Bildung erschafft hier das Volk dauernd seine Kultur neu», sagte mir 1953 der österreichische Dichter H.C. Artmann, der damals noch Gelegenheit hatte, in der Schweiz echtes Wirtshausleben in diesem Sinne kennenzulernen.

VOLKSBILDUNG IN PINTEN

Seit jeher waren darum die Schenken dieser Art in den schweizerischen Tälern die eigentlichen Mittelpunkte des unabhängigen politischen Bewusstseins. «Wenn die Bauern schon nicht Herren / Wollen sie doch wissen und hören / Wie es gegangen ist im Land, / solches mach ich ihnen bekannt. / Ein jeder sollt dieses ‹Chronik› kaufen, / Wär besser als das Geld versaufen.» Wer seine Werke so anpries, war der volkstümliche Dichter und Kunstmaler Hans Rudolf Grimm (1666–1749) – in Burgdorf Besitzer einer «Wein- und Bier-Pinte» –, der im übrigen seine Hauswand mit den Darstellungen einer Drachensage schmückte: Freude und Gespräch über volkstümliche Überlieferung war diesen «Pinten-Schenken» offenbar viel wichtiger, als dass man das Geld mit seinen Getränken durchbrachte.8

Vergeblich warteten während ihrer Freiheitsbewegungen in der ersten Hälfte des 16. Jahrhunderts die süddeutschen Bauern auf die Hilfe der befreundeten, von ihnen wegen ihrer gesellschaftlichen Einrichtungen bewunderten Eidgenossen. Zu den wenigen Schweizern, die dem benachbarten unterdrückten Volk zu Hilfe eilten, gehörte die Schar des wackeren Basler Wirts Hans Truher: «Auf die Mahnung des Rats, sofort zurückzukehren, antwortete er, sie hätten der armen Leute Muss und Brot gegessen und auch etwas Sold von ihnen bekommen, deshalb könnten sie diese jetzt nicht im Stich lassen.»9 Ausserhalb von jedem Gewinndenken sahen sich offenbar solche schweizerischen Wirte mit ihrem Freundeskreis verbunden – nicht nur in den Tagen der Festfreuden, sondern auch in denen der blutigen Kriegsnot.

So blieb es noch während der Franzosenzeit (1798–1812) und später, als die Reaktion jede Freiheitsregung zu zerstampfen versuchte: «Der Statthalter von Meilen berichtete, dass die Auftritte sich in den Wirts- und Schenkhäusern mehrten und nächtlicherweile Leute über den See fuhren, um geheimnisvolle Verabredungen zu treffen.» Pfarrer J. Müller aus Embrach jammerte, man habe damals selten einen Wirt getroffen, der nicht als «Patriot» galt! Dies nach der Ansicht des obrigkeitshörigen Geistlichen freilich nur, weil die lebendige

Volkspolitik «ihr Vorteil war, Leute vom Morgen bis in die Nacht beim Krug sitzen zu sehen».[10]

Zum Bilde des Zürchers Ludwig Vogel (1788–1879), das «Dorfpolitiker» heisst und Bauern in einer Schenke zeigt, wurde bereits festgestellt: «In den 1830er Jahren nahm besonders auf dem Lande die liberale Bewegung überhand, die sich nachher in imposanten Volksversammlungen äusserte...»[11] Entsprechend sahen die Konservativen durch alle Wirtschaften hindurch, in denen sich Volksbewegungen vorbereiteten, ein einziges Netz der Verschwörungen. Die bernische Zeitung «Verfassungsfreund» schilderte zum Beispiel 1842 das Tagwerk eines politisch tätigen Professors als «eines Schweins, das schon am Morgen, gefolgt von seinem Wurfe (gemeint sind die für damals moderne Gedanken entbrannten Studenten! S.G.), den Kneipen der Stadt nachgeht und die Leute angrunzt.»[12] Unermüdlich beklagte es auch Gotthelf: «Das Haus, welches Geschäfte macht mit der Freiheit, hat gar viele Reisende, die alle kehren begreiflich in Wirtshäusern ein, legen da ihre Waren aus, und zwar mit einer unerhörten Frechheit.»[13] Für Bern der Jahre 1950–1970 erkannte wieder ein junger Soziologe[14] die Altstadt-Wirtshäuser und Diskussionskeller (am Ort der einstigen Keller-Pinten!) als Ausgangspunkt moderner Kulturleistungen! Das «Wiedertäuferprinzip» (so nannte es M. Kutter[15]) erwies sich damit noch immer wirksam: Das Vorspiel zu neuesten Entwicklungen gleicht dem vergangener Reformationen, Revolutionen, Renaissancen.

Mystischer Alpinismus

In den bald von jedermann besungenen Alpen glaubte das ausgehende 18. Jahrhundert Heilmittel für seine zusammenbrechende Kultur zu finden. Hier seien, lehrten begeisterte Gebirgsreisende, wahrscheinlich die einzigen wirklichen Menschen Europas: «Menschen, die genug Bildung besitzen, um nicht wild, und genug Ursprünglichkeit, um nicht verdorben zu sein.»[1] «Einsamkeit und Hirtenleben verewigt Gewohnheiten, Sitten, vielleicht Glück. So dass man glauben möchte, die Hirtenvölker wären zur Erhaltung der Würde unserer Natur auf Erden gelassen...»[2] Einer der Wallfahrer in dieses Wunderland, der es am gründlichsten nahm, war offenbar der dichtende Däne Jens Baggesen. Nicht nur schwärmte er für Hallers Hirtendichtung «Alpen» und betrachtete mit ihren Augen das ganze Alpenvolk, sondern er verliebte sich 1789 noch zusätzlich in Albrecht von Hallers Enkelin Sophie, die er heiratete und von nun an unter dem Namen «Alpina» besang – also als ein Feenwesen, eine Verkörperung der Alpen, als die weibliche Alpen-Gottheit selber![3]

Mit ihr und zwei Freundinnen hatte er seine hochromantische Gebirgsreise unternommen, wobei ihm, wie schon seine Tagebücher beweisen, jeder Tritt als der Beginn eines Feenmärchens vorkam.[4] Das ganze Abenteuer besang er später in seiner «Parthenais», also in der Dichtung über die «Jungfrau», wobei ihm bei diesem Wort der gleichnamige Berg, seine Geliebte und das weiblich gedachte Göttliche in einem gewaltigen Mysterienspiel ineinanderflossen. Wieland nannte den Erotik und Religion vermischenden Baggesen einen «Erzschwärmer» und betrachtete als sein Grundübel «seine Narrheit».[5] Unvorstellbar ist tatsächlich des entfesselten Poeten Art, alles und jedes mit Einmischungen von «olympischen», ihm nun auf den Bergen des Berner Oberlandes hausenden Griechen-Göttern zu würzen. Auch der skandinavische Gott «Mimir» kommt gelegentlich vor.

Immerhin findet sich bei Baggesen das rührende, für seine Zeit eher seltene Bemühen, den tieferen Sinn der echten Überlieferung auf sich wirken zu lassen; dauernd vermerkt er, damit die Herkunft seines Wissens zu erklären, «erzählt die Sage des Volkes» oder gar: «Steinbockjäger berichten den uralt herrschenden Glauben.»[6]

Tatsächlich wissen wir für seine Zeit, dass die Einheimischen, die damals alle gefährlichen Gebirgspfade kannten (berufsmässige Führer gab es nicht!), die Alpen als ganz von «geheimnisvollem Leben» erfüllt ansahen. «Sie meinten, der Berggeist lasse niemand hinaufkommen», war die gewöhnliche Antwort der «ältesten Bergführer», wenn man sie nach der Einstellung ihrer «Väter» befragte.[7] Noch die englischen Alpinisten des 19. Jahrhunderts beschweren sich über die Gemsjäger, Strahler (Kristallsucher) und Schmuggler, die fremde Reisende als freche Eindringlinge in ihr Reich ansahen.[8] «Wenn sie jemand geleiteten», erzählte mir um 1950 ein verschmitzter Haslitaler, «gaben sie ihm das Gefühl, sie täten es, weil sie als Menschenkenner sähen, dass er einer solchen Ehre würdig sei. Vielleicht sprachen sie darum so, weil sie auf diese Weise ein besonders schönes Trinkgeld herauslockten.» Damit erschien aber jenen ersten ausländischen Alpenfahrern ihre ganze Reise tatsächlich wie eine «Magic Tour», die Einweihung in ein heiliges Natur-Mysterium – also ein echter «Trip», wie die heutigen Hippies zu sagen pflegen.

Fahrt zu den Höhen

Immer wieder wurde der Zauber von Gebirgswanderungen «auf das empfindliche Nervensystem» gewisser Menschen mit der Wirkung von bestimmten Kräuterdrogen verglichen. Von Alpenlandschaften hat man geradezu behauptet, dass sie auf bestimmte Menschen «wie die Opiumträume, die De Quinceys», wirken.[9] Hundertfach könnte man aus den Berichten der ersten Alpinisten die Bestätigung solcher Beobachtungen herauslesen. Freilich fänden wir dort auch schon die «natürliche» Erklärung dieser von Spätromantikern mit der unterhaltendsten Magie umgebenen Vorgänge: Es sind nicht nur die Berge selber, es ist auch die Begeisterung, hier auf jedem Schritt noch lebendige «altheilige Sage» anzutreffen, die Baggesens Glücksgefühl auslöst. Durch die sinnliche Erregung beim Umgang mit seinen schönen Mädchen, der sich auf eine für das damalige «zivilisierte» Europa unglaublich freie Art vollzog, steigerte sich sein Zustand endgültig in den eines unaufhörlichen Rausches. Zusammen übernachtet unser Held mit den drei Schönen im gleichen Zimmer eines Gasthofes und beobachtet, sich als schlafend verstellend, wie sie vom Mondlicht überflossen den berühmten Berg betrachten: «Wonneberauscht von dem Glanz der ätherisch-heiligen Jungfrau; / Staunten, wunderten, glühten und bebeten sanft in Entzückung, / Angeschmieget an einander, in seliger Wonne verherrlicht. / Lange standen sie so, in Bewunderung, keusch anbetend, / Ganz versunken in dir, / Der Nacht sanftleuchtende Göttin.» Der durch einen solchen Anblick ebenfalls auf die Stufen nicht mehr menschlicher Wonnen emporgehobene Dichter schickt den göttlichen Mächten seinen «flammenden Dank, dass ihm ward die himmlische Weihe zum Anteil».[10]

Man könnte annehmen, die Steigerung einer solchen Ekstase, dies bereits am Buchanfang, sei in der Folge unmöglich – doch nicht für den das Alpenland wie das wiedergefundene Paradies durchwandernden Baggesen. Ganz nahe den hohen Göttern, die für ihn schliesslich ziemlich leibhaftig auf den Alpenhöhen thronen, die «erblicken zugleich, was ist, was war und was sein wird», fühlt er sich samt seinen drei Mädchen: Schon durch die Tatsache, dass man beim Aufsteigen zu den Gebieten des ewigen Schnees gleichsam «des Jahres vier Wechsel», also verschiedene Wachstumsverhältnisse der Pflanzen erblickt, verwirrt sich ihnen gründlich alles menschliche Zeitgefühl.[11]

Sogar der Schlaf, wenn er einmal müde vom verzückten Betrachten der Berge schlummert, wird dem Helden zum Lehrer, wie man seine Begeisterungsfähigkeit endgültig ins Masslose zu steigern vermöchte! Auch im Traum schaut er seine Alpenwelt: «Gleichsam lebender wurde dem Träumenden alles, und heilig.» Durch solche Bilder, so glaubt er beim Erwachen, erkenne der abgestumpfte Mensch erst das wahre Wesen seiner Umgebung – die Wirklichkeit, welche damit für die Schau seines ewigen Bewusstseins «reine Gestalt annimmt;

Die Alpinisten, die auf Hirten als Bergführer angewiesen waren, verbreiteten die Sage von allen «natürlichen Tugenden freier Menschen»

dass auch uns heiliger alles / Strahl' im göttlichen Licht...»[12] Mit neuer Kraft erhebt sich der Däne aus einem solchen Schlaf und gibt sich nun erst recht Mühe, die Berge so zu erblicken, wie sie sich ihm in seinen schönsten Träumen darboten.

Die Ekstasen der Romantik

Je näher ihnen das Bild des Jungfrau-Berges rückt, desto deutlicher spüren unsere ekstatischen Alpinisten den «stärkenden» Einfluss «der nervenentspannenden Be·gluft»: «Das Höchste der Menschheit fasste die wandernden Seelen.» Anbetend sinken sie nieder und erleben den «Glanz des heiligen Urlichts». «... mit verklärtem Antlitz / Schaute die Eine die Andr'; und das Haupt des begleitenden Jünglings / Leuchtete hellumstrahlt, wie der Mond im farbigen Lichtring.» Im Zustand der sinnlich-mystischen «Verklärung», der «höchsten Begeisterung», für den es in der menschlichen Sprache eigentlich gar keinen Ausdruck mehr gibt, fühlen die Wanderer alles Sterbliche aus ihrem Wesen verschwinden, «selige Geister, erflammten sie ganz, und in höchster Begeistrung». Auf einem Stein opfern die vier Weggefährten der grossen, von ihnen erkannten Alpengöttin Bergblumen.[11]

Eine Gebirgssage, die Baggesen uraltem Volksglauben entnommen zu haben behauptet, wird für ihn dann zur Anregung für Erlebnisse im Sinne einer noch urzeitlicheren Religiosität. Jäger hätten erzählt, versichert er uns, dass «hoch oben in unzugänglicher Firnfluh / Dunkl' ein finstres Loch, ein verborgenes, heilig dem Schicksal. / Aller Geheimnisse Schlüssel, auch die der verborgenen Zukunft, / (Heisst es) bewahrt allhier ein doppelhäuptiger Drache...» Gewitter, Sturm, Hagel erzeuge dieses geflügelte Wesen, das sich der Däne oder dessen schweizerische Gewährsleute offenbar ähnlich dem Donnervogel indianischer Mythen vorstellten: «...Hurnigel nennt die Sprache des Volkes ihn, / Und das verborgene Loch in dem Fels: die Höhle des Schicksals.»[13]

Auf einer abenteuerlichen, gefährlichen Kletterei will nun der Dichter an diesen «heiligen» Ort gelangt sein und dort die Einweihung in das Geheimnis der Welten erhalten haben. Sein «irdischer Sinn» sei völlig im Strom der Erkenntnisse versunken – sein Geist «entschwang» sich seiner «sterblichen Hülle», und jenseits aller Begrenzungen von Zeit und Raum schwelgte sein Bewusstsein in der Fülle der «Gesichte»: «Urnacht schaut' ich, und Chaos, und Lichtentstehen, und Anfang/ Werdender Dinge, der Erde Geburt, und des Äthers Erzeugung.» Nun ist er endlich «ganz von dem ewigen Strahl der Unsterblichkein wonnedurchdrungen»: «Zukunft, Gegenwart und Vergangenheit flossen in eins mir; / Und ich verlor mich ins All der Unendlichkeit, froh der Entkörperung.»[13]

Tatsächlich sehen wir aus dem später verhältnismässig beliebten philosophischen Werk Baggesens, wie sehr sein ganzes Denken jenen Jugenderlebnissen verpflichtet blieb. Die Erkenntnis erscheint ihm ganz unter dem Bilde der Alpenbesteigung, und zur Veranschaulichung davon führt er sogar eine Stelle aus seiner «Parthenais» an: «Die Philosophie, dieser Berg Gottes, das Haupt in Sonnenstrahlen, den Fuss in Ungewittern, hat einen Äthergipfel der Reinheit, der errungen (sei es nun erklommen oder erflogen) werden muss...»[14]

Von diesem fast über-eindeutigen Beispiel ausgehend, könnte man einen ganzen Band mit Beispielen füllen, wieviel ähnliche äussere und innere Abenteuer die Dichtung jener Zeit beeinflussten: Erstaunlich genug bildet die Gebirgslandschaft den Hintergrund von Goethes «Faust», dieser berühmtesten Dichtung der damaligen Suche nach Erleuchtung[15]: Zahlreiche Einzelheiten scheinen zusätzlich zu verraten, wieviel auch hier «von den Bergbewohnern erzählte Sagen» schöpferische Anregungen auslösten.[16] Das Werk des grossen Magiers und Arztes Paracelsus war vermutlich der wichtigste Ausgangspunkt des Werkes[17], und Goethes beeindruckende Begegnung mit dem Langnauer Micheli Schüpach hat ihm die lebendige Wirklichkeit des magischen Menschen vorgeführt: Hier begegnete er auf seiner Schweizer Reise einem volkstümlichen Paracelsisten[18], einem grossen Kräuterarzt und nach dem Volksglauben einem echten «Doktor Faust», den sogar eine zeitgemässe Darstellung im Zauberkreis und in einer Art Hexenküche abbildete![19]

Wenn wir aber versuchsweise bei Männern wie Baggesen und Goethe von ihrer Vorliebe für antike Mythologie absehen, genau wie bei «Gottesfreunden» des Mittelalters von ihren kirchlich-christlichen Ausdrücken oder bei den modernsten «Suchern» von ihren Anlehnungen an indische Vorstellungen: Dann erkennen wir ein ganzes Jahrtausend hindurch in den mystischen Erlebnissen eines Kulturkreises deren an sich fast wunderbare Einheitlichkeit.

Aufbruch nach Utopien

Wegen Ausbruchsversuchen aus einer spiesserigen Gesellschaft zu Beginn des 19. Jahrhunderts mit allen Mitteln gehetzt, mussten Dichter wie Byron und Shelley ihre Heimat verlassen und verlebten eine bestimmte, für ihre Dichtung entscheidende Zeit in der sagenhaften Schweiz. Vor allem Byrons Aufenthalt im Alpenland kann auf keinen Fall nur auf Zufall oder äusseren Zwang zurückgeführt werden: Als Jüngling schrieb er 1807 in einem Verzeichnis der Geschichtswerke, die er damals las, einen Ausruf des Entzückens – der bei andern Einträgen fehlt: «Die Schweiz. Ah! Wilhelm Tell, und die Schlacht von Morgarten, wo Burgund erschlagen wurde.»[1] Freiheitshelden und Freiheitsschlachten gegen die Übermacht, sie bestimmten von da an sein ganzes Denken und damit sein Schicksal...

Schon Byrons Mutter verglich ihren Sohn mit dem Genfer Rousseau, später tat es unter anderem Frau von Staël, und man hat Übereinstimmungen zwischen beiden zu ganzen Abhandlungen ausgebaut. Byron selber gab sich Mühe, dies mit etwas gesuchten Gegengründen zu widerlegen: «Er (Rousseau) war ein Botaniker, ich liebe die Blumen, Gräser und Bäume, weiss aber nichts von ihrer Einteilung.»[2] Sehr bezeichnend ist sein Satz, der aber die ganze Wesensverwandtschaft erst recht bestätigt: «Rousseau war ein grosser Mann, und ein Vergleich mit ihm wäre für mich nur schmeichelhaft, aber solche Selbsttäuschung gefällt mir nicht.»[2]

Das Spiel der Naturkräfte der Alpen und dessen verzückte Betrachtung wurden für Byron ein Mittel zur Vereinigung mit dem Geist der Welt, also zur Erfüllung seiner «schamanistischen Sehnsüchte».[3] Hier steigerte sich der Byron-Shelley-Kreis ins kosmische Gefühl, «die weissen, hohen Alpen» stets als Hintergrund zu besitzen[4], und erzeugte daraus ein ganzes Feuerwerk von magischen Geschichten. «Allmächtig»[5] beherrschte dann diese ekstatische Dichtung um «Februarnächte, Ahnfrauen, Teufelsbeschwörer, von Zigeunern behexte Brudermörder» die Büchermärkte und Bühnen Europas: «Man will nicht ergriffen, nicht gerührt, man will gepackt, geschüttelt werden, es soll sich das Haar sträuben, der Odem stocken...» (E. T. A. Hoffmann, 1821).[5]

Die Gruselgeschichten um «Baron Frankenstein» oder den Gentleman-Vampyr, damals in der Schweiz vom Freundeskreis Byron, Shelley, Mary Shelley und Polidori erschaffen, füllen noch heute als tausendfach nachgeahmter Kitsch alle Vorstadtkinos: Wer denkt darüber nach, dass sogar diese Dichtungen einst einen Aufstand, einen wilden Protest bedeuteten – den Ausdruck der leidenschaftlichen Gefühle von Menschen, die sich in einer erstarrten Zivilisation als gesteuerte Automaten, als «lebendige Tote» empfanden? In den Gebirgen dagegen, schrieb in diesem Sinne auch der Engländer J. Austen (1818), gebe es noch immer keine verwischten Charaktere (Among the Alps and Pyrenees...there were no mixed characters)! Die Menschen seien hier engelhaft-gut oder masslos-zerstörend wie Naturgewalten; nicht wohlabgewogene Mischungen von Gut und Böse wie in seiner zivilisierten Heimat[6]: So wurden die Alpen wieder einmal zur Pilgerstätte für alle, die in ihrer Umwelt das wahre

Wesen des Menschen, damit vor allem sich selber, zu entdecken oder wiederzufinden hofften.

Tore zur andern Welt

Für Fremde dieser Art erschien die eigentliche Schweiz tatsächlich, wie es in einer an sich unbedeutenden Erzählung des 19. Jahrhunderts geschrieben wird, als sei sie «einige englische Meilen weit über unsern eigentlichen Planeten hinausgeschleudert»: «Wenn nicht eine Pfarrkirche, einige recht hübsche Kapellen und ein nach modernem Geschmack neuerbautes Hotel zu der Annahme berechtigten, es müsse das Tal doch durch irgendeinen geheimen Weg mit der wirklichen Erdkugel in Rapport stehen, würden wir keinen Grund haben, von unserer ersten, wenn auch noch so gewagten Hypothese abzugehen.»[7]

Byron staunte entsprechend über alles! Über das Lied der Mädchen aus dem Oberhasli: «Die Weisen sind so wild und eigenartig und zugleich von grosser Anmut.»[8] Über die Lustbarkeiten der Bauern von Brienz: Ihr Tanzen war nach ihm «viel besser als in England; die Engländer können nicht Walzer tanzen, konnten es nie und werden es nie können».[8] Über das ganze Hirtenleben, das er ganz so schilderte, als durchwandere er gar nicht die wirkliche Schweiz seiner Zeit, sondern sei ein Gast in Gott Krischnas Hirtenparadies Goloka: «Die Musik der Kuhglocken...auf den Weiden...und die Hirten, die uns von Felsenspitze zu Felsenspitze zuriefen und auf ihren Rohrflöten spielten, an Steilhängen, die fast unerreichbar schienen, mit der Landschaft, die uns umgab, verwirklichte alles, das ich je von einem Hirtendasein gehört oder mir vorgestellt habe: – viel mehr als Griechenland oder Kleinasien... die Wirkung kann ich nicht beschreiben. Als wir fortgingen, spielten sie den ‹Ranz des Vaches› und andere Weisen als Lebewohl. – Ich habe letzthin meinen Geist mit Natur neu bevölkert.»[9]

Aus solchen Erlebnissen schrieb er 1817 seinen «Manfred», eine inhaltlich mit Goethes Faust vergleichbare Dichtung: «Ich schrieb ein tolles Drama (a sort of mad Drama), um eine Beschreibung der alpinen Landschaft (Alpine scenery) zu geben... Die Bühne ist in den Alpen und der andern Welt.»[9] Schon 1817, unmittelbar nach dem Erscheinen des «Manfred», verwies ein P.F. in einer englischen Zeitschrift auf gewisse Übereinstimmungen zwischen dem Inhalt dieser Dichtung und volkstümlichen Burg-Sagen aus dem bernischen Oberlande.[10] Auch Robert Bakewell (1823) und zahlreiche andere versuchten als den Sitz des Magiers Manfred die Unspunnen-Burg bei Interlaken zu bestimmen – andere dachten an das Schlösslein Leerau (Lerow) am Thunersee oder an Schloss Wimmis am Eingang ins Simmental.[10]

Wir glauben, eine genauere Bestimmung ihres Standortes, als sie Byron selber gab, irgendwo an den Grenzen der Alpen zur «andern Welt», ist kaum möglich. Wie uns Reisende jener Zeit bestätigen, schienen überhaupt alle die mittelalterlichen Burgen, schon wegen ihres grosszügigen Baues und ihrer Lage auf schwer zugänglichen Felsen, im Volke die Auffassung zu bestätigen,

«Romantiker», sozusagen die Hippies des 18. und 19. Jahrhunderts, opferten in den Bergen den Alpengöttern Blumen

«dass sie von übernatürlichen Wesen bewohnt gewesen waren, mit übernatürlichen Kräften begabt».[11]

Mehr noch als in den titanischen Naturerscheinungen der Alpen sahen Dichter wie Byron im Menschen der Gebirge, in den Sagen, die noch immer seine alten Denkmäler umkreisten, und in seinem ganzen Lebensstil die Offenbarung der ewigen schöpferischen Kräfte des Weltalls: In diesem Gesamtbilde glaubten sie das gewaltige, göttliche Kunstwerk zu erkennen, dem durch seine zeitbedingten Werke irgendwie nahezukommen der sterbliche Künstler mit all seinen Energien zu versuchen hat.

Gemeinschaften für die Zukunft

In dieser Schweiz, wo sich überall noch Inseln der von Rousseau gepriesenen Hirtenkultur wiederfanden, träumten jene englischen Dichter und ihr Freundeskreis das Bild einer erneuerten Menschheit. Von Shelley jener Zeit wissen wir: «Für ihn gab es die Natur, aber weder Gott noch Schöpfer, noch Böses. Alles war gut, das Gute und Schöne war eins, das All wurde regiert von der alles durchdringenden Liebe; hässlich und schlecht waren die Konventionen, die Ehe, die Gesetze, die Staatsformen, schön und gut waren die Sterne, Berg, Wasser, Baum, Tier und Mensch selbst; dann entwickelte Shelley seine politische Utopie einer grossen Gemeinschaft unter Aufhebung des Privateigentums.»[12]

Aus solchen Gedanken und dem Erlebnis der Gebirgslandschaft schuf er seine Dichtung «The Assassins», in der er die dunklen Nachrichten über die orientalischen, im 11. Jahrhundert von den Kreuzfahrern gefürchtete Sekte der «Haschisch-Leute» (Haschischim, daraus in Europa «Assassinen»!) zu einem Zukunftsbild verklärte. Zwischen jenen geheimnisvollen, in vorderasiatischen Gebirgen eingenisteten, so kämpferischen Mystikern und sich selber glaubte er eine Art Zeiten und Räume überbrückende Verwandtschaft entdeckt zu haben: «Wie diese Assassinen in ein abgelegenes Tal des Libanon gezogen seien, um weg von Jerusalem, unbefleckt von dem Gifte einer ungesunden Zivilisation nach den Gesetzen der Natur zu leben, auch Shelley mit seinen jungen Gefährtinnen aus dem ungesunden Nebel des Londoner Lebens in die reine Bergluft der Schweizer Alpen geflohen sei, und diese lieferten dem Dichter denn auch den Stoff für seine prächtige Schilderung der Libanon-Landschaft mit ihren in den klaren blauen Himmel hineinragenden Schneepyramiden, ihren wasser- und blumenreichen Tälern, wo die Natur in grandioser Einsamkeit zur Zauberin geworden ist.»[13]

Wie sehr Shelleys kleine Freundesgruppe mit dem Gedanken der Neugründung einer «Gemeinschaft» in einem verborgenen Tal spielte, verrät uns unter anderem der von Mary Shelley geschriebene, 1826 herausgegebene Zukunftsroman «The Last Man»: Am Ende des 21. Jahrhunderts durchtobt eine grauenhafte Seuche eine verkommene Welt. Unter der Führung des Prinzen Adrian, «dessen Urbild Shelley ist»[14], flieht der Rest der überlebenden Engländer in die Schweizer Gebirge, deren Alpenluft die Keime des Untergangs aufhält und damit der Menschheit einen glücklichen Wiederbeginn ermöglicht.

Hundertfach mag dieser Traum damals durch Europa gegangen sein, und es nützt uns wahrscheinlich weniger für die Erkenntnis von Milton (1608–1674) als für die des 19. Jahrhunderts, wenn wir vernehmen, dass damals Schweizer und Engländer glauben konnten, sogar dessen «Verlorenes Paradies» sei im Alpengebiet entstanden![15] Ähnlich wurde schliesslich sogar der genaue Ort von Goethes in «Wilhelm Meisters Wanderjahren» besungener «Pädagogischen Provinz» zwischen Bellinzona und Ascona gesucht[16] – und solche Träumereien bestätigten am Anfang unseres Jahrhunderts eine Schar von Idealisten aus ganz Europa, in dieser Gegend, auf dem «Berge der Wahrheit» (Monte Verità) ihre «Urzelle einer neuen Gesellschaft» zu planen.

Es ist eigentlich sehr billig, alle diese Versuche, wie es heute sehr häufig geschieht, unter dem Begriff «Flucht aus der Zeit» zusammenzufassen: Die Begegnungen mit den letzten Burgen einer volkstümlichen Kultur, mitten während der Herrschaft des Industrialismus, zwangen jeden tieferen Geist der europäischen Zivilisation zur Selbstbesinnung und damit Standortsbestimmung. Es gibt darum keine philosophische, künstlerische, kulturpolitische Bewegung der Gegenwart, zu deren Geschichte nicht jene Gesichte der Zukunft, geschaut von Wahrheitssuchern zwischen Unspunnen und Ascona, irgendwie dazugehören.

Vom Wirtshaus-Poeten zum Zeitungsschreiber

Die «Frechheit» des ganzen schweizerischen Volkslebens verunmöglichte den Vertretern der reichgewordenen Oberschichten, sich gegen ihre ärmeren, aber noch immer selbstbewussten Landsleute durchzusetzen – und verdarb damit den «gnädigen Herren» ziemlich jeden Stolz auf ihre Vorrechte. «Im Himmel sind wir alle gleich, aber hier auf Erden sollte etwas Ordnung sein», soll eine empörte bernische «Patrizierin» geklagt haben, als sie auf ihrem schmucken Ehrensitz in der Kirche einen friedlich schlummernden Bauersmann erblickte. «Was hat man von seinem Besitz, wenn in den Wirtschaften gewisser Landesteile jeder Trottel zu einem an den Tisch sitzen kann, einen mit ‹Du› anredet und einem seinen Blödsinn erzählt», darüber habe sich in Urgrossvaters Zeiten noch ein «vornehmer» Basler geärgert: «Er sei darum grundsätzlich nur im Ausland herumgereist, an Orten, wo entsprechende Zustände unmöglich waren.»[1]

Diese Kreise machten ihren wachsenden Einfluss geltend, im unruhigen Alpenland die Voraussetzungen für ein «standesgemässes» Dasein zu schaffen. Das bernische Städtchen Burgdorf zum Beispiel, damals mit seinen etwas über 1300 Einwohnern völlig von seiner ländlichen Umwelt abhängig, brachte es kurz vor der Revolutionswelle des 18. Jahrhunderts fertig, den Frauen der Vorrechte besitzenden, zum Teil aber sehr armselig dahinlebenden Burgerfamilien «die bäuerische Tracht» zu verbieten: Kein Mann sollte «zu Ämtern gelangen können, wenn seine Frau nicht wirklich städtisch gekleidet sei».[2] «Wegen den Reifröcken der Ratsherrenfrauen» mussten die Bauern auf der offenen Gasse herumlaufen, «und durften nicht unter die Lauben gehen, ausser wenn sie in einem Laden etwas zu kaufen hatten».[3]

«Von den grossen Tanzbelustigungen der arbeitenden Klassen in Bern ist seit einiger Zeit die bäuerische weibliche Tracht ausgeschlossen und verpönt. Dem Kittel, der Haube und den Göllerschlenggen wird, selbst wenn das lieblichste Gesicht als Pass vorgewiesen wird, der Eintritt auf den Tanzboden versagt, so dass die bäuerisch gekleidete Magd, um ballfähig zu sein, Damenkleider anziehen... muss.»[4]

Gleichheit am Stammtisch

Kluge Vertreter der städtischen und ländlichen Oberschichten erkannten freilich, dass sie mit äusserlichen Zeichen ihres Hochmuts und mit dem Volke unverständlichen Satzungen nur zu leicht ihre eigenen Vorteile zu verringern vermochten. In gut 200 Kellerpinten unter den Laubenbogen ihrer prächtigen Hauptstadt liessen darum Berns Patrizier den Bauern ihren Wein ausschenken – sie zogen daraus guten Gewinn und vermochten erst noch mit Leichtigkeit, die Stimmungen im Volke zu überwachen. «Venedig steht auf Wasser, Bern steht auf Wein», wurden die beiden mächtigen Republiken verglichen.

Gabriel von Weiss, ein kluger bernischer Staatsmann des 17. Jahrhunderts, rühmt seine zahllosen Erfolge «im Lachen und beim Wein»: «Denn in der

Der Bänkelsänger der Jahrmärkte und Pinten war ein Vorläufer des für das Volk schreibenden Zeitungsmannes

Schenke richtet man meistens mehr aus als in den Audienzstuben.»⁵ Die Bauern und Handwerker waren glücklich ob der «Leutseligkeit» ihrer «gnädigen Herren» und vergassen beim grosszügig gespendeten Trank alle berechtigten Anklagen der «im Lande herumziehenden» Aufrührer. Doch wie alles auf der Welt hatte auch diese sehr berechnende Volkstümlichkeit der «Patrizier» für deren Welt einen ausgesprochenen Nachteil: Voll Entsetzen schildert zum Beispiel Pfarrer David Müslin, der mit seinen puritanischen Erziehungskünsten sogar bei den eigenen Kindern Enttäuschung um Enttäuschung erleben musste⁶, wie sich die Träger hoher «Staatswürden» in «bekannten Hurenwinkeln» herumtrieben.⁷ Als Folge davon wurde es ihnen verständlicherweise immer weniger möglich, ihrer Amtspflicht, «der Aufsicht über die Sitten und über die Reinigung der Stadt von schlechtem Gesindel» (also von ihren eigenen Zechgenossen), nur entfernt nachzukommen. «So dass in den letzten Tagen unserer alten Existenz, Bern in dieser Rücksicht nach Verhältnis ihrer Grösse die verdorbenste Stadt des deutschen Europa gewesen sein mag.»⁷

Samuel Engel, 1748-1754 Landvogt in Aarberg, beklagte bei den «Bauern in den deutschen Gebieten einen widerspenstigen, aufwieglerischen Geist».⁸ Mit grossem Geschick hatten die dörflichen Politiker gelernt, ihre Beziehungen zu der städtischen Oberschicht auszunutzen, so dass die verbitterten Vögte (baillifs) sich gelegentlich aus geachteten Herren in «die Sklaven der Bauern» verwandelt sahen.⁸ Die freiheitlichen Einrichtungen waren folglich im 18. Jahrhundert in den sich zum «Obrigkeiten-Staat» entwickelnden Kantonen noch (oder wieder) so stark, dass sie deren Gefüge von innen zerstörten. Der klägliche Zusammenbruch der Eidgenossenschaft vor den an sich zahlenmässig recht schwachen Armeen der Französischen Revolution (1798) war damit offenbar nichts anderes als eine Äusserung dieses im geheimen wirkenden, etwas chaotischen Freiheitsgeistes.

Der politisierende «Küher»

Die alte Angst vor allem «Volkstümlichen» wird uns eigentlich erst verständlich, wenn wir uns beständig bewusst werden, wie sehr hier allen damaligen Beobachtern der «Geist des Demokratismus» entgegentrat: Das schweizerische «Zeitungswesen», das in vollen Ausmassen die europäische Revolutionswelle 1830–1850 vorbereitete und auslöste, erscheint uns eigentlich nur verständlich aus dem kurz geschilderten politischen «Wirtshausbetrieb» des freiheitlichen Hirtenlandes. Es war eigentlich nichts anderes als die gedruckte Wiedergabe von ungehemmten Schenkengesprächen.

Offen stand noch zu einer solchen Quelle seines ganzen Schaffens der volkstümliche bernische Redaktor und Politiker Ulrich Dürrenmatt (der Grossvater des Theatermannes Friedrich Dürrenmatt), der den Ruhm seiner Zeitung auf seinen zahllosen Gedichten zum Tagesgeschehen begründete: «Wenn wir am Tage schaffen und schwitzen, / So wollen wir Abends zusammensitzen; / Zur Kurzweil auch, nicht bloss zum Schmähen / Will ich Geschichten und Spässe erzählen...»[9] Wenn der mächtige «Bund» sein kleines Blatt als «Schmutzblatt» hinzustellen versuchte, nahm er witzigerweise diesen Ausdruck an. Nur deutete er ihn zu einer Ehrenbezeichnung um, indem er ihn auf das abendliche Aussehen der verschiedenen, in den bernischen Wirtschaften dem Volke vorgelegten Druckerzeugnisse münzte: «Von hundert Gästen gelesen, beschmutzt, / Hängt's dort, das verrufene Buchsiblatt, / Indessen den ‹Bund› noch keiner benutzt / Und niemand noch aufgeschnitten hat.»[10]

Erst nach unglücklichen Versuchen, seine Ansichten durch Zeitungen zu verbreiten – seine Beiträge prunkten etwas zu reichlich mit unfeinen Kraftausdrücken –, kam Jeremias Gotthelf zum «Büchermachen»: Bezeichnenderweise genug erzählt man noch immer im Emmental, «er habe sich, um Stoff für seine Geschichten zu sammeln, fast seine ganze freie Zeit in Wirtschaften aufgehalten, so dass viele Heuchler über seinen versoffenen Lebenswandel Verleumdungen in Umlauf brachten».[11] Sogar Gotthelfs Freund Fueter lobte zwar an dessen Schaffen, dass er als Schriftsteller «eine ganze grosse Seite des Volkslebens, die Zotenreisserei und manches Grobe, Sinnliche aber Wahre in Stillschweigen» hülle, also gründlich totschweige. Es seien aber in seinem Werk immer noch genug der «Gewitterwolken sinnlicher Bilder und Vorstellungen» vorhanden – und damit echte Gefahr für die angeblich so leicht beeinflussbare Jugend...[12]

Man warf Gotthelf vor, er rede über ernste Dinge «mit einem spöttelnden Lächeln, gerade als wenn er Eulenspiegelgeschichten erzählte». Solches tue er erst noch im «gemeinsten bernischen Dialekt» und betreibe dabei die «niederträchtigste Misshandlung der Schweizergeschichte».[13] Der Dichter beleidige «die Schriftsprache», diese «Tochter der Bildung unserer Zeit», also empörte sich 1839 das «Intelligenzblatt für die Stadt Bern». Wer auf diese Art Bücher verfasse, der vollführe «eine Weihe des Gemeinen»: «Jemand vom Lande hat versichert, dass er den ‹Bauernspiegel› im Emmental oft zu frivolen Zwecken habe zitieren hören.»[14]

Den kleinen und grossen Bänkelsängern, Kalenderschreibern, Zeitungsmännern und Dichtern jener unruhigen Zeiten konnte selber gar nicht voll bewusst werden, wie sehr ihre vom Volke angeregte Kunst den an die «Werte» der damaligen Zivilisation gläubigen Zeitgenossen als eine Art geistiger Barbareneinfall vorkam: «Der Grobianismus unserer Presse fiel bezeichnenderweise vor allem den Ausländern auf.»[15]

Der Deutsche Ludwig Snell fragte 1838 sogar, ob die «Rohheiten und gemeinen Lümmeleien», «Gassenbübereien», diese «Tendenz zur Obszönität» in den schweizerischen Zeitungen nicht geradezu in einer besonderen Anlage des einheimischen «Nationalcharakters» ihre Ursache besässe.[15] Fast noch härter urteilte Felix Mendelssohn: «Von solchen Grobheiten hat man anderswo gar keine Idee», notierte er am 3. September 1831. Der Ton der eidgenössischen Blätter erinnerte ihn «an Butter, Käse und Kühe, pour ne pas dire Ochsen».

Doch diese «zotenreissenden» Zeitungsschreiber aus den schweizerischen Küher-Schenken, «diesen Tempeln des politischen Grobianismus», erschütterten in jenen Jahrzehnten die Grundfesten der europäischen Staaten – nicht weniger als ihre schwertschwingenden Vorfahren im ausgehenden Mittelalter.

Ur-Schweiz im 19. Jahrhundert

Vor dem Verfall der Alten Eidgenossenschaft, ihrem Zusammenbruch zu Füssen der siegreichen französischen Armeen, dem darauffolgenden Sieg der Reaktion in ganz Europa suchten die wachsten Geister der Schweiz einen Standort, von dem aus sie eine Neuordnung all ihrer Verhältnisse beginnen konnten. Noch immer nachwirkende Einflüsse von Rousseau und Haller schienen ihnen nur die Bestätigung jener halbvergessenen Lieder und Märchen zu sein, die sie als Kinder vernommen hatten. Von der Mutter des 1799 geborenen Thomas Bornhausen, der dann in der politischen Geburt des Thurgaus eine entscheidende Rolle spielte, wird uns etwa bezeugt: «Sie sang dem kleinen schwarzhaarigen Thomas mit den dunklen, lebhaften Augen an ihrem Spinnrad das Tellenlied...»[1]

Man betrachte sich einmal die von den schweizerischen Künstlern von 1810 an, also während die «helvetischen» Soldaten für Napoleon auf allen Schlachtfeldern zu verbluten hatten, jährlich herausgegebenen «Alpenrosen». Die von den Gebildeten der Rousseau-Zeit wieder entdeckte Sage von der «auf Brüderlichkeit» gegründeten Hirten-Demokratie verband sich hier mit den Erinnerungen der einzelnen Dichter an die glücklichsten Tage ihrer eigenen Kindheit. Mögen die beigegebenen Stiche der Berglandschaften, der «lieblichen» Trachtenmädchen und der Schweizer Helden für uns zu viel süsslichen Kitsch enthalten, so waren sie doch gleichzeitig der echteste Ausdruck der Gefühlskräfte einer ganzen, ein neues Gleichgewicht suchenden Kultur: Noch heute sieht man sie darum recht häufig als Wandschmuck sehr moderner Buden junger Menschen. «Ich sehe daraus, dass die Leute vor fast 200 Jahren von den gleichen Dingen träumten wie wir», sagte mir ein Hippie, in dessen Hütte der Stich einer schlanken Hirtin neben den Photographien von neuzeitlich-amerikanischen «Blumen-Kindern» hing.

Jene Zeichner und Idyllen-Dichter der «Alpenrosen» und all der zahllosen ähnlichen Veröffentlichungen schufen für sich und ihre Landsleute die Heimat sozusagen neu: Genau wie nach zahlreichen Berichten des 18. Jahrhunderts Musik oder Lieder aus der Schweiz sonst einigermassen gefügige Söldner zu unberechenbaren Ausbrüchen gegen die fremde militärische Ordnung entfesselten, so weckten im 19. Jahrhundert ähnliche Anregungen die scheinbar schon abgestorbenen politischen Kräfte eines ganzen Volkes. Staunend erkannten damals ausländische Beobachter «... überall die lebhafte Teilnahme an dem Gemeinwesen, vaterländischem Altertum und Geschichte bei Bürgern und Bauern, welche bei uns so wenig davon innewerden...»[2]

Angewandte Heimatkunde

Jeremias Gotthelf schildert auf der Schlussseite seiner «Drei Brüder», wie damals in einer Wirtschaft gerade dieses Reden über allerlei «vaterländische Altertümer» und eine angeblich fast zwei Jahrtausende alte Überlieferung in ein

Die Besinnung auf die eigene Kultur bildete die eigentliche
Voraussetzung des Wunsches «nach der Wiedergeburt des helvetischen
Staatslebens»

leidenschaftliches Gespräch über gegenwärtige Zustände einmünden konnte –
so dass Gegner nachträglich glaubten, es habe hier eine politische Verschwörung,
eine sorgfältig vorausgeplante Versammlung stattgefunden![3] Das Suchen nach
der lebendigen Überlieferung und die tastenden Versuche nach einer gesellschaftlichen Erneuerung bilden in jener unruhigen Zeit des beginnenden
19. Jahrhunderts bei Freund und Feind eine Einheit.

Guido Görres, der ein Bändlein über Niklaus von der Flüe schrieb, schildert seine Reise durch den Kanton Schwyz (1839). Er sei auch gewesen –
«bei den politischen Häuptlingen des Landes, drei Landammännern, und nebenbei ist auch meine Sagensammlung, respective von Drachen und Riesen und
Bergmännlein nicht leer ausgegangen».[4] Die Überzeugung vom Wert der
eigenen Überlieferung und das Bewusstsein des Werts der Freiheit wurden
offenbar immer mehr als Dinge erlebt, die einander gegenseitig bedingen und
die ohne einander wahrscheinlich gar nicht denkbar seien. Bezeichnend genug
gehören viele der revolutionärsten Geister jener Zeit zu den fleissigsten Samm-

163

lern und teilweise auch zu den Neudichtern-Erneuerern der damals noch im Volke vorhandenen Überreste der alten Sagen.

Menschen, die sich in städtischen Verhältnissen eingeengt fühlten, übertrafen nun sich selber im Betonen der «in ihren Seelen» erwachenden Liebe zum Hirtentum. Bürger von Kantonen, die in der Alten Eidgenossenschaft fast in die Stellung von rechtlosen Untertanengebieten niedergesunken waren, arbeiteten nun unermüdlich an der Aufgabe, auch ihre unmittelbare Heimat als Mittelpunkte «der berühmten Schweizer Freiheit» zu entdecken. Thomas Bornhausen verherrlichte zum Beispiel in seinem «Heinz von Stein», gedruckt 1836 in Zürich, einen fast vergessenen Helden, der im 10. Jahrhundert das Thurgauer Landvolk gegen ein Absinken in die Leibeigenschaft zu retten versuchte. Damit der schweizerische Rütli-Mythos auch hier der Mittelpunkt von allem Geschehen sei und bleibe, sind auch diesen Mannen die drei Ur-Schweizer «im hirtlichen Kleide» und Tell nah! Sie erscheinen, weil die Handlung nun einmal dreihundert Jahre früher spielt, jenen Eidgenossen vor der Eidgenossenschaft sozusagen als erfreuliches Drogengesicht, aus des «Weihrauchs süssem Duft», den eine Hexe entzündet...[5]

Zweifelte jemand an ihren auf diese Art geschaffenen Sagengemälden, die sie bewusst als Anregungen für die Gegenwart und deren Jugend verstanden haben wollten, so verwiesen sie etwa wie der gleiche Bornhausen in seiner Verherrlichung des Appenzeller Freiheitshelden «Rudolf von Werdenberg» (1853): «Und schüttelt ihr spöttisch das weise Haupt, / Indem ihr des Sängers Worten nicht glaubt; / So gehet die Sennen zu fragen, / Die werden von Wundern euch sagen.»[6] Der dichtende Politiker, der politisierende Dichter fühlt sich in jenen Jahrzehnten vollständig als der berufene Wortführer einer ganzen Volkskultur.

Nur gelegentlich kamen über diese Männer, wenn sie aus ihren Freiheits-Räuschen kurz herausgerissen wurden und um sich die Wirklichkeit ihrer so geschäftstüchtigen Zeitgenossen erkannten, kurze Augenblicke der Verzweiflung. Der fleissige Sagensammler und wegen seiner Revolutionsgedichte in Bern hart verfolgte Christian Wälti (1819-1862) schrieb ein rührendes Gedicht «Alpenrösli»[7]: «Dort wo die Alpenrosen sind» besitze er in den Bergen eine Hütte. «Hee, i bi ne freie Ma, / Und im Gibirg deheime ja.» Ein Garten sei dabei, in dem jedesmal in der Nacht, ohne dass er wisse wie, alle Arbeit getan sei. Ein schönes Mädchen verdächtige er, dass sie es sei, die da alles für seine Blumen tue. Doch plötzlich erwacht dieser verträumteste unter den Freiheitsträumern einer sonst nur an Zahlen und Zinsen gläubigen Zeit: «Doch was traum i da für Sache, / Schwätze gäng und isch kehs Haar / Vo dem Hüttli u dem Gärtli / Und vom Meitschi o nit wahr. / We-n-es wahr wä, schätzt i mi, / Glücklicher, als das i bi.» Es bleibe ihm nur eins zu hoffen, dass man ihm auf das Grab eine Alpenrose pflanze.

Doch solche Augenblicke der Verzweiflung blieben bei diesen Menschen offenbar kurz. Schon trug sie ihre allmächtige Phantasie wieder in ihre «Alpenwelt» zu ihren Blumenmädchen, in die Vergangenheit oder in eine ferne Zukunft – und schenkte ihnen damit die Energie für den verzweifelten Versuch, eine ihnen dafür wenig dankbare Gegenwart umzugestalten.

«Hörst du in rauch'ger Hütte, was da der Alte spricht...», dann wisse man endlich, was das Wort «Freiheit» eigentlich bedeute.⁸ Dies war, in kurze Worte gebracht, die eigentliche Überzeugung jener politischen Mystiker. Verzweifelt mit den Worten des «Schriftdeutschen» ringend, das schliesslich von ihrer geliebten «Mundart» oft fast wie eine andere Sprache abwich, versuchten sie die vor ihren inneren Sinnen aufsteigenden, sie berauschenden Urbilder irgendwie zu erfassen. Aus den Bestandteilen alter Sagen und aus dem fast faustischen Suchen nach dem Sinn der eigenen Kämpfe um die Erneuerung ihrer Heimat erwuchs so etwas wie eine erstaunliche Mythologie, sogar etwas wie eine Religion für freiheitsliebende Bürger. Den guten Pfarrer Bornhausen muss es zum Beispiel bekümmert haben, wie man sich offenbar unter seinen Kollegen «Über den traurigen Seelenzustand derer, die mit Alpen und Vaterland Götzendienst treiben», Gedanken zu machen begann.⁹

An der Alpen «Festungswelt» habe einst sogar «die wilde Brandung der alten Sintflut brausend sich zerschellt» – an den Alpen sei dann in jedem Zeitalter die die Welt zerstörende Sintflut der Sklaverei aufgehalten worden: «In einer Hütte ward ja Tell geboren, / Und Zwingli selbst war auch ein Hirtensohn; / Der einst der Menschheit Fesseln kühn zerschellte, / Aus einer Hütte trat der Gotterhellte.»¹⁰ In seiner 1828 entstandenen «Gemma von Arth» beginnt der Geistliche Bornhausen seine Verherrlichung des Berglers noch einigermassen zurückhaltend: «Ein Schweizer – das bin ich, ein fröhlicher Hirt, / Für Freiheit und Alpen geboren...» Tief unter ihm seien, heisst es schon unmittelbar darauf, alle Städte und Dörfer: «Ich habe zur äussersten Marke der Welt / Hoch über den Wolken mein Hüttlein gestellt.» Wir sehen, zwar tönt das verniedlichende «Hüttlein» eher bescheiden, aber man stelle sich vor – aus freiem Willen hat es sein Erbauer sozusagen darum in schwindelerregenden Höhen errichtet, dass man die Marke, die Grenze wahrnehmen kann, an der alles Irdische sein Ende findet... Entsprechend weit von «menschlichen» Trieben nach Gewinn und Macht wird darauf das Bewusstsein des Bewohners dieses «Hüttleins» geschildert. Voll fröhlicher Seelenruhe blickt er auf das sinnentleerte Treiben der Welt in den Tiefen: «Ich seh' es und blicke mit freudigem Sinn / Hoch über die Sorgen der Sterblichen hin.» Ist er denn selber gar kein Sterblicher mehr? Von ihm aus, wird weitergesungen, wenn er «durch Wolken hinab auf das Land» schaue, seien «gleich klein der Bettler, der König» – unmöglich könnte es ihm darum je einfallen, etwa nach Reichtum oder irgendwelchen Ehrentiteln zu streben: «Drum beugt er sich nicht in der Sterblichen Joch, / Drum denkt er zu gross, um zu dienen...»

Der dichtende Politiker, der sich zum Priester einer neuen Religion wandelnde Pfarrer wird zum Maler eines titanischen Gemäldes, das wir ganz nachempfinden müssen, um die Kraft hinter den Entwicklungen des 19. Jahrhunderts voll zu begreifen: «Und ob auch der Erde die Freiheit entflieh', / Den Alpen, den Hirten entweicht sie doch nie!»¹¹ Hier ist ihm sein Bergler gar nicht mehr ein Bewohner unseres von schwachen «Sterblichen» bewohnten Planeten, «der Erde», sondern ein offenbar mit göttlichen Eigenschaften begabtes Wesen.

Niemand, der in den vergilbten Gedichtbändchen jener Zeit geblättert hat, wird behaupten können, dass ich besonders ausgefallene Beispiele von Aussenseiter-Dichtern auswähle. Übrigens: Um die Jahrhundertwende konnte festgestellt werden, wie sehr noch 70 Jahre später diese gleiche Dichtung «Gemma von Arth» ihren Einfluss auf ein ganzes Volk ausübte. Sie wurde «später für das schweizerische Liebhabertheater umgearbeitet... so dass es sich bei den 250 Volksbühnen des Landes derart einbürgerte, dass die meisten es von Zeit zu Zeit in seiner neuen Gestalt zur Darstellung brachten».[12] Anlässlich eines Vortrages in Zürich (1967) vernahm ich sogar von einem alten Mann, «dass es früher in der Stadt Leute gab, die Volksabstimmungen so ernst und heilig nahmen, dass sie vorher immer aus schönen vaterländischen Dichtungen wie zum Beispiel der ‹Gemma von Arth› zu lesen pflegten.»

Politisches Alpenglühen

Die Freischärler, die in der ersten Hälfte des 19. Jahrhunderts ihre neue Traum-Eidgenossenschaft zusammenzimmern wollten und deren Banden das Land mehrfach in einen Hexenkessel unübersichtlicher Unruhen verwandelten, singen in einer zeitgenössisch-politischen Dichtung: «Nicht in den Bücherschollen, / In einem toten Fund, / Auch nicht in Aktenrollen, / Vergrauten, würmervollen, / Besteht der Schweizerbund.»[13] Für die Kenntnis der geschichtlichen Wahrheiten glaubten sie gar keine Vertiefung in handschriftliche und gedruckte Quellen mehr notwendig zu haben, deren Zeugnisse hielten sie sowieso für häufig genug «durch das Herren- und Pfaffenpack aller Jahrhunderte verfälscht».[14] Als letzten Beweis, dass das ganze Wesen der heimatlichen Überlieferung «der Kampf für die Freiheit» sei, sahen sie ihr eigenes Denken und Tun: Ganz bewusst wollten sie eine ihnen göttlich erscheinende Vergangenheit in allen geistigen und gesellschaftsverändernden Bewegungen ihrer Gegenwart zu neuem Leben erwecken – und sich gleichzeitig «das Streben der Helden-Ahnen» genau so ausmalen, als wären diese romantisch-radikale Stürmer und Dränger ihres Jahrhunderts gewesen...

Ihre «freie Geisterregung, / Die heut'ge Volksbewegung» war ihnen die gewaltige Auferstehung von unsterblichen Freiheitsmythen, die nur entartete Kleingläubigkeit für verblasste Kunde ansah: «Die Sag' vom Schweizerbunde / Entzückt noch jedes Herz.»[15] In einem langen Gedicht «Die Zeitung» verherrlicht wiederum der wackere Bornhausen das politische Nachrichtenblatt, das ihm nach seiner Schilderung «in dieser Wälder Mitte» in seine «Hütte» von einem Knaben zugetragen werde. Niemals werde aus diesem Grunde «mein Sinn verdumpfen»: «Wie mit wonnigem Gefühle / Ich ins Buch der Vorzeit sah, / Also steh' ich vor dem Spiele / Halbenthüllter Zukunft da.»[16] Ihre wegen ihrem «offen revolutionären» Gehalt von den Obrigkeiten des ganzen Abendlandes gefürchteten Zeitungen wurden den damaligen Schweizern zu gleichwertigen Verkörperungen des von ihnen besungenen «ewigen Freiheits-Geistes» – genau wie die Chroniken über Tell und seine Genossen oder ihre eigenen Sagenaufzeichnungen. Auf einmal galt das ganze «Alpenland» sozusagen als der Götterberg mitten in der Erscheinungen Flucht; der Leuchtturm, mit der unabänderlichen Aufgabe, die ganze Menschheit nach jedem Zeitalter des Verfalls und der Unterdrückung auf ihre wahren Ziele zu weisen: «Der Freiheit Priester ist der Alpensohn. / Die Erdenvölker hören mit Frohlocken / Die Predigt klingen von dem Felsenthron.» Oder: «Die Auferstehung lehrt der Senn auf Bergen. / Schon glänzt die Welt im lichten Frühlingsschein.»[17] Den Revolutionsgeist, der damals, in der Vierzigern des 19. Jahrhunderts, ganz Europa zu durchwehen begann, erlebten sie als Ausbreitung des Bewusstseins «dieser Männer in grobem Hirtenkleid» und geboren «auf grüner Alpenwies». Seine überall Unruhen gegen die Herrschaft der Fürsten erzeugenden Ausstrahlungen seien die Folgen des «Hinüberwehens» der eidgenössischen Freiheitslieder, des «süssen Tons» des Alphorns[18]: Also die Wirkungen der Berührung der Völker mit der Volkskultur der Gebirgshirten, deren ganzes Grundwesen jenen Dichtern auf diese göttliche «Freiheit» gegründet erschien. Wir wiederholen: So glaubten und schrieben vor allem Menschen, deren Heimatgebiete kaum unmittelbaren Anteil an den eigentlichen Hauptentwicklungen der Ur-Eidgenossenschaft genommen hatten und die im übrigen in schäbigen Stadtwohnungen hausten oder in bequemen Pfarrhäusern, aber kaum je in den von ihnen besungenen «Hütten der freien Sennen» nahe den Sternen.

Doch durch ein solches Denken, das nach und nach immer breitere Volksschichten ergriff und mitriss, verwandelte sich die Schweiz damals für seine Nachbarschaft wieder einmal in einen Unruheherd neuer Ideen, auf den jedermann mit Hoffnung oder banger Furcht blickte. In den Veröffentlichungen ihrer unbedeutendsten «Poeten der Freiheit» glaubte man das Ticken einer gewaltigen Zeitbombe zu vernehmen, die das Gefüge der damaligen Gesellschaft zu Staub und Asche zu verwandeln drohte.

Das Volksleben als Schauspiel

In jeder Beziehung «mysteriös» fanden ausländische Beobachter «den wundersamen Drang des Volkes in manchen Voralpen-Gegenden, um die frühjahrliche Zeit öffentliche Schauspiele aufzuführen»[1]: «Beim voralpinen Volke ist's ein aus der Vorväter Zeiten ererbtes Überkommnis, ein periodisch wiederkehrender Brauch...»[1] Wichtig waren hier, und wurden es seltsamerweise erst recht im 19. Jahrhundert, Schauspiele, «die Heldentaten oder Befreiungskämpfe der vorangegangenen Geschlechter feiern und dadurch zur Kräftigung des National-Gefühls beizutragen suchen».[1] «Bei diesen spezifisch schweizerisch-historischen Dramen wirkten... Hunderte von Personen mit, zu Fuss und zu Pferd, rezitierend, kommandierend und gehorchend, Volksgruppen bildend, Umzüge formierend, kämpfend zu Wasser und zu Lande.»[2] Es gab hier vielfach gar keine eigentlichen Haupt-Helden, die durch «Charakter und Taten» die Handlung trugen: «Der Held» war das ganze Volk eines Dorfes oder einer Talschaft, das sich selber seine eigene Geschichte vorspielte und deutete.

Als gutes Beispiel besitzen wir den «Kampf der Unterwaldner gegen die Invasion der Franzosen im Jahre 1799», wie er als gemeinsame Belustigung und politische Ermahnung am Anfang der Fünfziger des letzten Jahrhunderts von den Rorschachern vorgeführt wurde. Ein solches echtes Strassentheater begann in der Regel nach Beendigung des Vormittags-Gottesdienstes, also etwa um 10 Uhr, und ging dann bis 4 oder 5 nachmittags, also bis zum Abend – worauf die also erlebten Taten gemeinsam begossen und besprochen wurden.

Es ist aus allen heute noch vorhandenen Hinweisen zu entnehmen, dass die dargestellten «historisch-politischen Wendepunkte» von Teilnehmern und Zuschauern sozusagen als verpflichtende Wirklichkeit erkannt wurden. Sinn, Freude, Gefahr und Ziel der echten Demokratie, dem einzelnen fast unzugänglich im Alltag, verschmolzen durch ein auf diese Art verbrachtes Frühlingsfest zu einem gewaltigen Kunstwerk – als dessen Bestandteil sich jedermann miterlebte.

Die Freiheitsschlacht von Rorschach

Das Rorschacher Spiel vom Untergang der Alten Eidgenossenschaft wurde sehr bezeichnenderweise eröffnet durch die auf freiem Marktplatze abgehaltene Volksversammlung, die eine Landsgemeinde darstellen sollte. Alles war da, mehr oder weniger genau wie in der Wirklichkeit: Kleiner und Grosser Rat, Säckelmeister, Bannerherren, Landesweibel, der Schreiber, die übrigen Beamten, das seine Meinung äussernde Volk.[2] Der Landammann verkündete, dass man auf seine von den Vorfahren mühsam gewonnene Freiheit auf keinen Fall verzichten dürfe, und entfesselte dadurch eine spannende Auseinandersetzung: «Männer aus dem Volk verlangten das Wort und gaben ihre Meinung ab, was zu tun sei, genug, es war das leibhafte Konterfei einer Agitation, wie sie in Wirklichkeit sich entwickeln würde, wenn es sich ernstlich um Land

Das Schauspiel des 19. Jahrhunderts schwärmte besonders von jenen
Frauen und Kindern, die nach lebendiger Sage bei alten Freiheits-
kämpfen eine wichtige Rolle spielten

und Freiheit handeln würde.» Plötzlich nahte die Nachricht, dass sich der französische General Schauenburg mit seinen Heeren im raschen Anmarsch befinde. Der ganze Ort kam nun in Aufregung, Hörnerruf durchtönte alle Strassen, überall sammelten sich die Rotten der Verteidiger, und die Geschütze wurden herbeigeholt und am Ufer aufgepflanzt – wo schon «der Feind» in zahlreichen Booten herankam: «Jetzt entfaltete sich Pulververbrauch und Heftigkeit in Abwehrmassnahmen aller Art, dass, wenn es im Ernst gegolten hätte, nicht lebhaftere Geistesgegenwart hätte entwickelt werden können.»[2]

Doch schon brachten Unglücks-Verkünder die Nachricht, dass auch vom Gebirge her neue Truppen der Franzosen im Anmarsch seien! Die kühnen Verteidiger mussten nun einen Teil ihrer Kräfte verlegen, um ihren Ort von allen Seiten zu schützen – und die Möglichkeit, bloss unbeteiligter Zuschauer zu sein, verschwand damit vollständig: Das Publikum musste, wenn es genug erblicken wollte, in den Gassen herumrennen und sich damit dauernd «in die Mitte des Kampfes hineinwagen».

Die Abgrenzung der eigentlichen Teilnehmer wurde schon darum schwieriger, da nun jedermann die gefährdete Sache der Heimat immer mehr «zu Herzen» nahm: «Die löbliche Jugend vergegenwärtigte sich den Krieg und seine Konsequenzen so lebhaft, dass sie zu Rasenfetzen und Steinen griff, um nach Kräften das Ihrige gegen die fremden Eindringlinge beizutragen.» Zum Schluss wurden aber die heldenmütigen Unterwaldner auf einen immer engeren Raum zusammengedrängt, schöne Mädchen spendeten ihnen nun den letzten Trost und kämpften wild, wie es tatsächlich in vielen der sagenhaften Schlachten der Eidgenossen der Fall gewesen sein soll, Schulter an Schulter mit ihren Männern. Endlich, gegen Abend, ging eine aus Lattenwerk erbaute Kapelle in Flammen auf und gab den ergriffenen Zuschauern sehr geschickt den Eindruck, dass damit die letzten, bis auf ein Häuflein zusammengeschmolzenen Verteidiger ihren Tod fanden.[2]

Als Sinn solcher Spiele, ob sie nun den zeitlich noch nahen Kampf der Unterwaldner darstellten oder die fernen Tage Tells, wird uns stets ungefähr die folgende volkstümliche Weisheit überliefert: «Du bist der Herr Deines Landes... Wehre Dich und hilf, dass Du es bleibst!»[3]

Zeitgenosse Gessler

Fast lückenlos können wir im Alpengebiet, über all diese Fasnachts- und Frühlingsspiele, ein gutes Jahrtausend des volkstümlichen Theaters verfolgen: Die «Wilden Mannen», von denen man annahm, dass sie vor der vorrückenden Zivilisation «in die einsamen Berggegenden flüchteten», um hier ungestört «ihre Tänze aufzuführen»,[4] bildeten einst den Mittelpunkt aller entsprechenden Aufführungen: Sie waren für den Kreis ihrer Bräuche ganz zweifellos das Bild einer keine Zäune und Eindämmungen anerkennenden ungehemmten Gebirgs-Freiheit, durch fremdes Gesetz so wenig gebunden wie Sturm, Lawinen, Wildbäche; sozusagen Verkörperungen der göttlichen Energien in «wilder» Menschengestalt.

In den Tell-Spielen um den gefesselten und alle Bande zersprengenden Bergler erkannten wir dann sozusagen eine Erneuerung dieser vorgeschichtlichen Sage vom «Wilden Mann»; es ist bezeichnend, mit welchen Begründungen dann die Lust des Volkes am entsprechenden «Theater» nahezu ausgerottet wurde: J.J.Breitinger, allmächtiger Geistlicher und Politiker des Zürcher Staates, behauptete 1624, die ganze Unordnung, die Freude am Trinken, Tanzen, Spielen komme aus solchen Aufführungen. Leute, die Ehebrecher «und dergleichen» wurden, hätten sich einfach jenen Lastern hingegeben, die sie zuerst auf der öffentlichen Bühne darstellten. Von solchem Tun hätten «ihre unguten Gedanken den ersten Anfang genommen»...[5]

Die Entwicklung des neueren volkstümlichen Schauspiels und der Ideen der allgemeinen Demokratie sind im 18. und 19. Jahrhundert überhaupt nicht voneinander zu trennen, auch wenn die Zeugnisse über solche «Belustigungen des Pöbels» den schreibenden Vertretern der Oberschicht nur sehr zögernd und in geringer Anzahl aus den Federn flossen. Jede geschichtlich feststellbare Zunahme demokratischer Grundstimmungen war undenkbar ohne die Zunahme der «Bühnen-Spiele» dieser Art gegenüber den Erzeugnissen der von einer selbsternannten «vermögenden Elite» getragenen «Literatur-Moden»: «Dem Tell und seinesgleichen / Muss nun die ‹Nina› weichen.»[6]

Vergeblich spotteten Augenzeugen des 19. Jahrhunderts, denen wir freilich wegen der von ihnen aufgeschriebenen Tatsachen gar nicht genug dankbar sein können, über die Einbeziehung der ganzen Stadt in jenes so lebendige Strassentheater. Mitten in der Aufführung konnte zum Beispiel der grimmige Landvogt Gessler in einer Wirtschaft verlorengehen[7], oder er musste umgekehrt im entscheidenden Augenblick selber seinen künftigen Besieger Tell aus der Kellerpinte herausholen: «Chum jetz uhi, es isch jetzt a dir!»[8] Der endlich er-

Volksschauspiele regten die Politik an – und die politischen Auseinandersetzungen waren ausserordentlich theatralisch...

schossene «Tyrann» erhob sich dann schon bald aus dem Staub und brüllte dabei etwa, bevor er wiederum in der nächsten Schenke zu einer «Stärkung» verschwand: «Euch will ich es schon noch zeigen! Mich bringt man auch mit allen Ärzten zusammen nicht unter den Boden! Wenn ihr einmal gerade keinen Tell mehr auf Lager habt, dann komme ich sicher wieder – wir wollen dann sehen, wer Herr und Meister im Schweizerhause bleibt!»[9]

So lustig man das allgemein fand, so erkannte das Volk, das in den «Pausen» dauernd mit Tell und Gessler herumzechte, dass es sich in seinem «Theater» um keine «reine Kunst» im Sinne von irgendwelchen damals vorherrschenden ästhetischen Kunsttheorien handelte: Sondern um die Darstellung des Zusammenstosses von grundverschiedenen Lebenshaltungen, zwischen denen zu jeder Zeit und an jedem Ort gewählt werden muss. Als man nach dem Ersten Weltkrieg Strassentheater in riesigen Ausmassen, Darstellungen ganzer Revolutionen, zur politischen Beeinflussung der Massen zu verwenden versuchte, stammten die Anregungen dazu bezeichnenderweise vor allem[10] «aus den religiösen Schauspielen des Mittelalters – und aus den volkstümlichen öffentlichen Aufführungen der Alpenländer».

Soldaten ohne Uniform

Der oft so beanstandete «chaotisch-anarchistische Charakterzug» der Schweiz überlebte noch weit ins 19. Jahrhundert gerade auf jenem Gebiet, wo nach Auffassung vieler benachbarter Staaten «die Realisation von Ordnung und Disziplin» zu herrschen hatte: In dem von Kanton zu Kanton, oft von Gemeinde zu Gemeinde so verschiedenartig gehandhabten «Militärwesen». Dies wirkte sich um so bunter, fröhlicher (für Militaristen-Herzen freilich ärgerlicher...) aus, da die ihrer alten Überlieferung verpflichteten Eidgenossen eigentlich keine Berufsarmee aufstellen wollten, sondern jeden Mann zu «Waffenübungen» anhielten. Wie es dabei etwa aussah, zeigt die lustige Federzeichnung einer Landwehrmusterung im Emmental aus dem Jahr 1830, verfertigt vom grossen, bis heute verkannten Maler Jakob Friedrich Walthard (1796–1870): Es herrscht fröhliche, völlig entspannte Jahrmarktsstimmung, selbstverständlich mit allerlei Mädchen in ihren schönen Trachten, die mit den sehr harmlos wirkenden Gelegenheitskriegern herumschäkern.[1]

Das Ölgemälde des Franz Feierabend, das Basler Freikorps abbildend (1784), schildert eigentlich ein Fest mit Frauen in romantischer Landschaft.[2] Die «Musterung», die N. F. König im Kanton Bern 1789 nach der Natur zeichnete, zeigt einen in jeder Beziehung «disziplinlosen Sauhaufen» – ein langlockiger Jüngling liegt mitten in der amtlichen Handlung und spielt, offenbar an nichts anderes denkend, seine Flöte.[2] Noch für Johann Conrad Fäsy (1796 bis 1870) ist in der ersten Hälfte des 19. Jahrhunderts das Bild der Zürcher Milizen eigentlich ein Volksfest mit endlosem Herumschmusen und Zechen... Daneben zeichnete der gleiche Künstler freilich auch das Miliz-Wunschbild seiner Zeit: Auf einer Linie herummarschierende, wie aus einem Guss hergestellte Uniformmännlein. Sie wirken alle, als hätten sie einen Stock geschluckt oder seien bereits gedankenlos «parierende» Roboter – und im Hintergrund erhebt sich die Kaserne, ein Riesenkasten mit winzigen, in endlosen Reihen ausgerichteten Fenstern, eigentlich ein unheimliches Fabrikgebäude oder auch ein erbarmungsloses Gefängnis.[1]

Echte Sorge um die Gefährdung der «Freien Schweiz» durch die Nachbarstaaten, die «den Revolutionsherd auszumerzen» wünschten, vermischte sich in jenen Jahrzehnten bei den Anhängern der «Reorganisation der Miliz» mit ganz andern Gedankengängen: Dieses ganze «Militärwesen» war nach gewissen Kreisen geradezu ein Freiraum «wildester Freiheitsgelüste». Fast wie zu den Zeiten der in steinzeitliche Urzeiten zurückreichenden Jugendbünde der Eidgenossen bebten herrschende Gruppen vor dem launischen Tätigkeitsdrang irgendwelcher unberechenbaren «Freischaren».

Die versuchten «Reformen» waren freilich am Anfang lächerlich hastig und darum oft unwürdig genug. Gotthelf spottete: «Jetzt, da wir uns rüsten bald nach preussischer Manier, bald nach französischer, je nachdem unsere Kriegsgurgeln ein französisches oder ein preussisches Reglement auswendig gelernt haben...»[3] Am leidenschaftlichsten kämpfte aber gegen den «zentralistischen Militarismus» ausgerechnet ein Offizier und Spross einer alten, auch aus der Geschichte der fremden Kriegsdienste sehr bekannten Offiziersfamilie – der «Artillerie-Oberstlieutenant» Franz von Erlach (1819–1889). Aus der Angst vor dem mit Hilfe des «Militärdrills» bewirkten «Fortschritt» seines Volkes zu kadavergehorsamen «Fürstendienern» wurde er unter den Soldaten seiner Zeit zu einem geradezu unmöglich-revolutionären Denker.[4]

Die Lehre vom Volkskrieg

In Erlachs Entwurf zu seinem militärischen Paradies ist eigentlich alles ausschliesslich durch die Liebe des Einzelnen zur Freiheit geordnet: «Der Mann entscheide daher in erster Reihe über das Mass seiner Auszugsfähigkeit.» Der Jüngling «wählt frei die Waffe oder das Wehrmittel, dessen er sich zu behelfen wisse». Des jungen Kriegers Übung für den ausschliesslich als Abwehr verstandenen Krieg «beginnt gemäss des jedem Menschen ... angeborenen Triebes ... als völlig freies Spiel». Jede «Bevormundung» des Menschen durch «Militär-Exerziermeister» oder «durch den Turnlehrer» sei verwerflich; sie züchte die Unterwürfigkeit unter «einen meist unverstandenen, ausser ihm liegenden, fremden Willen».

Die Uniformen? Das Geld dafür sei «unnütz verschleudert». «Die Kleidung im Wehrkrieg steht dem Manne frei, nur muss sie für denselben in Dauerhaftigkeit und Wärme genügen.» Bei den Jungen werde sie nun einmal verständlicherweise «nach mehr jugendlichem Geschmack bunter und schmucker» sein. Kasernen? «Die meisten Friedenstätigkeiten, Übung, Musterung, werden gar keine eigenen Gebäude erfordern, indem sie im oder zunächst beim Hause des Wehrmannes ... stattfinden werden.» «Der Mann und die Gemeinde selbst sorgen auf eine geringe Dienstdauer (und die meisten Dienste werden eben nur kurze Zeit dauern) für die Nahrung.» Die Vorgesetzten? «Völlig frei durch die Gemeinde» werden nach Erlach die Anführer gewählt. Begeistert schwärmt er über die Zustände, die nach seinen Forschungen während der Blütezeit der Alten Eidgenossenschaft in vielen ihrer Landschaften vorherrschten: «Die Gliederung der Mannschaft für den siegreichen Wehrkampf entsprach fast vollständig derjenigen im Frieden. Die Leitung der Friedens-Angelegenheiten und die Führung im Krieg ging von denselben Männern aus. Landammänner, Schultheissen, Bürgermeister, eigentlich Friedensbeamte unserer Eidgenossenschaft, hatten die Anführung in unseren siegreichen Kriegen, und die ursprünglich zum Krieg bestimmten Venner und Hauptleute besorgten hinwieder Teile der friedlichen Verwaltung.» So behauptet der eigenartigste unter den Militär-Schriftstellern des 19. Jahrhunderts, dass «sogar siegreiche Wehrkämpfe ohne Anführer nicht nur denkbar, sondern auch viel häufiger, als man denkt, vorgekommen sind».

Jeder Eidgenosse sollte nach ihm wieder eine selbständig handelnde bewaffnete Einheit werden – der Widerstand eines also eingestellten Volkes sei niemals zu brechen, während eine «zentralisierte» Armee durch die Ausschaltung ihrer Armeeleitung oder das Gerücht von deren Verrat verhältnismässig leicht zu köpfen sei. «Die Gemeindemannschaft bildet ein selbständiges wehr-

kampffähiges Ganzes, ein kleines Heer.» «Der Mann rüstet sich also zunächst zur Wehr für Haus und Hof und stellt sich, sofern es Not tut und er es vermag, der Gemeinde.» Nur wenn diese unter keiner unmittelbaren Bedrohung steht, sendet sie ihre Mannschaft für die Verteidigung der Gesamtheit des Landes aus. «Nach erfolgter Entscheidung – sei sie ausgefallen, wie sie wolle – laufen die Wehrkräfte wieder auseinander: Nach dem Siege, um zu ruhen und sich herzustellen, bis ein neuer Angriff sie aufs neue aufbietet; nach der Niederlage, um sich in der, selbst feindlich besetzten Heimat im stillen zu erholen, zu stärken und zu rüsten, bis des Feindes Schwäche seine Vernichtung oder Vertreibung erlaubt.»

Widerstand als Kräftespiel

Im Widerspruch zur amtlichen Mythologie glaubte dieser unmögliche Erlach, der fanatische Erforscher der eidgenössischen Kriegsgeschichte, dass 1798 Bern nicht wegen zu schlechter Vorbereitungen beim Vorstoss der weniger zahlreichen Franzosen aufgab – sondern weil «es seine Soldaten von Offizieren in Kompagnien, Bataillonen und Regimentern nach der Mode des fremden Dienstes exerziert und kommandiert und zentralisiert» hatte.

Den Krieg gegen einen ins Land einbrechenden Feind sah er als ein ungeheures Spiel der «Wehrkräfte», die der freie, unter keinem Zwang stehende Mensch «in unbeschreibbarer Fülle» hervorbringe. Jede Austreibung des Willens zum selbständigen Denken und Handeln, jede Gleichschaltung und Uniformierung im «Miliztum» würden zur Ursache von «Hemmung, Angst, Befangenheit», die diese Kräfte mit der Zeit völlig unterbinden. Kein Befehl, Drill, Militärstrafgesetz könnten dann ein sich unterdrückt fühlendes Volk zwingen, im Kriegsfall nicht zu versagen. «Unsere Inspektionen und daherigen Rapporte bilden eines der trügerischen Phantome, Quellen der gefährlichen ‹militärischen› Selbstgefälligkeit.» Keine Vorschriften und Vorausplanungen der Welt vermöchten dagegen das zu ersinnen und zu befehlen, was der von seiner guten Sache überzeugte Mann aus freiem Willen zu leisten bereit sei.

Auch betrachtete es der fanatische Demokrat Erlach als einen Wahnsinn, unter dem Vorwand des Schutzes der Freiheit gerade die Grundlagen aller Volksfreiheit und -eigenart zu zerstören: «Dass Offiziertum, Kasernen, Militärhierarchie, Exerzierreglemente, Uniformen usw. mancherlei Verwandtschaft haben mit Priestertum, Klöstern, Kirchenhierarchie, Liturgie, Mönchs-Ordenstracht, Kirchenzeremonien wird eine tiefere und ernstere Auffassung kaum läugnen.» «Wie enge verwandt der Militarismus der Fürstenherrschaft, den Höfen, den Adelsvorrechten in Fürstenstaaten sei, braucht keine nähere Begründung. Die staatliche Umgestaltung eines Volkes ist jedesmal mit der kriegerischen Hand in Hand und hat um so tiefer gegriffen, je weiter auch diese ging.»

Es ist uns fachlich unmöglich, die Vorschläge des die menschliche Freiheit und Würde über alles in der Welt stellenden Offiziers gegen die seiner damaligen, zweifellos phantasieloseren, aber einflussreicheren Gegner abzuwägen.

Die «freie Art» der alten eidgenössischen Krieger (der Ärger aller Söldner-Offiziere!) erschien wieder als Vorbild eines «demokratischen Wehrwesens»

Es sei aber für eine Sammlung von Bildern aus der schweizerischen Kulturgeschichte auch ein Mann nicht ganz vergessen, der an die Möglichkeit glaubte, das Rad der Zeit wahrscheinlich um Jahrhunderte zurück- oder auch vorwärtszudrehen. Während die sich in allen ihren Erscheinungen gleichenden Militarismus und Industrialismus die Bühne ihrer Welt mit uniformierten Massenheeren von gefügigen Arbeitern oder Soldaten beherrschten, begeisterte er sich an der Vorstellung vom völlig freien Menschen: Sozusagen von einem neuen, im Bewusstsein von jedermann neuerstandenen Tell, der im Frieden wie bei der Bedrohung durch die Übermacht der Unterdrücker ohne die geringste Bevormundung durch irgendwelche Obrigkeit auszukommen vermöchte.

Viel mutiger als die meisten seiner säbelrasselnden, das eigene Überlegen zugunsten von sinnentleerten «patriotischen» Schlagworten ausschaltenden Standesgenossen glaubte auch Erlach an die uns eingeborene Fähigkeit, sich völlig freiwillig mit all seinen Kräften für eine ganze, die Entfaltung unserer Anlagen ermöglichende Gemeinschaft zu verschenken.

Der geheime Weltkrieg

Schon bald waren bekanntlich die Träume der Französischen Revolution vor der Wirklichkeit der seelenlosen Mechanik einer Bürokratenherrschaft verflogen, deren Herrschaftsbereich der Korse Napoleon – einfach weil dies seiner eigenen Allmacht am meisten nützte – über ganz Europa ausdehnen wollte: 1815 gewannen dann die alten Grossmächte wieder die Oberhand, und das Bestreben von Preussen, Österreich, Russland und des «neuen» Frankreich der königlichen Funktionäre war nun, aus allen Völkern des Abendlandes den «letzten Funken des Aufrührergeistes auszutreiben».

Nur ein Fleck in diesem Einflusskreis schien vollkommen unübersichtlich, unberechenbar zu bleiben – die winzige Eidgenossenschaft, dieser noch immer lockere, politisch unruhige Bund der in ihre Selb- und Eigenständigkeit verliebten Täler und Städtlein. Schon bald war diese kleine Schweiz in ganz Europa sozusagen sprichwörtlich für ihre Volksunruhen, «Aufläufe des Pöbels», mit wilder Leidenschaft geführten, von den Versuchen einer Zensur nur mühsam eingedämmten Zeitungsfehden und überhaupt «für ihre unerhört anarchischen Zustände».

Ein Grausen erfüllte alle in der Nachbarschaft thronenden «Obrigkeiten von Gottes Gnaden» und ihre «getreuen Staats-Räte» vor der Möglichkeit des Übergreifens «von einem solch demokratischen Chaos» auf ihre frommen und gefügigen Untertanen.

Sogar im alten Bern, trotzdem hier für kurze Zeit die mächtigen Patrizier (nicht ganz ohne ausländische Einwirkung) wieder auf ihre Ratssessel zu klettern vermochten, entsetzte die unheimliche Lebendigkeit des Volkslebens alle Verehrer der «guten Ordnung».

Trotz allen Massnahmen der Reformation hatten hier, um Fasnacht und Ostermontag, gewisse Überreste alter Frühlingsbräuche alle gestrengen Verbote überlebt: Empört musste, wie uns ein einheimischer Chronist berichtet, der mächtige österreichische Gesandte aus seinem Fenster mitansehen, wie der «Pöbel» in öffentlichem Strassentheater «Täu, dr trutzig Rebäu», also «den trotzigen Rebellen» und Tyrannenvernichter Tell feierte![1]

Es ist übrigens bezeichnend, dass der gebildete und zur wohlhabenden Oberschicht gehörende bernische Zeitgenosse, der diesen Vorfall aufschrieb, das alte, volkstümliche Freiheitsspiel fast ebenso verwerflich fand wie der ausländische Gast und Verbündete: Die Auftritte von Tell und Gessler, «umjubelt von einer wilden Meute Gassenbuben», verdienten nach ihm – dies war wohl die Ansicht von seinen meisten Standesgenossen – höchstens ein «mitleidiges Lächeln»...[1] Durch ihr Verbot sei für «das Publikum... nicht viel verloren».[2]

Vor dem Grafenriedhause in der unteren Gerechtigkeitsgasse, wo der Österreicher vornehm wohnte, hatte der schmucke Herold, welcher in der Regel dem das Strassentheater aufführenden Umzug voranging, die Ankunft des Helden Tell verkündet. «Ich mag den Mörder nicht sehen!» habe darauf der für die Ehre seines Kaisers beleidigte Gesandte geknirscht.[1] Die «wilde Meute» der bernischen «Gassenbuben», wohl die Nachfolger der einstigen

Tell erstand dem «radikalen» 19. Jahrhundert – als Hauptheld von Strassentheater und Fest-Umzug

«Nachtbuben», der für die Erhaltung der Bräuche besorgten Jugendbünde, wurde damit Zeuge eines Höhepunkts in der Geschichte des volkstümlichen Schauspiels: Der Berner, der als Verkleidung die Maske des «trotzigen Rebellen Tell» trug, zwang durch seinen Auftritt den Vertreter des österreichischen, noch immer wie in Rütli-Zeiten vom Geschlecht der Habsburger beherrschten Staates, mitzuwirken – sozusagen die Rolle des einstigen Landvogts Gessler zu übernehmen und sich gleich diesem über eine auf öffentlichem Platz stattfindende «Provokation» zu ärgern.

In solchen Vorspielen zu der Revolutions-Welle, die bald darauf das ganze durch Metternichs Polizeiordnung errichtete Gefüge der europäischen Politik zerrütten sollte, erwachten eben die alten, angeblich «als Lügen erwiesenen» Freiheitssagen zu einer neuen lebendigen Wirklichkeit.

JAKOBINER TELL

Ein Hass verband darum 1815 bis 1850 die reaktionären Staatsleute von ganz Europa mit den Vertretern der einheimischen Obrigkeit, die mit fremder Hilfe ihre einstige Macht noch auszubauen suchten. Für alle den «Revolutionären Geist» bekämpfenden Regierungen jener Zeit wurde der Berner Carl Ludwig von Haller zum Sprecher ihrer Ideen, genau wie es einst Rousseau für alle fortschrittlichen Köpfe des 18. Jahrhunderts gewesen war. Gegen Tell nährte auch dieser eine Abneigung, die so stark war, als wäre der wilde Bergler gar nicht eine sagenhafte Gestalt der Frühgeschichte, sondern eher ein noch immer das Land durchstreifender Gegner. Voll Leidenschaft lehrte er: «Wilhelm Tell rächte sich gegen Privatgewalttätigkeiten durch einen Mord, der aber mit dem Schweizerbund in gar keiner Verbindung stand.»[3]

Als nun die Kantone der Eidgenossenschaft im Verlauf des 19. Jahrhunderts immer mehr vom Aufruhr geschüttelt wurden und aus den volkstümlichen «Rebellen»-Spielen in den Strassen echte Rebellionen zu erwachsen begannen, wer war wieder, genau wie vor Jahrhunderten, das Sinnbild allen europäischen Ärgers mit diesem seltsamen Alpenlande? Graf Arthur de Gobineau, der als französischer Gesandter in der Schweiz 1850 nach Bern zog und von hier aus zu wirken versuchte, schrieb an seine Schwester, dass er mit Wut (fureur) «an diesen Jakobiner Wilhelm Tell denken» müsse: Hätte sich dieser Stammvater der Revolutionäre anders aufgeführt, «so wäre ich nicht hier, um mich zu langweilen und krank zu werden».[4] Nur sein Pflichtbewusstsein gegenüber seinen Auftraggebern scheint den vornehmen Mann bewogen zu haben, doch einige Zeit auf seinem verantwortungsvollen Posten auszuharren – den er selber als «den gefährlichsten Punkt der europäischen Politik» einschätzen musste: «Ein solches Urteil erklärt sich daraus, dass damals der Schweiz im grossen Widerspiel von Radikalismus und Konservatismus, von Revolution und Reaktion eine höchst bedeutsame propagandistische, ja Schicksalsaufgabe zugestanden wurde.»[4]

Gobineau, in seiner Freizeit leidenschaftlicher Archiv-Benützer, Chroniken-Leser und Geschichtsforscher, sah freilich seine Auseinandersetzung mit dieser unheimlichen Eidgenossenschaft gar nicht zeitbedingt, sondern nur als ein Glied in der Kette von sozusagen nach naturbedingten Gesetzen über die Weltbühne gehenden Geschehnissen: Die Schweiz, schrieb er schon bald, sei seit dem Mittelalter die Verkörperung der ewigen Revolution, der «révolution en permanence».[4] Die bernischen und andern «Radikalen», die damals in der Mitte des 19. Jahrhunderts um ihn herum viel Lärm vollführten, sie waren für ihn nicht Vertreter einer vergänglichen Partei, sondern Ausdruck eines Volksgeistes, dessen Wesen er im Aufruhr gegen jede feste, für ihn mehr oder weniger von Gott eingesetzte Obrigkeit und Ordnung sah!

Es ist nicht zu verwundern, dass dank solchen von ihm offen vertretenen Lehren die französische Gesandtschaft in Bern schon bald zum Mittelpunkt für alle Leute wurde, die gegen alles «Radikale» und «Revolutionäre» in der Welt von 1850 einen entsprechenden Zorn hegten. «Ich vernehme von allen Seiten», schrieb er 1853, «dass ich tatsächlich bei Patriziern, Aristokraten, Konservativen jeder Richtung, Ultramontanen, Jesuiten und anderen Anhängern des Vergangenen (et autres très arriérés) sehr beliebt bin.» Er stellt fest: «Wir stellen hier uns auf die Seite der Konservativen und hauptsächlich auf die Seite der Patrizier.»[4]

Es ist auffällig, wie viele der Vertreter der alten Berner Geschlechter sich damals mit Geschichtsschreibung abzugeben begannen – von den Schalthebeln der sichtbaren Macht immer mehr entfernt, versuchten sie den Ruhm ihrer Geschlechter und Namen «mit andern Mitteln» zu festigen.[5] Durch dieses «Familienbewusstsein» angeregt, begann auch Gobineau in Bern mit der Suche nach seinen Vorfahren; eine Neigung, die ihn schon sehr bald zu seiner für seine späteren schriftstellerischen Arbeiten so wichtigen Überzeugung «von der Wichtigkeit des Blutes für die menschliche Geschichte» bestätigen sollte...

LANDES-VERRAT UM VORRECHTE

Die Schweiz sei der moderne Mittelpunkt der «Anarchie»,[6] schrieb Rohmer 1841, «das peinliche Schauspiel unzähliger Autonomien, deren kleinliches Getriebe Europa ermüdet»: Die Rettung könnte nur dadurch kommen, dass das «deutsche Element» in der Eidgenossenschaft «die übrigen beherrschen und durchdringen» müsse: «Die Kraft, die Tendenz, die dazu vonnöten ist, kann ihm nur von Deutschland aus geliehen werden.»[7]

Auch der Gesandte Gobineau träumte von einem Einmarsch der Truppen der konservativen Mächte Europas in diesen «ewigen» Unruheherd Schweiz. Man sollte der revolutionären Eidgenossenschaft möglichst viele Teile abtrennen und sie den Nachbarstaaten einverleiben – dies würde dem radikalen Nest von neuem Bescheidenheit (modestie) lehren! Freudig wird von ihm solchen Ausführungen beigefügt, dass in dieser Beziehung die Höfe von Berlin und Petersburg möglicherweise «noch weiter» dächten: «Gobineau spielt da offenbar auf eine völlige Ausmerzung der Schweiz an.»[4]

Wie sehr solche Aufforderungen des in Bern sein Netz spinnenden ausländischen Diplomaten mit den Stimmungen der einheimischen Rückschrittler, die den Verlust ihrer Vorrechte befürchteten, übereinstimmten, beweist uns der gleichzeitig (1851) geschriebene Brief des schon als Tellhasser angeführten Karl Ludwig von Haller: Gerichtet war er übrigens an den Wiener Hofrat Friedrich Hurter, der sich in entsprechenden «kaiserlich-königlichen» Kreisen einigen Einflusses erfreute und den der Schweizer darum anflehte, die Gedanken seines Schreibens «vielleicht confidentielle einem einsichtsvollen Staatsmann» mitzuteilen.

Wie wahrscheinlich ein wichtiger Teil seiner Standesgenossen träumte von Haller von der Möglichkeit der Zerstörung des einheimischen «Radikalismus»: «Mit der blossen Ausweisung deutscher und anderer Flüchtlinge ist durchaus nicht geholfen; denn wären sie auch alle fort..., so sind ihre Freunde und Beschützer, die jetzigen schweizerischen Machthaber, nicht um ein Haar besser, aber noch viel gefährlicher...»

Hallers Plan der «Ausmerzung» des Revolutionsherdes deckt sich ziemlich genau mit dem des Franzosen Gobineau, und er fordert die Grossmächte zur «rechtmässigen Wiederabtrennung» von Graubünden, Wallis, Neuenburg, Genf, Bistum Basel, Tessin und Schaffhausen auf: Diese Kantone sollten nach ihm zwischen Frankreich, Preussen und Österreich aufgeteilt werden!

Die Eidgenossenschaft werde «durch solche, auf volles Recht begründete und den abgetrennten Teilen selbst nützliche Schwächung gedemütigt», und dadurch endlich von allen ihren revolutionären Stimmungen und Träumen vergessen: «Man hat Polen auch ohne seine Einwilligung geteilt, und doch war dieses wichtiger und weniger zu rechtfertigen als die blosse Lostrennung einiger der Schweiz ohne Grund und ohne Verdienst zugeteilten Landschaften.»[4] Es war vor allem die Ausstrahlungskraft der gefürchteten Freiheitsgedanken selber, die damals den europäischen Staatenbund aller Herrscher «von Gottesgnaden» fast an den Rand des Unterganges brachte und damit wieder einmal die Alpenrepubliken vor jeder geplanten Rache rettete.

Rassisten gegen «Bergleute»

Im gleichen Jahr, da Gobineau und Haller ihre ehrgeizigen Pläne entwickelt hatten, floh der Franzose in eine gewaltige dichterische und wissenschaftliche Arbeit, die sein Lebenswerk werden sollte: Er habe «nur einen einzigen Trost», also schrieb er Mitte 1851, es sei das Schreiben «an meinem Buch».[1] Dieses im «radikalen» Bern begonnene «Buch» wurde zu einem gewaltigen, vierbändigen Riesenwälzer, der in der deutschen Ausgabe «Versuch über die Ungleichheit der menschlichen Rassen» heissen sollte: Alle Kultur, dies versuchte er mit unglaublicher Belesenheit nachzuweisen, sei von einer einzigen unter den Rassen ausgegangen – eben der Weissen, der «Arischen» –, sogar die wertvolleren Zivilisationsleistungen Afrikas, Amerikas und Asiens seien nur durch deren vorgeschichtliche Wanderungen und Eroberungen entstanden.

Leider habe sie aber sogar in ihrem modernen Kerngebiet, also in den nördlichen Teilen Europas, seit der Urzeit die Keime ihres Unterganges in sich selber getragen: Die damals kaum entdeckten Pfahlbauten der schweizerischen Seen und die gerade in unseren Alpengebieten so häufigen Sagen von «Härdlütli», Erdleutlein, Feen und Höhlen-Kobolden fasste Gobineau recht geistreich als Zeugnisse für das Nachleben dunkler Ur-Rassen auf! Diese hätten in abgelegenen Gegenden bis in die Gegenwart der Herrschaft der hellhäutigen «Ritterschaften» Widerstand entgegenzusetzen vermocht.[2]

Nach und nach hätten sich aber Völker der Dunkelheit mit den Geschlechtern ihrer hellen Besieger vermischt, bis diese durch solche Verseuchung mit dem Blut der «niedrigen» Rassen sozusagen entarteten. In der von der Schweiz des 19. Jahrhunderts ausgehenden Revolutionswelle sah darum der vornehme Franzose den Beginn der endgültigen Zerstörung der «weissen» Oberschichten Europas.

Wie er es in seinem «Versuch» wissenschaftlich zu belegen suchte und wie er es später in seiner Riesendichtung «Amadis» besang, glaubte er, dass sich schon bald diese Revolution der «dunklen» Unterschichten Europas mit einem zukünftigen titanischen Aufstand der farbigen Rassen der Welt gegen die weissen Kolonialisten verbinden würde: In einem grauenhaften Schlusskampf werde, also war seine Hauptüberzeugung, das letzte «arische» Blut ausgerottet – dies sei dann der endgültige Untergang jeder menschlichen Kultur und das Versinken der ganzen Erde in den Zustand ausweglosen Tierheit.

Ideologen des Rassenstaats

Die düsteren Stimmungen Gobineaus, nur zu verständlich aus den schweizerischen Gegebenheiten in seiner Umwelt, sollten ihre kulturgeschichtlichen Folgen haben: Richard Wagner war von ihnen begeistert und beeinflusste mit ihnen all die zahllosen Verehrer seiner «Götterdämmerung». Der deutsche Kaiser Wilhelm, der Gobineaus Gedankenwelt vor allem in der vergröberten Fassung des Wagner-Deuters H. S. Chamberlain kennenlernte, sah sich schon

Das freie Mädchen, den das Kilten missbrauchenden Reichen zurückweisend, ist in der politischen Kunst der Zeit ein Sinnbild des mündigen Volkes

im Ersten Weltkrieg ebenso als letzter Vorkämpfer des «Ariertums» wie Hitler im Zweiten...

Wie sehr der Zusammenbruch des glänzenden bernischen Patriziats gegenüber allerlei «Berglern und Hinterwäldlern» auf alle Zeitgenossen als Schock wirken musste, beweist uns nochmals der schon erwähnte Zeitgenosse der Haller und Gobineau, der deutsche Konservative Friedrich Rohmer: «Das Schicksal von Bern ist die grösste historische Warnung für Deutschland. Was dort im Kleinen geschehen ist, würde hier, wenn es dem Radikalismus jemals gelänge, die deutschen Throne zu entwurzeln, im Grossen vor sich gehen...» Also lehrte er schon in seiner 1844 in der Schweiz veröffentlichten Schrift.[3]

Und weiter: «Nur wer die neuere Geschichte der Schweiz kennt, kann den Inbegriff der Schmach fassen, die damit über unser Vaterland käme. Es wäre uns besser unterzugehen, als auf diese Weise zu enden... Von allen schweizerischen Republiken ist keine in so eigentlichem Sinne untergegangen als Bern, weil es der ausgeprägteste Rassestaat war. Von diesem Punkt aus sind die Gefahren zu würdigen, welche Deutschland bedrohen.»[3]

Auch für Rohmer gab es offenbar nur zwei Möglichkeiten: Entweder diese schreckliche Schweiz, die die guten «Rasse-Staaten» in ihren Grenzen zerstörte, strahlt ihre Zersetzung aus und vernichtet Deutschland, das dann sozusagen zu einer gewaltigen, widerlichen Schweiz wird – die Schweiz vernichtet also die ganze abendländische «Ordnung»! Oder umgekehrt: Es gelingt Deutschland, diesen Unruheherd zu beseitigen, indem es die Kraft aufbringt, ihn wieder in das Gefüge seines sich erneuernden Reiches einzufügen.

Die Entdeckung des Volkes

Die Ansicht der Kaiserin Theresia (1777), die «elende Schweiz» sei das «Asyl aller Narren und Verbrecher»[4], erhielt damals, ganz im Sinne der Zeit, ihre «naturwissenschaftliche» Begründung. Ein österreichischer Gobineau-Anhänger und Hauptanreger Hitlers[5] lehrte dann: «Je weiter eine Gegend vom Meer liegt, desto länger sie vom Weltverkehr abgeschlossen war, je gebirgiger und unzugänglicher sie ist, desto inferiorer ist der Menschenschlag, der sie bewohnt. Man vergleiche dazu die zentralafrikanischen Zwergvölker, Madagaskar, Celebes, Borneo, Innerbrasilien, Neuguinea, Patagonien; ja man kann diese Erscheinung in etwas abgeschwächter Form sogar in Europa konstatieren: alpiner Typus, Basken, Walliser etc.!»[6] Das ganze gesellschaftliche Unrecht des 19. Jahrhunderts erhielt durch eine solche «politische Anthropologie» seine Begründung: «Die Tradition ist ein Kennzeichen der niederen Rassen.»[7]

Also erwuchs nach und nach der «wissenschaftliche und politische» Rassismus, wohlverstanden nicht die Lehre von den Unterschieden, sondern «von der Ungleichheit» der menschlichen Rassen, aus der von Revolutionen gerüttelten Schweiz von 1850: Patenschaft übernahmen die enttäuschten, entthronten Regierungs-Geschlechter und die sich «vor dem sich ausbreitenden Volks-Aufruhr» fürchtenden Konservativen der Nachbarstaaten.

Immerhin, ohne es zu wollen, blickten diese Männer, ihrer ständischen Herkunft nach die gebildetsten Menschen ihrer Zeit, tiefer in den Grund der von ihnen gehassten Bewegungen – als die meisten von deren in oft kindisch-ehrgeizigen Tageskämpfen gefangenen «Führer»: Im «radikalen» Wirrwarr, im Kampf um demokratische Verfassungen erkannten sie den zeitbedingten Ausdruck der aus verschütteten Seelengrundlagen stammenden, dem Bewusstsein des verachteten Volkes eingeborenen Grundbedürfnisse.

Faschismus und 19. Jahrhundert

Das faschistische «Reichsinstitut für Geschichte des neuen Deutschlands» gab zu solchen Gedankengängen ein Riesenwerk heraus, das erstaunlicherweise auch unter schweizerischen Gebildeten der traurigen Jahre 1933-1945 besonders zahlreiche Anhänger gewann: «Es ist nun noch darüber zu streiten, ob wirklich Urvölkerreste in diesen abseits liegenden Gebieten wie den Alpen oder Pyrenäen sitzen, ob auch die Isoliertheit und Abgelegenheit, die erst durch die von alten Schweizern wie Burckhardt und Segesser erbittert bekämpften Eisenbahnen behoben wurde, den Typus der Bevölkerung im Laufe der Geschichte so geprägt hat, dass sie als Reliktbildung angesehen werden könnte und sich auch so fühlte. Wer weiss, ob auch die Bevölkerung der Alpen nicht zu einem ethnographischen Kuriosum nach Art der Basken sich entwickelt hätte, wenn nicht die deutsche Sprache und der deutsche Drang nach Süden wie auch das Reislaufen immer dafür Sorge getragen hätte, dass die Verbindung mit der anderen Welt von dieser Insel aus aufrechterhalten blieb.»[8]

Trotz dieser nordisch-deutschen «Hilfe» sei aber diese Gebirgsschweiz die Gegenmacht zum von ihr gefährdeten «Reich» geblieben: «...das Gefühl, trotz aller Verbundenheit etwas Besonderes, von der übrigen europäischen Welt Abweichendes zu sein, ist lebendig, und es ist die wesentliche Ursache für das starke wissenschaftliche Interesse, das man von der Schweiz... aus für robinsonidische Restvölker aufbringt. Wie nicht anders zu erwarten, steht das Interesse für die Kelten an vorderster Stelle. Fast jeder Gebildete befasst sich mit ihnen.»[8] Bachofens Beschäftigung mit Etruskern, Basken, Lykiern und die ähnlichen Forschungen C.G. Jungs und Hans Mühlesteins sollten ebenfalls auf solche eidgenössischen Neigungen zurückgehen, selbstverständlich auch die stark von Sagen ausgehende Dichtung eines Gotthelf.

«Das für die Welt der alten Schweiz herrschende Gesetz der Flucht aus der Zeit, das vorzüglich sich in der Kulturgeschichtsschreibung eines Burckhardt und Bachofen verwirklicht, wird von Gotthelf nicht nur nicht durchbrochen, sondern in ganz klassischer Weise erfüllt und symbolisch dargestellt.. Wenn eine Welt sich aus der Spannung aussenpolitischen hochgeschichtlichen Daseins hinausbegibt und wenn ihre Substanz, die in den grossen Taten und Ereignissen liegt, verzehrt wird, rücken die Frühzeit, die Vor- und Frühgeschichte, die geschichtslos bäuerliche Welt ins Blickfeld.»[9]

Der Unterschied, so behauptete dieser belesene faschistische Kulturphilosoph, zwischen dem «europäischen», nach ihm nordisch-germanischen, und dem gehassten demokratisch-alpinen Wesen gehe so weit, dass sogar der Gebrauch des Wortes «Volk» an beiden Orten jedesmal Grundverschiedenes bedeute: «Hier drängt jede Erneuerung des Volkes, des Blutmässigen sofort zum Staatlich-Aussenpolitischen hin. Dort werden die Kultur und das Volkstümliche sich ihrer bewusst gerade in der Abwendung von allem Staatlichen, vor allem Aussenpolitischen.»[10]

Schach allen Thronen: Bakunin und Co.

Am Ende der «Dämonen» von Dostojewski, dieser 1870 bis 1871 entstandenen Darstellung des revolutionären russischen «Untergrundes», flieht der Held Nikolai Stawrogin in die sagenhafte Schweiz: «Im vorigen Jahr habe ich mich wie seinerzeit Herzen als Bürger des Kantons Uri aufnehmen lassen, und das weiss niemand. Ich habe mir dort schon ein kleines Haus gekauft. Ich habe noch zwölftausend Rubel; wir fahren dann fort und werden dort ewig leben. Ich werde sonst niemals nirgendwohin mehr reisen... Ich hoffe nichts von Uri; ich fahre einfach.» Nach Uri – der Heimat Tells...

Tausende, Zehntausende der sehr wirklichen Landsleute des politischen Romanhelden Stawrogin zogen in jenem Jahrhundert tatsächlich den gleichen Weg, voll Hoffnung, das irdische Paradies der Freiheit zu finden, oder auch ganz einfach von heimatlichen Zuständen endgültig enttäuscht. Aus innerem oder äusserem Zwang folgten sie den Fussstapfen eines N. M. Karamsin, dieses romantisch-verträumten Vaters der neueren russischen Dichtung und Geschichtsschreibung. In seinen schon 1790 geschriebenen «Briefen eines russischen Reisenden» schwärmte er seinem Volke vor: «Die Luft der Schweiz besitzt in sich etwas Belebendes: Mein Atmen wurde leichter und freier, meine Körperhaltung aufrechter, mein Haupt hebt sich ganz von selber in die Höhe, und ich denke mit Stolz über meine menschliche Würde.»[1]

Alexander Herzen, der erste der eigentlichen revolutionären Denker Russlands, mag dann 1849 bis 1850 als Flüchtling weniger romantisch geträumt haben als Karamsin, dieser ekstatische Lobpreiser aller helvetischen Hirtendichtungen von Haller bis Salomon Gessner. Doch auch ihn begeisterten Land und Leute zu allerlei naturphilosophischen Überlegungen über den Zusammenhang zwischen menschlicher Umwelt und menschlichem Freiheitsstreben: «Die Berge, die Republik und der Föderalismus erzogen, bewahrten in der Schweiz einen starken, mächtigen Schlag von Menschen, in ihren Eigenarten durch die Berge so scharf voneinander getrennt wie ihr Grund, und wie dieser ebenfalls durch die Berge geeint.»[2]

Durch romantische Alpenwanderer wie Karamsin und die von ihnen zu eidgenössischen Abenteuern angeregte, sich teilweise sogar auf schweizerischem Boden herausbildende slawische Gebildetenschicht wurde von nun an das ganze Denken der Riesenvölker des grössten Flachlandes unseres Planeten geprägt: Auch für die Menschen der endlosen eurasischen Ebenen erstand das Gemälde der Gebirge, ihrer Wildbäche und ihrer Menschen zu Sinnbildern der ewigen Sehnsucht nach dem Reiche der Freiheit.

Asyl nahe den Sternen

Schon 1783 wurde Salomon Gessners ziemlich rührselige Alpenidylle «Hölzernes Bein», übersetzt vom unentwegten Karamsin, in der Zarenstadt Petersburg verlegt. Sie wurde zum Erlebnis der Jugend.[2] Von unserem heutigen Geschmack aus bewertet, mag diese Dichtung, die einst auch einen Goethe begeisterte, ein recht unverdauliches Gemälde der eidgenössischen Gesellschaft darstellen: «Auf dem Gebirge, wo der Rautibach ins Tal rauschet, weidete ein junger Hirt seine Ziegen. Seine Querpfeife rief den siebenfachen Widerhall aus den Felsklüften und tönte munter durchs Tal hin...» Für den verzückten Karamsin befand sich hier aber eine Verdichtung jenes lebensnotwendigen Elements der Freiheit, dessen Anwesenheit er in der Alpenluft gespürt zu haben glaubte.

«Haben nicht ihn die Musen zu einem Lehrer der Unschuld und der Tugenden geweiht?» schrieb der Russe fast schon im Zustande des dichterischen Rausches. «Wird nicht sein Ruhm, ewig jung, auch dann leben, wenn sich die Trophäen der Eroberer in Staub auflösen werden?... Die Blumen der Poesie Gessners werden bis in die Ewigkeit nicht verwelken und ihren Wohlgeruch durch Jahrhunderte ausgiessen, jedes Herz beseligend...»[2] Unermüdlich rief er den ersten russischen Dichtern der Neuzeit zu, sich den grossen Anreger seines Weltbildes zum Beispiel zu nehmen: «Ihr, die ihr durch eure Naturanlage vom schöpferischen Geist besessen seid! Schreibt, und euer Name wird unvergesslich sein, doch wenn ihr die Liebe eurer Nachfahren verdienen wollt, so schreibt so, wie Gessner schrieb...»[2]

Sozusagen aus «vaterländischen» Rücksichten suchten dann die russischen Stürmer und Dränger in ihrem Riesenreiche nach einer eigenen «Gebirgsheimat» der Freiheit und fanden sie, jenseits der Steppen, im fernen Kaukasus. «Für die fortschrittlichsten Russen der zwanziger und dreissiger Jahre des 19. Jahrhunderts war der Kaukasus das Land der Freiheit, und für die russischen Dichter wurde der (Gebirgsstrom) Terek zum Bild des sich erhebenden, stolzen und unbezähmbaren Volkes...»[3] Durch den grossen Schriftsteller Puschkin erwuchs damals der Kaukasus, wie dies Belinski festhielt, für sein ganzes Volk «zum Sehnsuchtsland nicht nur der Freiheit ohne Grenzen, sondern auch der unausschöpfbaren Poesie, des seltsamen brodelnden Lebens und der kühnen Träume!»[3]

«Ich bin kein fremder Wanderer in deinen Bergen», besang dann auch der Lyriker Lermontow das gleiche Hochgebirge, «sie... gewöhnten mich an die Leeren der Himmel.»[3] Wie in Schillers «Tell», wo die Hirten auf dem nächtlichen Rütli in den Sternen die Bestätigung ihrer «ewigen» Rechte schauen, erwuchs auch hier aus dem Erlebnis der Höhen die «kosmische» Begründung der Freiheit: Kein Mensch der, einsam auf dem Berge stehend, in sein Bewusstsein die Bewegungen und das zeitlose Spiel der Kräfte im Weltall aufnahm, kann sich in der Folge mit irgendeiner Art von Sklaverei abfinden! Dieser tiefe Grundgedanke, durch die Werke von Rousseau, Haller und ihren Schülern durch das ganze Abendland getragen, erwies sich überall als eine gesellschaftliche Zeitbombe von ungeheuerlicher Sprengwirkung.

In einer Schilderung schweizerischer Zustände, niedergeschrieben 1885 durch den Schweden Strindberg, hören sich auf dem Gebiet der Eidgenossenschaft lebende russische Revolutionäre einen alten Alpenmythos an. Irgendwelche fremden Eroberer, «Alemannen oder Ungarn», hätten in Helvetien vom Gebirge auf den damals spiegelklaren Genfersee geblickt. Auch in den Wassern unter sich erblickten sie damit den Himmel – das brachte sie so durcheinander, dass sie vor diesem göttlichen Wunder auf der Stelle die Flucht ergriffen. Fast wörtlich wie sein Landsmann Karamsin ein Jahrhundert vor ihm schwärmt darauf auch einer dieser Russen: «Ich glaube, die reine, lügenfreie Luft, die man hier atmet, macht es, dass wir alles so schön finden, wenn ich auch nicht leugnen will, dass dieselbe schöne Natur eine Rückwirkung auf die Sinne ausübt und sie abhält, sich in alle unsere Vorurteile zu verstricken.»[4]

Am Kreuzweg der Neuzeit

Ganz abgesehen von seinen Überlegungen über die Rolle der Gebirgsnatur und des Zusammenspiels von Stammes-Eigenarten auf die Entstehung des freien Menschen war für den russischen Revolutionär Herzen «die Schweiz ein Kreuzweg der Geschichte, an dem durch Jahrhunderte alle die Welt beunruhigenden Ideen brodelten»: «In ihr predigte Calvin, in ihr predigte Weitling, in ihr lachte Voltaire, in ihr wurde Rousseau geboren.»[5] Bakunin, der im Jura unzählige Freunde fand, die alles taten, ihn dem Zugriff der unter dem Druck der zaristischen Bürokratie stehenden schweizerischen Verwaltung zu entziehen, sah in diesem Gebiet genossenschaftliche und anarchistische Ideen richtige Volksbewegungen auslösen, die durch ihre Folgen eigentlich auf alle gewerkschaftlichen und sozialistischen Bestrebungen Europas ihren Einfluss ausübten. Staunend vermutete der Russe als Ursache dieser Entwicklung geradezu besondere «Rassenanlagen» – neuere Erklärungen verweisen auf den wachen Geist, der sich bei den auch durch die Uhrenindustrie ungezähmten Handwerkern der so eigenartigen jurassischen Berglandschaft herausbildete:[6] «So etwas hat es seither nie mehr gegeben», erzählte uns bei Biel ein alter Mann, der diese Sage von seinem Grossvater gehört hatte, «Arbeiter, die die ganze Woche arbeiteten, marschierten oft vier oder sechs Stunden zu Fuss, um über gesellschaftliche Fragen zu reden. Ohne Schlaf ging es dann zurück, um rechtzeitig wieder die neue Woche an der Werkbank zu beginnen.»

Über den kulturgeschichtlichen Hintergrund des 19. und sogar des 20. Jahrhunderts behauptet neuerdings W. D. Ssedelnik: «Dank den Sonderheiten der geschichtlichen Entwicklung des Bundesstaates und seines verhältnismässig beständigen Demokratismus erwiesen sich im schweizerischen Schrifttum die Elemente der Volkskultur verhältnismässig widerstandsfähiger und lebendiger als in den Kulturen der andern westlichen Länder.»[7] Vom Kreis des lettischen Dichters und Revolutionärs Janis Rainis (1865–1929) vernehmen wir: «Sie verhielten sich mit grosser Hochachtung und Freundschaft gegenüber dem Schweizervolk.»[8] Russische Anarchisten, Volkstümler (Narodniki), Nihilisten, Sozialdemokraten, Marxisten jeder Richtung betrachteten fast ein Jahrhundert lang die Schweiz sozusagen als ihre «zweite Heimat». W. D. Bontsch-Bruewitsch, der enge Mitarbeiter Lenins, bezeugt sogar: «Jeder von uns, den Revolutionären jener Zeit, hatte für die Schweiz ein ganz besonderes Gefühl (ssowerschenno ossoboe tschustwo). Dieses Land stand damals den Schöpfern unserer Revolution nahe... ruhig lebten sie in den freien Kantonen der Schweizer Republik.»[9]

Der Alpdruck des Bürokraten der Vierziger, selber durch eine Revolution an die Macht gelangt (siehe Bild an der Wand!), war jede neue Volkserhebung

Im Wartesaal der Geschichte

Sozusagen als zeitlose Verkörperung der Elemente dieser Volkskultur, die noch dem Zeitalter des Industrialismus ihr geheimes Grundgesetz aufzuzwingen vermochte, erstand diesen Flüchtlingen wiederum die Gestalt jenes magischen Wilderers Tell: «Nicht einen vornehmen Ritter, keinen kriegerischen Eroberer erwählte das Volk zu seinem Helden, aber einen einfachen Jäger, einen gütigen und kühnen Menschen, den Rächer der Unterdrückten.» So schreibt noch eine moderne russische Schriftstellerin, die den schweizerischen Orten nachreiste, an denen sich einst die berühmten Flüchtlinge aufgehalten hatten.[10]

Als der Anarchist Netschajew in der Schweiz verhaftet wurde, schrieb 1870 sein Kampfgefährte Bakunin voll massloser Verbitterung: «Er nahm die Sage von Wilhelm Tell ernst; er liess sich vom republikanischen Stolz der an unseren eidgenössischen und kantonalen Festen gehaltenen Reden täuschen...» Enttäuscht fasste er zusammen: «Das Vaterland Wilhelm Tells... dieses einst so unabhängige und stolze Helvetien wird heute von einem Bundesrat regiert, der sich anscheinend nur noch durch die Polizisten- und Spitzeldienste, die er allen Despoten erweist, auszuzeichnen sucht.»[11]

«Tell», einfach als Wort, das jeden in jedem Sinn freien, innerlich und äusserlich unabhängigen Menschen bezeichnet, erfüllt die politischen Diskussionen jener Jahrzehnte: «Vertraut Genosse Greulich wirklich so stark der schweizerischen, also seiner ‹Bourgeoisie-Regierung›, dass er die Bankdirektoren und Millionäre der Schweiz für lauter Telle nimmt?» So schrieb zum Beispiel in diesem Sinne, bei Gelegenheit einer der zahllosen grundsätzlichen Auseinandersetzungen, auch Lenin.[12] Als «Kreuzweg» von Sagen, Utopien, «Sektierer-Träumen» aus Vergangenheit und Zukunft wurde damit die Eidgenossenschaft um die letzte Jahrhundertwende wieder einmal das ewige Reich der unbegrenzten Möglichkeiten!

Der mehrfach angeführte Albert Minder (1879–1965), der, wie wir sehen werden, seine bedeutende Rolle in der wahren Geschichte des einheimischen Sozialismus spielte, berichtete mir zum Beispiel «über viele Gespräche mit russischen Revolutionären, die so in der Zeit von 1895 bis 1920 in Bern vor allem in der Länggasse hausten (ich glaube fast, Uljanow-Lenin selber war mehrfach dabei)»: Der «kräuterkundige» und gastfreundliche Nachkomme «der alten Berner heimatlosen Zigüner» beantwortete «recht häufig» seinen Genossen die Anfrage, «wo im Walde Fliegenpilze zu finden seien», deren gefährliche Anwendung zum Erreichen von Rauschzuständen die Slawen während ihrer Verbannungszeit bei den Urvölkern Nordrusslands und Sibiriens neu kennenlernten. Man stelle sich nur das Bild vor: Im «Untergrund» bernischer Pinten begegneten sich die Mystik der letzten Alpennomaden mit derjenigen von finnischen und sibirischen Schamanen – und bildeten gleichzeitig einen Bestandteil der echten Vorgeschichte der kulturpolitischen Gegenwart unseres heutigen Europas...

Noch ein phantastisches Beispiel: 1917 lebte Lenin, also vor seiner Abreise mit dem Zweck der Entfesselung der bolschewistischen Revolution, in der unmittelbaren Nachbarschaft des «Cabaret Voltaire», des Entstehungsortes des Dadaismus, und war (nach sicher übertreibender Zürcher Bohème-Überlieferung!) «dessen sehr häufiger Gast». Genau wie seltsamerweise auch Jakob Christoph Heer, der damals so erfolgreiche Verfasser des Buches «König der Bernina» – dieses sehr im Sinne des 19. Jahrhunderts verbürgerlichten Gemäldes des Urbildes der Freiheit, wieder einmal in der Gestalt eines trotzigen Alpenjägers! Ausgerechnet Heer war «der grosse Freund» des damals in Zürich zusammengeströmten, kaum auf den ersten Blick mit ihm künstlerisch und politisch übereinstimmenden Flüchtlingsvolkes, dessen Ideen bald das Denken von Jahrzehnten prägen sollten: «Immer hat er, den man nur ‹König der Bernina› nannte, sie abgefüttert und getränkt und damit viele im nicht geringen Masse zum Nichtaufgeben und Weiterfahren ermutigt.»

Wenn die schweizerische Geschichtsschreibung der Neuzeit rechtzeitig davon abgerückt wäre, die Vorfahren zu emsigen und musterbraven Arbeitsbienen zu stilisieren, und wenn für die Russen ihre ersten grossen Revolutionäre nicht puritanische Denkmal-Heroen sein müssten – wir hätten heute ein genauso spannendes, lebendiges Bild des 19. Jahrhunderts, wie es wirklich und wahrhaftig war.

Glücks-Alchimie der Gesellschaft

Bezeichnenderweise im Jahre 1817 schrieb Heinrich Zschokke in der Schweiz sein «Goldmacherdorf»: ein Buch, mit dem verschiedene Verfasser die Geschichte des modernen Genossenschaftswesens beginnen. Es war ein Hungerjahr und nach dem Zusammenbruch der Alten Eidgenossenschaft und des «helvetischen» Staates von Napoleons Gnaden die Zeit des Neubeginns auf der Grundlage des Volkslebens. Der demokratische Schulmann Heinrich Pestalozzi, wiederum in seinem ganzen Werk von Rousseau beeinflusst, hatte Zschokke zu seiner Erfolgsschrift angeregt. Wichtig waren ihm auch die 1782 in Basel erschienenen volkskundlichen «Briefe über das schweizerische Hirtenland» (Basel 1782) von Karl Viktor von Bonstetten, wobei er mit dem Verfasser in unmittelbarem Verkehr stand.[1]

Nicht nur Glanz und Verfall des alten Genossenschaftswesens der Alpen waren durch dieses Werk den Gebildeten Europas bekannt geworden; Bonstetten ging bereits so weit, für jene ehrwürdigen Einrichtungen nach naturwissenschaftlichen Bestätigungen zu suchen: «Aus zehn Töpfen Milch in zehn Gefässe verteilt, wird weniger Butter oder Käse geben als aus der gleichen Menge, wenn sie in ein einziges Gefäss gegossen wird; woraus zu schliessen ist, dass die Käse- und Butterteilchen weit mehr anziehende Kraft haben, wenn ihre Masse sehr gross ist.»[1]

Die Alpgenossenschaften erschienen der neueren Gesellschafts-
Philosophie als Anregung zu einem glücklichen Volksleben

In Zschokkes «Goldmacherdorf» gelingt es nun dem Bunde der «Goldmacher», die Selbsthilfe des Volkes auszulösen und in Bewegung zu bringen. Gemeinsame Einrichtungen, Waschhaus, Dörr- und Backofen, Volksküche, genossenschaftliche Käserei entstehen, auf das Schulwesen wird Einfluss genommen. Das Zusammenspiel aller Kräfte erzeugt ein Wunder: Die ganze Gemeinde erholt sich und wird für jeden einzelnen zu einer Quelle des Glücks. Zschokkes genossenschaftliche Träumereien wurden ein Welterfolg, und überall entstanden Versuche, seinen Goldmacher-Bund nachzuahmen. Sogar im fernen Russland erlebte sein Buch von 1875 bis 1909 zwölf Auflagen![2] In Schichten, die von einer Selbsthilfe des Volkes das Ende von dessen Ausbeutung befürchteten, wuchs aber erst recht das Misstrauen gegenüber allen Schriften, die in diesem unheimlichen Lande entstanden. Als zum Beispiel Jeremias Gotthelf seine «Käserei in der Vehfreude» schrieb, diese Geschichte eines Dorfes, das gegen allen Eigennutz mit genossenschaftlicher Käseherstellung beginnt, warnte eine deutsche Zeitung vor der Gefährlichkeit dieser für das «kommunistische» Wesen der Eidgenossenschaft so bezeichnenden Schrift.[3]

Sozialismus vom Rütli

Zu einem der Hauptkünder des erneuerten schweizerischen Genossenschaftswesens sollte Johann Jakob Treichler (1822–1906) werden, der durch seine ganze Jugendentwicklung die Entartung des Volkslebens kennenlernen musste: Als Sohn einer armen Familie im Dorfe Richterswil am Zürichsee geboren, musste er schon 12jährig in harter Fabrikfron sein Brot verdienen. Durch Begabung und unsagbaren Fleiss wurde er Lehrer, ganz begeistert von seinem Wunsche, dem Volke in dessen wachsender Not zu helfen. Das damalige «Erziehungswesen» enttäuschte ihn aber und erfüllte ihn mit steigendem Entsetzen: «Die Schulen waren verwahrlost, die Schüler durch Fabrikarbeit von der Schule ferngehalten...»[4] Die jungen Lehrer, in denen der Geist von Rousseau und dessen Jünger Pestalozzi nachwirkte, mussten erkennen, dass es dem emporsteigenden Industrialismus fast noch weniger an echter Volksbildung und damit Volkskultur lag als den «Gnädigen Herren» des im Blut untergegangenen 18. Jahrhunderts.

Aufsätze über die schändlichen Zustände verschafften Treichler vier Tage Gefängnis und liessen ihn immer mehr zu einem kämpferischen Zeitungsmann werden. Leidenschaftlich schrieb er im «Boten von Uster», den er in «Allgemeines Not- und Hilfsblatt» umtaufte: «Die Volkssouveränität verlangt eine hinlängliche Geistesbildung und eine sichere ökonomische Stellung des Bürgers; der Proletarier ist abhängig, seine Lage unzertrennlich von Unwissenheit... Die Volkssouveränität ist der Zustand der gleichen Berechtigung, das Proletariat der Zustand der ungerechten Ungleichheit; sie sind daher einander so entgegengesetzt.»[4]

Noch heute sind die Tatsachen, die der 22jährige aus dem Schulamt gehetzte Lehrer zusammenstellte, lesenswert – sie zeigen uns die ganze Lage der damaligen Industrie-Jugend, dieser Kinder ruinierter Kleinbauern. Hier herrschten Zustände, die, wie es Treichler andeutete, gebieterisch nach einem neuen Tell verlangten: «Zu Konferenzdirektoren wurden selten Liberale, zu Präsidenten der Schulsynode aber ausschliesslich Geistliche gewählt... als ob man allem Volke damit sagen wollte: die Schule gehört jetzt wieder unter die Pantoffel der Kirche, und der Klerus ist der Gebieter und die Herrschaft über die Lehrerschaft; gerade wie Gessler in Uri eine Burg erbaute...»[5] 1839 legten 73 Lehrer im Kanton Zürich ihre Arbeit nieder, 19 Schulen wurden nur durch Seminaristen geleitet. Lehrerwechsel war alltäglich und verunmöglichte jeden folgerichtigen Unterricht; alles wurde zusätzlich getan, nur Schulmänner aus politisch unterwürfigen, frömmelnden Schichten zur Ausbildung zuzulassen. Nach Treichlers Beweisen zeigte damit das Seminar «das pflichtwidrige Bestreben, die Lehrerbildung soviel als möglich zu hemmen».[6] Was man den jungen Pädagogen ziemlich ausschliesslich beizubringen versuchte, war der Geist der «Unterordnung»: «Und wer dieser Subordination nicht in allen Teilen sich fügen will, dem geben sie Verweise, legen ihm Ordnungsbussen auf, suspendieren ihn, überweisen ihn dem Richter, entziehen ihm nach gerichtlicher Freisprechung sogar noch den Gehalt und setzen ihn unter scharfe Kontrolle.»[7]

Die Zürcher Politiker, die meisten nur zu deutlich mit den Grössen der damaligen Industrie verbunden, wollten sich einen jungen, die Zustände entlarvenden Schriftsteller noch weniger gefallen lassen als sich nicht «unterordnende» Lehrer. 1846 entstand ein «Maulkorbgesetz», das ermöglichen sollte, gegen die «gefährliche Agitation» solcher Art vorzugehen: «Angriffe auf die Unverletzlichkeit des Eigentums» und überhaupt auf «die bestehende Ordnung» wurden nun kurzerhand verboten.[4] Damit waren Treichlers Zeitung und auch der von ihm gegründete Arbeiterbildungsverein ungesetzlich und er selber ein paar Jahre gezwungen, in andern Kantonen juristischen Studien nachzugehen.

LANDSGEMEINDE UND GENOSSENSCHAFT

Langsam wuchs unterdessen der sogenannte «Grütli-Verein», der in Zürich seit 1846 bestand und zu dessen einflussreichem Mitarbeiter auch Treichler wurde. 1838 war er in Genf gegründet worden – aus einem Freundeskreis, der sich jährlich an der Appenzeller Landsgemeinde traf und sich auf diese Weise an der eidgenössischen Ur-Demokratie begeisterte. Johannes Niederer, ein Freund und Mitarbeiter Pestalozzis und dazu «der älteste Appenzeller», hatte ihm seinen an die alten Rütli-(Grütli-)Mannen mahnenden Namen gegeben und von dieser Bewegung so «Grossartiges» erwartet, «wie einst die Schweiz aus dem Grütli hervorgegangen ist».[8]

Es war dies nicht zu wenig behauptet! Hier entstand der «stärkste politische Verein der Schweiz», der schon bald Massenaufmärsche der Arbeiterschaft in Bewegung zu bringen vermochte und der bei den Wahlen und durch seine Vertreter die ganze Gesetzgebung und Verfassung der neueren Schweiz massgebend prägte. Schon 1851 konnte der «Grütlianer» stolz versichern: «Des Grütli-Vereins Bekenntnis ist der Sozialismus», und 1869 wurde in Zürich «auf Antrag der Grütlianer» die erste Sozialdemokratische Partei der Schweiz gegründet.[9] Treichler, der sich nun erreichbaren Zielen zuzuwenden wünschte, wurde 1851 zu einem Hauptbegründer der einheimischen Konsumvereine, die benachteiligten Schichten zu erschwinglichem Preis die notwendigen Lebensmittel verschaffen sollten: «Eine derartige Organisation muss, um gesund und lebenskräftig zu sein, unmittelbar aus dem Volke herauswachsen», lehrte er den Grütlianern unermüdlich.

Unterdessen wurde er, für jeden kleinen Erfolg seine alten Forderungen zurückstellend, Kantonsrat, Nationalrat, angesehener Professor der Rechte, sogar Mitglied einer liberalen Regierung – was seine Wähler nach und nach als bewussten, für wirtschaftliche Vorteile erkauften Verrat an seinen Grundsätzen missverstanden... Enttäuscht zog er sich trotz allem äusseren Ruhm aus dem öffentlichen Leben zurück – am bittersten stimmte ihn aber die Tatsache, dass «seine» Konsum-Bewegung daran war, «zu einem gewöhnlichen Aktien-Spezereigeschäft» zu «entarten».[4] Sozialistische Bewegungen haben sich später unendlich herumgezankt, was für eine «Beendigung der Herrschaft von Menschen über Menschen» wichtiger sei, die «wirtschaftliche Revolution» oder die «Befreiung des Bewusstseins» – ob das eine oder andere zuerst stattzufinden habe. Treichler, begeistert von der «Grütli»-Romantik, hat es aber schon geglaubt, wenn er es später auch durch Jahrzehnte, im Ärger um die Gründung von Konsum-Genossenschaften und im Kampf um einzelne Volksrechte fast wieder vergass: Es gibt keine «sichere ökonomische Stellung des Bürgers» ohne dessen «hinlänglicher Geistesbildung» und umgekehrt. Diese zwei Dinge scheinen jene Pole zu sein, dank denen jenes Wunder zu entstehen vermag, das wir als völlige Verwirklichung der modernen Demokratie bezeichnen.

Der Wiedergeburt des Genossenschaftswesens durch Rousseau, Bonstetten, Pestalozzi, Zschokke, Gotthelf, Treichler und alle Grütlianer samt ihren geistigen Nachfahren bis in unsere Gegenwart ist es vielleicht vor allem zu danken, dass eine grosse Freiheitsüberlieferung in neuer Gestalt wieder ganze Bereiche des öffentlichen Lebens beeinflusste: «Die Genossenschaftler sind die schlafenden Heinzelmänner im Zauberberg, die über Nacht husch husch immer wieder gutmachen können... was eine fühllose und tolpatschige Wirtschaft dem Menschen tagsüber Leids antut.»[10] Diese wahren «Goldmacher» waren damit schon immer die von den Lobpreisern der lärmigen Geschichte oft bewusst zu wenig berücksichtigten Träger jener Kräfte, dank denen das unabhängige, lebenswerte Leben den Menschen erst ermöglicht wurde.

Sehnsucht nach Atlantis und Neu-Helvetien

Anstelle des dauernden «Aderlasses» durch die Söldnerdienste trat im 19. Jahrhundert nach und nach die Auswanderung. Man schätzt, dass von 1837 bis 1880 um die 180000 Menschen die Schweiz verliessen. Offenbar handelt «es sich vorwiegend um landwirtschaftliche Kreise, welche keine Lust verspürten, in die Industrie überzusiedeln, und darum den Wunsch haben, unter besseren Bedingungen als zu Hause derselben bäuerlichen Arbeit zu leben wie in der Heimat».[1] Diese Menschen verliessen also ihr Land nicht etwa, wie man es uns noch in den Schulen lehrte, weil sie ihrer Schweiz «untreu» wurden, sondern aus dem genau entgegengesetzten Grund: Sie zogen in die Ferne, weil sie hofften, dort die Möglichkeit zum heimatlichen Lebensstil, der in der Eidgenossenschaft immer mehr zerstört wurde, wiederzufinden.

Erstaunlich genug, ergänzte das Land in jenen Jahrzehnten seine durch einen solchen Auszug entstandenen Bevölkerungslücken – durch die ungefähr gleich hohe Zahl von sehr begehrten «Einwanderern», die vom Auslande her der einheimischen Industrie zuströmten: «Die Einwanderer besetzen in der Regel jene Arbeitsplätze, welche die wachsende Volkswirtschaft neu schafft, die aber von der einheimischen landwirtschaftlichen Bevölkerung nicht eingenommen werden, vor allem beim Strassen- und Eisenbahnbau.»[1] Erstaunlich offen erklärte 1854 der aargauische Regierungsrat, wie froh man über die Verdrängung jener einheimischen Bevölkerung war, die von den Bedürfnissen der neuen Fabrikzeit noch nichts begreifen wollte: «Für Arbeitsscheue sei das Leben in Amerika die beste und wohltätigste, für Gemeinden und Staat aber zugleich die wohlfeilste Zwangsarbeitsanstalt.»[1]

F. Zyro, Theologieprofessor in Bern, erzählt selber, wie er einem oberländischen Sektierer, der nicht an die Heiligkeit des Besitzes glauben wollte, zuredete: «Das Beste und Glücklichste für ihn und die Seinigen wäre, wenn er nach Amerika auswandern würde.»[2] Solche Menschen mit eigenen Ideen, die sich keinem Zwang fügen wollten, scheinen einen guten Teil jener Wanderer gebildet zu haben, die einer unsicheren Zukunft entgegenreisten. Beruhigt schreibt 1880 ein wegen der unberechenbaren religiösen Volksbewegungen besorgter Geistlicher: «Aus dem Schangnau wanderte vor 10 Jahren der letzte Antonianer nach Amerika aus.»[3]

Amerikanische Hoffnung

Nach Amerika wich bezeichnenderweise der unruhige Wilhelm Weitling aus, der von 1840 an in der Schweiz seine Verleger und Anhänger fand. In den Zürcher Arbeiterbildungsvereinen «Eintracht» und «Hoffnung» waren nach Gottfried Kellers Zeugnis Zeitgenossen von seinem «Evangelium» ganz besessen[4]: Gegenseitige Bruderschaft und Liebe als Grundlagen seiner «kommunistischen» Gesellschaft waren ja nach seinem in Bern herausgekommenen Buche der Inhalt der geheimen Weltanschauung der Anhänger des hellenischen

Philosophen Pythagoras wie der «Essener»-Sekte und des Jesus Christus.[5] Seine Tätigkeit beendete der Eingriff von Behörden, die offenbar dem Drucke der durch solche Umtriebe beunruhigten abendländischen Mächte folgten: «Es ist bisher kaum beachtet worden, dass die europäische Diplomatie die Schritte Weitlings in der Schweiz seit seinem Aufenthalt in Genf argwöhnisch verfolgt und dass sich das Netz, in das er in Zürich geraten sollte, von langer Hand geknüpft worden ist.»[6] In der Ferne, in einer landwirtschaftlichen Kommune, versuchte er später etwas von seiner Überzeugung zu verwirklichen – in der Schweiz las man aber noch um 1900 seine religiös-politischen Lehren «fast wie eine Bibel».[7]

Entsetzt verwiesen damals die reaktionären Zeitungen und Politiker auch auf einen Gottlieb Heggi, der im Armenwesen von Burgdorf eine gewisse Rolle spielte und dabei 1849 sich offen als Anhänger der auf «Gütergemeinschaft» gegründeten Siedlungen des Wilden Westens bekannte und für sie im «Amtsblatt» warb. «Alle» sich um das mittellose Volk bekümmernden etwa 80 schweizerischen «Hilfsvereine» wurden angeklagt, solche Ideen zu teilen: Es gehe ihnen eigentlich gar nicht um Amerika, wurde angedeutet, sondern ihr Plan sei, durch Verbreitung solcher Kommunen-Wunschträume «bei den nächsten Wahlen über die umgestimmte hablische Bevölkerung zu siegen»...[8]

Die Freiheit war die Gottheit des radikalen Schulmannes Christian Wälti (1819–1862): Er besang sie als den ewigen Geist der Gebirgshöhen – als die eigentliche göttliche Ursache, dass die Eidgenossenschaft «im Wellenpuls der Völker nicht blutig untergeht»: «Siehst du den Sennhirt melken auf grünem Alpenthron, / Hast du ein Bild der Freiheit vor deinen Augen schon.»[9] Doch seine Vorgesetzten (der Sänger des Hirtenlebens war nun einmal kein Küher, sondern ein schlechtbesoldeter Lehrer im bernischen Armenquartier Matte) fanden ihn völlig untragbar.

«Es ist des Schweizers Höchstes: der Freiheit Feuergeist», hatte Wälti in seinen «Alpenklängen» gesungen. Man befand nun aber, dass sein Buch «an kommunistischem, Kirche und Staat mit Brand und Mord bedrohendem Inhalt wohl das meiste übertreffe, was in Deutschland an derartigem Zeug erschienen ist.»[10] Sogar sein Freund, der das Werklein herausgegeben hatte, der Lehrer Grossniklaus, wurde gerichtlich verurteilt, einen Monat «im Amt suspendiert» – und musste das weitere Drucken aufgeben. Wälti verlor seine Stelle, geriet in wirtschaftlich üble Lage, verzweifelte sogar am Wesen seiner die Freiheit der Alpen besingenden Kunst und folgte den Zehntausenden seiner enttäuschten Landsleute nach Amerika.

In freundlicheren Farben schildert ein Roman jener Zeit in einem Schlussabschnitt das Schicksal von Bergbauern, die es in ihrer Heimat wagten, sich gegen ungerecht empfundene Verhältnisse aufzulehnen: «Vor einem neuen Blockhause im Staate Ohio, in den Vereinigten Staaten Nordamerikas, sass ein junges Pärchen unter einer riesigen Sykomore, die ihre gewaltigen Äste weit über das Dach der freundlichen Wohnung hinstreckte.»[11] So nebenbei vernehmen wir, von wo diese in der «neuen Heimat» glücklichen Menschen die für ihren Neuanfang notwendigen Mittel beschaffen konnten: Der junge Bergler durfte einen reichen, bergsteigenden Engländer vor dem Abgrund retten –

In den Blockhäusern des amerikanischen «Wilden Westens» suchten
die Auswanderer die verlorenen Alphütten ihrer Jugendjahre

übrigens genau im gleichen Augenblick, als er gerade selber in die schauerliche Tiefe tauchen wollte. Wahrscheinlich fanden aber von jenen Hunderttausenden, die damals an ihrer Welt verzweifelten, die wenigsten das Glück dieses Helden eines politischen Romans.

Die ersten Hippies

Viele zogen weniger wegen äusseren Drucks, sondern der Stimme ihrer Sehnsucht folgend in jenen «Wilden Westen», von dem in allen Wirtschaften und auf allen Jahrmärkten so viel des Märchenhaften herumgeboten wurde. Ein Beispiel dafür sei der Berner Kunstmaler Friedrich Kurz (1818–1871), eigentlich in seinem Weltbild noch mehr als der Sozialmystiker Weitling ein fast moderner Hippie-Philosoph, der 1846 in seinem «Vaterlande» nirgends mehr seine geliebten «freien, kräftigen Hirten und Jäger» aufzufinden vermochte.[12] Also zog er, der von jung auf Darstellungen der sagenhaften Wilden Männer und uralte Freiheitsdichtungen liebte, zu den amerikanischen Indianern, «wo kein Pauperismus den Genuss der schönen Natur verdirbt, wo weder das Klima noch falsche Scham noch Mode die edelste Form der Schöpfung zu verhüllen sucht».[12] Mit roten Menschen lebte und liebte er und wurde zum Zeugen und leidenschaftlichen Maler einer Kultur, die freilich damals auch in jener Ferne vor dem Gift einer allesgleichmachenden Zivilisation ihren Untergang fand.

Seine Auffassungen über die Herkunft der Indianer näherten sich im übrigen denen des hochgebildeten, auch Rousseau bekannten Berners Samuel Engel – so dass man annimmt, er habe dessen Werke in der Stadtbibliothek eingesehen.[13] Engel glaubte nun unter anderem, dass Scharen der «Kelten», für deren Kultur er in Mundart und Ortsnamen der Heimat vielerlei Hinweise entdeckte, über den mythischen, seither nach ihm versunkenen Erdteil Atlantis nach Amerika eingewandert seien: «... und dort einige Worte ihrer Sprache zurückgelassen als Denkmäler ihrer Durchreise.»[14] Wie mag dies einen begeisterungsfähigen Künstler wie Kurz bestätigt haben, in Amerika sozusagen der heimatlichen Urzeit wesensverwandte Zustände wiederzufinden.

Doch in den Traum vom wiedergefundenen Atlantis, dem Paradies der einst auch die Alpen bevölkernden «freien Jäger», mischten sich für ihn düstere Zukunftsaussichten: Mehr als ein Jahrhundert vor dem aus ähnlichen Erfahrungen erwachsenden Hippie-Weltbild lernte er aus der Verbindung seiner Jugendeindrücke und der Anregungen aus dem Lebenskreis der Indianer – die Wichtigkeit einer unzerstörten Umwelt. Als Hauptgefahr für die Zukunft sah Kurz, dies wohlverstanden mitten im hysterischen «Fortschritts»-Aberglauben des Industrialismus, «dass durch die Entdeckungen des Menschen das Gleichgewicht der Erde gestört werde» und dass dies die «Vernichtung des Planeten» nach sich ziehen könnte.[13]

Sein Atlantis, oder, wie er seinen Besitz in Kalifornien nannte, «Neu-Helvetien», suchte auch Johann August Sutter. War er, als er Burgdorf verlassen musste, wie einer seiner Landsleute darstellt, ein «Bankerotteur, Flüchtling, Landstreicher, Vagabund, Dieb, Betrüger»? Oder, wie er es selber zu erzählen pflegte, «ein politisch Verfolgter», ein «Märtyrer», der für die Mächtigen seiner Heimat «zu liberal gewesen»[15]? Jahrelang, bevor die wirtschaftliche Entwicklung auch seine kleine Siedlung überrollte, verstand er es auf alle Fälle, durch geschicktes Schaukelspiel zwischen den Weltstaaten diese ziemlich unabhängig zu erhalten. Unter seinen «Rocky Mountain Men», also «Männern der Felsengebirge», ewigen Nomaden und Kriegern an der Grenze der Zivilisation[17], erstand ihm sozusagen die Ur-Schweiz der Wilden Leute neu – mit allen ihren masslosen «Lastern und Tugenden». «Alles, was ich in meinem Leben unternommen habe, habe ich zu meinem Vergnügen getan», stellte Sutter fest.[18]

Mehrere kalifornische Hippies, die 1966–1968 während meiner Bibliothekarszeit in Burgdorf in den dortigen Archiven nach ihren Ahnen, «Flüchtlingen aus der Schweiz des 19. Jahrhunderts», suchten, nannten ausgerechnet «General» Sutter als Vorbild – «weil er am Anfang unserer Geschichte den Versuch unternahm, im eigenen Lebenskreis sein eigener Herr (master) zu sein.» Viele verwunderten sich später, dass ausgerechnet er – «ein Schweizer» gewesen war, da doch diese zu seiner Zeit (mit Gottfried Keller zu reden!) «bereits einsilbiger und trockener geworden sind und fast keine Zeit mehr finden, auf Schwänke und Lustbarkeiten zu sinnen». Doch er war es nun einmal in seiner «eigenartigen Verschmelzung des volkstümlich Demokratischen mit königlicher Selbstherrlichkeit» genau wie in seiner Freude am «visionär Fabelhaften».[19]

Alle diese Menschen gingen im 19. Jahrhundert in phantastische Fernen, weil sie dort irgendwo «Neu-Helvetien» zu finden hofften; ihre wahre Heimat, die sie in der Umwelt ihrer Jugend hoffnungslos zerstört glaubten.

Johanna Spyri im Untergrund

Johanna Heusser wurde 1829 in Hirzel im Kanton Zürich geboren, und sie starb 1901 in der Stadt Zürich. Mochte sie auch ihre Kindheit und Jugend zum grössten Teil am Genfersee verleben und dann mit dem Zürcher Stadtschreiber und Juristen Bernhard Spyri verheiratet sein – mit ihrem Buch über das Alpenkind Heidi errang diese äusserlich so brave Bürgerin einen Welterfolg, der wahrscheinlich zu den bedeutendsten der menschlichen Geschichte gehört.

Die Bergwelt ist in ihrem 1881 erschienen Buch das Paradies selber, sozusagen das Reich der ewigen Götter: «Heidi war es so schön zumute wie in ihrem Leben noch nie. Sie trank das goldene Sonnenlicht, die frische Luft, den zarten Blumenduft und begehrte gar nichts mehr, als da zu bleiben immerzu. So verging eine gute Zeit, und Heidi hatte so oft und so lange zu den hohen Bergstöcken drüben aufgeschaut, dass es nun war, als hätten sie alle auch Gesichter bekommen und schauten ganz bekannt zu ihr herunter, so wie gute Freunde.» In diesem Märchenreich haust eigentlich nur der gute Geissen-Peter, das auf den Geschmack des Jahrhunderts zugestutzte Urbild des jungen Hirten, und es herrscht dort die mächtige Gestalt des «Alm-Öhi»; des einstigen Aufrührers und abenteuerlichen Söldners, der später aus heiliger Überzeugung Einsiedler auf seiner Alp wurde.

Offenbar gehen auch der guten Spyri bei ihrer Schilderung die damals noch lebendigen Bündner Sagen über die «Wilden Leute» durch das Unterbewusstsein: «Mit seinen dicken grauen Augenbrauen und dem furchtbaren Bart sieht er aus wie ein alter Heide und Indianer, dass man froh ist, wenn man ihm nicht allein begegnet.» «Alle Leute» unten im Dorfe nennen ihn den «Alm-Öhi», also den Oheim von der Alp, obwohl er «doch nicht der wirkliche Oheim von sämtlichen Bewohnern sein konnte»: Er ist eben der grosse Ver-

Während des Höhepunktes des Industrialismus Suchen nach dem Glück in den Alpen: Johanna Spyri, Nietzsche

wandte, die geliebte (und gefürchtete!) Vatergestalt von jedermann, der «Alte vom Berge»; ein verwirrender Romanheld, den man ganz gut als einen nur äusserlich menschlichen, in den Alpen wirkenden Ahnengott verstehen kann. Er lebt auf der «Almhöhe, wo frei auf dem Vorsprung des Berges die Hütte des alten Öhi stand, allen Winden ausgesetzt, aber auch jedem Sonnenstrahl zugänglich, und mit der vollen Aussicht weit ins Tal hinab...» Ruhig schaut er von dort dem Raubvogel zu und deutet sich den Sinn von dessen Rufen: «Der verhöhnt die Leute dort unten, dass sie zu viel zusammensitzen in den Dörfern und einander bös machen. Da höhnt er hinunter: Würdet ihr auseinandergehen und jedes seinen Weg auf eine Höhe steigen, wie ich, so wär's euch wohler!» Doch wenn er endlich aus der Gesellschaft von Heidi und Geissen-Peter, diesen Adam und Eva des Alm-Edens, in das in kleine Bosheit versunkene Tal niedersteigt, ist er plötzlich «die beliebteste Persönlichkeit im ganzen Dörfli»: «...auf seinem Gesicht lag ein so warmes Licht, als schiene bei ihm die Sonne von innen heraus.»

Als ich meine Sammlung «Mären um den lieben Gott» (Bern 1962) herausgab und daraus ziemlich häufig Schulklassen vorlesen durfte, verrieten mir im anschliessenden Gespräch Kinder, dass sie sich Gott «etwa wie den Alm-Öhi vorstellen». Dies vernahm ich gleichermassen in Zürich, Bern und Burgdorf, also eigentlich vor allem in städtischen Verhältnissen. Achtzig Jahre nach dem Erscheinen des Buches spricht dies noch mehr für dessen Erfolg als Millionenauflagen und Neuverfilmungen.

Heidi heidnisch

Im Jahrhundert der von Pestalozzi und allen seinen Nachfolgern geschilderten Zerstörung des Menschen im Giftkessel des Industrialismus waren die letzten «Almen» tatsächlich etwas wie Inseln des Widerstandes – das sichtbare Gegenbeispiel, der lebendige Beweis, «dass es auch anders sein könnte». Zahllos sind auch die sachlichen Beobachter, die, entsetzt wegen der durch Unterernährung, unnatürliche Fron, Flucht in Alkoholismus entstandenen «körperlichen Beschaffenheit der gewerbetreibenden Klasse», bei den letzten Berghirten eigentlich fast nur «Vorzüge» fanden: «schönen Körperbau, Gesundheit, Kraft und Gewandtheit.»[1]

In den Alpen noch fortwirkende Mythen von der alten Kultur der «Wilden Leute», «Bärglütli», Feen taten noch das Ihre. Aus solchen, etwas zeitgemäss verspiessterten Sagen schuf zum Beispiel noch ein Gotthelf für seinen «Sintram und Bertram» die eindrückliche Gestalt seiner jungen Druidin Emma: Man war damals allgemein gerührt von der Erzählung vom wunderschönen «Mädchen ab den Schratten», die bald als das «zurückgelassene Kind einer Völkerhorde» galt, bald als das «Kind eines Zauberers» – und das, von seiner Höhle aus, noch lange «heidnische» Bräuche zu verkünden suchte.[2] Letzte Mären von urzeitlichen Kräuterfrauen, Priesterinnen, Göttinnen der Gebirge verschmolzen sich für die Dichter mit dem Erscheinungsbild von wirklichen «freiheitsstolzen» Älplerinnen, die sie noch auf ihren Bergreisen erblickten.

Das Märchen «vom Frieden der Berge» wurde zum Auslöser von
Aufständen «gegen allen Zwang»: Das Hirtenmädchen wuchs zur Muse
der Revolutionäre

Schon beim grossen Engländer Milton (1608–1674) wird «the mountain nymph, sweet Liberty» als Genossin herbeigerufen[3]: Die Freiheit sah er offenbar als eine Fee der Berge, und es ist wahrscheinlich, dass ihn, der selber durch das Wallis wanderte, der Anblick von Gebirglerinnen zu diesem dichterischen Bild anregte. «Das schlanke Hirtenmädchen», das «durch Klee im Balsam-Duft der Veilchen wandelt»[4], dies stammt wohlverstanden gar nicht aus einer Schäferdichtung, sondern aus einer Schilderung der Innerschweiz, entwickelte sich fast zum Gemeinplatz. Die schöne Küherin wurde im 18., 19. Jahrhundert sozusagen zur Muse aller Freiheitskämpfer: An sich ein kaum weniger mythologisches Wesen als die von den Indern als Gefährtinnen Krischnas angebeteten Gopis, die am Anfang unseres Buches zum Vergleich erwähnten «Küherinnen» einer fernen Götterzeit.

«O Alpenblümlein, lose, / Das auf den Bergen tanzt...» So besingt ein Revolutionär von 1844 das «Schweizermädchen». Alles an ihr sei ein göttliches Wunder, schon die Art ihrer Hirtentracht: «So zeigt die leichte Hülle / Des Körpers Wohlgestalt.» Gott habe sie nur darum in seinem «Hochland» entstehen lassen – «damit nicht Menschennähe / Dein reines Herz befleckt». Sorglos springe sie auf Gletschern herum und von Fels zu Fels, «frei und flink» gleich einer Gemse. «Wie schön stehst du ob Wettern / Auf sonn'gem Alpenthron, / Und singst verwöhnten Städtern / Von deinen Bergen Hohn.» Sie sei es, die durch ihre, aus ihrem Höhenzustand geborenen Lieder, die «zu Tale» schweben, immer wieder «den Geist» der Menschen «nach oben» wende.[5]

In einfacher, für Kinder verständlicher Sprache verstand es die bürgerliche Zauberin Spyri, solche Bilder, romantisch zerflatternde Nachklänge eines ganzen Kulturkreises, wieder zusammenzufügen und in jede Haushaltung dringen zu lassen. Vielleicht hat sie damit noch mehr Einfluss über die Zukunft gewonnen als der gleichzeitig die gleichen Alpen durchtobende, sich für eine Wiedergeburt des Dionysos haltende Nietzsche.

Der moderne Alm-Öhi

Das Schlussgedicht in einem Buch, das die amerikanischen Hippies fast wie eine neue Heilige Schrift ansehen, nennt vor allem als Menschen, deren Nähe uns den eigenen Lebensweg (Tao) finden helfe: Einsiedler, Bergleute (mountain men), lächelnde Aussenseiter (smiling eccentrics), Kinder[6]... Sind wir hier nicht wieder einmal, diesmal in den kleinen «Untergrund-Heiligtümern», die sich im Herzen der grössten Städte der Welt befinden, im Reich jenes «Alm-Öhi»? Wenn wir im gleichen Werk die Schilderung der «zeitlosen» Umwelt lesen, die die gleichen Hippies um sich herum herzustellen versuchen, wenn sie sich in das Göttliche versenken, glauben wir sogar, in seine Alphütte versetzt zu sein: Holz, handgewobene Stoffe, Blumen, brennendes Feuer, Käse und Brot, alles «einfache, natürliche Dinge».[7]

Von 40 amerikanischen Hippies, welche ich 1966 bis 1968 «über die für ihre heutige Ablehnung der industriellen Zivilisation entscheidenden Jugendeindrücke» befragen konnte, nannten mir nicht weniger als 8 Spyris «Heidi» –

knapp (7) gefolgt von des Engländers Carroll «Alice im Wunderland», Barries «Peter Pan», «Tarzan» (je 5mal) und dem in Europa ziemlich unbekannten «Zauberer von Oz» (4): Alles wird uns verständlich, wenn wir auf nordamerikanischen Listen[8] der für 8- bis 11jährige Kinder wichtigsten Bücher stets dieses Werk der Spyri finden, das, 1884 übersetzt, in allen englischen Ländern einen unvorstellbaren Siegeszug feierte. Schon 1951 sah D. Fischer im bleibenden Nach-Weltkriegs-Erfolg solcher Dichtungen eine «Sehnsucht nach... Frieden, Ruhe, Beschaulichkeit, Gerechtigkeit».[9] Mehrfach wurde mir erzählt, wie sehr jetzt auch einheimische junge Anhänger der «Hippie-Philosophie» bei Spyri «sozusagen alle für uns wichtigen Sinnbilder» wiederfinden, «von der Freude an den Blumen bis zur Ablehnung jedes äusseren Zwangs bei der Erziehung».[10]

Die ganze Religiosität im Sinne des Bürgertums des 19. Jahrhunderts, die man einmal als die Hauptsache der Heidi-Geschichten ansah, «wird merkwürdigerweise von einer solchen Jugend gar nicht als störend empfunden, ja nicht einmal beachtet»[10]: Wahrscheinlich blicken hier schweizerische und amerikanische Hippies tiefer als alle die «Kenner der pädagogisch-wertvollen Jugendliteratur» durch 80 lange Jahre. Wenn Heidi auf dem Berg, vom Anblick des darüber ausgegossenen Sonnengolds entzückt, betend in die Knie sinkt, «bleibt letztlich unentschieden, ob Heidi hier die Landschaft oder Gott anbetet»:[11] «Sie operiert zwar mit Hilfe des christlichen Vokabulars, aber mit der eigentlichen christlichen Glaubenslehre hat ihre Handlungsweise kaum etwas zu tun. Wir fühlen uns – bedenkt man die Struktur dieser zentralen Romanfigur und blickt sich in der Jugendliteratur des 19. Jahrhunderts weiter um – an den edlen Wilden in den Lederstrumpf-Romanen J.F. Coopers erinnert... Sich Heidi als Kind Lederstrumpfs auszudenken gäbe gewiss Spielraum, um eine ganze Reihe von verwandten Zügen zu entdecken.»[12]

«Wir sind alle der Lebensphilosophie und eigentlich sogar dem Kleidergeschmack nach Kinder aus der Ehe von Lederstrumpf und Heidi», meinte bei der Tagung auf der Burg Waldeck, wo fast 3000 Jugendliche zusammenkamen, ein Gammler aus Kalifornien, um das Gemeinsame der amerikanischen und mitteleuropäischen Entwicklung auszudrücken.[13]

Der alte Mann und die Jugend

Albert Minder, Nachkomme «einer Sippe des heimatlosen fahrenden Volkes», wurde 1879 geboren. Das «Zigüner-Elend» der Vorfahren durch Jahrhunderte erschien ihm in den Achtzigern als eine sorgfältig verdrängte Sage, «über die man sogar mit den Kindern höchstens in übermütigen Stunden redete» – sogar «noch nomadisierende Familienangehörige» wurden zwar von den Eltern gut beherbergt, «aber man stritt den Nachbarn gegenüber ab, dass es sich um nahe Verwandte handelte». Minder, selber schon im «Fabrikler-Elend» aufgewachsen, wollte Lehrer werden und brachte es aus Geldmangel der Eltern «nur» zum Flachmaler. «Noch nicht zwanzigjährig» tat er aber schon alles, um über die «verdrängte» Vergangenheit seiner Umwelt, seine eigene Herkunft und damit seinen eigenen Standort ein sicheres, unverfälschtes Bild zu gewinnen. Er wurde durch seine Schriften und Erzählungen auch für spätere Zeiten zu einem der wichtigsten Zeugen für Zustände, «die man nicht nur in den von den Fahrenden abstammenden Familien, sondern in unserem ganzen Lande schamhaft zu vergessen sucht»: «Mehrfach habe ich miterlebt», erzählte Minder, «wie Leute, die noch von herumnomadisierenden Korbern, Kesselflickern, Scherenschleifern, Schirm- und Kacheliflickern, Kräutersammlern abstammten, ehrliche Aufzeichnungen hinterliessen – regelmässig wurden diese nachträglich von den ‹glücklichen Erben› vernichtet, die als ‹gute Bürger› gelernt hatten, sich solcher Ahnen zu ekeln.»

Wie er uns erzählte, fand er es schon am Ende des verflossenen Jahrhunderts heraus: «Was ich aber doch ermittelt habe, ist, dass diesen landesgebürtigen Heimatlosen oder Landsassen im Bernerland und auch in der übrigen Schweiz das Heiraten durch geschriebenes und ungeschriebenes Recht ‹ordentlicherweise› nicht erlaubt war. Das war eine sehr weise Massregel. Denn nicht genug damit, dass man diese ausnahmslos armen, aber aufgeweckten und freiheitsliebenden Leute ihres Ortsbürgerrechts mit seinen Nutzungsrechten meist verlustig erklärte, wenn sie einmal nach längeren Korber- oder Kessler-Hausierfahrten in ihren Heimatort zurückkehrten. Nein, um sich für alle Zeiten ihre Nachkommen vom Halse zu schaffen, versuchte man diese zu Heimatlosen gestempelten Ausgestossenen durch ein ebenfalls zu Recht erklärtes Verbot des Heiratens womöglich ganz auszurotten... Das sind geschichtlich erhärtete, aber recht unheilige Tatsachen, die ich, der Enkel der von aller Welt verschupften Ahnen, aus zerstreuten alten Papieren und aus vielen Geschichtswerken mit dem Eifer eines treuen Hundes ausgegraben habe, der auf dem Grabe seines verscharrten Herrn die Erde aufwühlt.»[1]

Heute weiss man, wie sehr der um 1900 und bis zu seinem Tode wegen seiner «nur der Agitation dienenden Pseudo-Forschungen» verspottete Minder mit solchen Worten mehr über unsere jüngste Vergangenheit aussagte als Hunderte der süsslichen «Heimatschriftsteller». Mit grosser Folgerichtigkeit verstanden tatsächlich die Gesetzgeber gewisser Kantone, bedürftigen Schichten, falls diese sich nicht bedingungslos den Amtsleuten zu unterwerfen wussten, ihr Recht auf Leben abzuwürgen: «Die Volkszählung von 1860 meldet in der ganzen Schweiz nur 37,3 % der Bevölkerung als verheiratet, verwitwet

«In Hinterhöfen und Mietskasernen träumten wir als Kinder von Sonne und Luft der Höhen» (A. Minder)

oder geschieden. Von den über 18 Jahre alten Einwohnern sind in der Schweiz bloss 46,9% verheiratet, verglichen mit den etwas mehr als 60% von 1960 also sehr wenig. In Frankreich erreichte dieser Anteil damals 73,6%, in Spanien 68,7%, in Dänemark und Grossbritannien 62,2%.»[2]

ZWISCHEN MARX UND ZIGEUNER-MAGIE

«Die Massnahmen der Obrigkeit», erzählte uns Minder, «wandten sich ausgerechnet gegen die Volksschichten, in denen am meisten vom alten Freiheitswillen lebendig war.» «Alle» diese fahrenden Korber, dies blieb seine heiligste Überzeugung, seien «richtige Träumer und Dichter»[3] gewesen: «An einem Abend redete das ‹Hudelvolk› am Lagerfeuer von mehr interessanten Sachen aus der weiten Welt als die angesehenen Herren an zwanzig Stammtischen nach ihren Kommissionssitzungen.»[4] «Sie mochten noch so versoffen sein», glaubte Minder, «immer träumten sie von der alten Freiheit, da es noch keine Schlösser und Zäune, dies zum Schutze der eigennützigen Reichtümer einer Minderheit, auf der Welt gab.» Schon um 1900 verfasste er, bewusst als Wiedergabe der Stimmungen eines solchen Volkes, ein Gedicht, das er während seiner Mitarbeit an der humoristischen, 1895 in Zürich gegründeten Arbeiterzeitschrift «Der Neue Postillon» abdrucken liess: «In Helvetiens schönen Gauen / Längst die wahre Freiheit schwand; / Der Besitz, das ist die Freiheit / In dem alten Heldenland; / Der Besitz von Geld und Gütern, / Was Gemeingut aller war / Und um das das Volk betrogen, / Jeder Selbstbestimmung bar...»[5]

In jenen Jahren, da ihm befreundete Politiker glücklich waren, wenn sie für das Volk geringfügige äussere Verbesserungen durchsetzen konnten, lehrte Minder: «Es gibt keine Freiheit des Proletariats, wenn dieses auf wirtschaftlichem Gebiet den Bürger bekämpft, auf dem Gebiet der Kultur diesem aber alles, nur etwas ungeübt, unbeholfen, schlecht nachmacht.»[6] Um ein treues Bild seiner geliebten «Heimatlosen» und damit der eigenständigen Kultur «einer durch Jahrhunderte rechtlosen Volksklasse» zu gewinnen, sammelte er aus mündlichen Berichten und seltenen Büchern Nachrichten über den ganzen Volksglauben jener letzten Alpennomaden: «Hätten die Reichen früher nicht geglaubt, das Volk der Landstrasse besitze geheime magische Kräfte, mit denen es sich zu rächen vermöchte – die Ärmsten der Armen wären noch tausendmal mehr gequält worden.»[6]

Doch er erlebte auf seinen Wanderungen so viel «in Nacht und Nebel», dass er recht bald seine Überzeugung vom Wirken «unbekannter Naturkräfte» mit seiner Weltanschauung «eines proletarischen Freidenkers» für vereinbar hielt. Schon vor dem Ersten Weltkrieg trat er öffentlich für die Wirklichkeit einer bernischen Spukgeschichte ein[7], und als wir ihn im hohen Alter in Burgdorf kennenlernten, galt er bei jedermann als etwas wie ein letzter Hexenmeister, auf alle Fälle als «überzeugter Spiritist». Um sein selbstgezimmertes Holzhüttchen am Stadtrande lag ein Wall von bunten, sorgfältig gesammelten Emmen-Steinen. Viele waren beschriftet oder mit Farbe in Drachen- und Dämonenköpfe verwandelt: Uralter Schutzzauber der Fahrenden?

Die 1344 Bücher (er führte genaues Verzeichnis!)[8], die die einzige Stube zum guten Teil ausfüllten, handelten bezeichnenderweise zum guten Teil von Sozialismus – und Magie: «Es ist sicher, dass die herumziehenden Zigeuner, weil sie im Freien, in Wald und Flur lebten, genau wie die alten Hirten und Jäger Gaben besassen, die eine zukünftige Wissenschaft wiederentdecken wird. Die knechtische Haltung, die den meisten Menschen durch Jahrhunderte anerzogen wurde, hat in uns Fähigkeiten unterdrückt und fast ausgerottet, wobei aus der blassen Erinnerung unsere Märchen und Sagen entstanden.»

DER WIEDERGEWONNENE STOLZ

All sein Wissen und seine Freizeit versuchte Minder für die Besserstellung des Volkes einzusetzen. Als er, im Alter immer kränker und «für einen Nachkommen der alten stolzen Fahrenden immer unerträglich schwächer», 1965 dank dem eigenen Revolver aus dem Leben schied, vernahmen es die vergesslichen Zeitgenossen aus den Nachrufen, zum Beispiel aus dem «Emmenthaler-Blatt»: «Zunächst gründete er 1899 den sozialistischen Abstinentenbund und wurde erster Präsident der Sektion Burgdorf. Daneben gründete er auch den Arbeiterturnverein, weil er von der Notwendigkeit der körperlichen Ertüchtigung überzeugt war. Seine Intelligenz führte dazu, dass er schon mit zwanzig Jahren Unionspräsident der gewerkschaftlichen Arbeitervereine wurde und bald darauf auch Präsident des Bildungsausschusses. Er führte gehaltvolle Bildungsveranstaltungen durch, rezitierte selber und umrahmte seine Vorträge mit musikalischen Darbietungen. Dazu verfasste er auch eigene Gedichte. In den zwanziger Jahren gründete er eine Gruppe der Roten Falken, dann entsandte ihn seine Partei in den Burgdorfer Stadtrat und in verschiedene Gemeindekommissionen...»[6]

Als den wichtigsten Teil seiner Arbeit betrachtete er aber «schon damals» (und erst recht, als er in der sich anbahnenden Zusammenarbeit der Sozialdemokratie «mit den Bürgerlichen» echten «Verrat» zu wittern glaubte und mit verschiedenen Freunden aus seiner Partei austrat) – seine Geschichten über die Lage der Unterdrückten und seine «proletarischen Bänkelsänge»: «Ohne seine Märit-Poeten wäre das einfache Volk noch ganz anders vertrampet worden.»[9] So sei es in allen vergangenen Jahrhunderten gewesen, und so sei es noch immer!

Den ganzen Einfluss solcher Menschen auf die frühe Arbeiterbewegung verrät uns eine vergilbte Zeitungsbesprechung, die er wie ein Heiligtum aufbewahrte: «Der Abkömmling unbändiger Zigeuner hat auch als sesshafter Arbeiter den Stolz und den Trotz eigener Art und eigenen Geistes behalten, er ist auch heute noch nicht der ‹Literat›, der ‹Schriftsteller› geworden, der seine Schuhe auf den Matten kleinbürgerlicher Salons abputzen darf, als Wundertier willkommen, mit der nötigen gesellschaftlichen Distanz natürlich. Nein, Minder bleibt bewusst der Prolet, mit so kraftvollen Bekenntnissen und mit so ungeschminkter Offenheit, mit so viel Stolz auf sein Herkommen, seine Art und seinen Stand, aber auch mit so viel ungeschminkter Hoffnungsfreudigkeit auf die bessere Zukunft, viel weniger seiner selbst als den Aufstieg der Klasse, dass sein Buch (‹Sohn der Heimatlosen›, S.G.) ganz abgesehen von den kulturgeschichtlichen Werten als der heute vielleicht interessanteste, beste Versuch rein proletarischer Dichtung zu würdigen ist.»[10]

Der Spielmann der Zukunft

Der so unbequeme, dann durch Jahrzehnte völlig totgeschwiegene Minder versuchte sich aber nicht nur in vollkommen eigenständiger, «rein proletarischer Dichtung» – er wurde, ebenfalls schon in seinen Zwanzigerjahren «und sogar während seiner Lehrzeit als Flachmaler», zum bedeutendsten Vertreter einer naiv-sozialistischen «volkstümlichen Bildkunst». 1909 schuf er ein riesenhaftes Gemälde, das er zuerst schlicht «1. Mai» bezeichnen wollte und dann «Fahrender Musikant beim Fabrikfeierabend» nannte. Schon beim Suchen nach guten Vorbildern stiess er «wiedereinmal» auf die ganze Entfremdung des Volkes gegenüber seinem eigenen schöpferischen Wesen: Der Mann aus der Gemeinde Oberburg, der ihm für die Gestalt seines Geigers Modell stehen durfte, schämte sich bezeichnend genug, «eine Fiedel in den Händen zu halten»! Also musste Minder noch einen zweiten Helfer gewinnen, der während des Malens neben dem unmusischen, gegenüber den Fahrenden-Künsten misstrauischen Alten stand und die Geige in den Händen hielt...[6] Zunächst dem die Volksscharen anführenden Spielmann malte Minder sich selber, als einen seiner Würde bewusst in die Zukunft schreitenden Arbeiter.

Als Minder 86jährig starb, wiederholte sich mit seinem «Gerümpel» das Schicksal all der ähnlichen Urkunden des 19. Jahrhunderts, deren Zerstörung er dutzendfach miterleben musste. Ein Burgdorfer Augenzeuge schilderte den Untergang einer kleinen Welt: «Wer wollte sich schon für das bisschen Hausrat, die zugegebenermassen eigenartige Bibliothek und das reparaturbedürftige Häuschen im Baurecht interessieren! Wohl oder übel mussten deshalb zusätzliche ‹Erben› gefunden werden, wie sie denn auch in Form von Bücherantiquar, Altstoffhändler, Stadtmist und Feuerofen auftauchten. Wenige Meter von den verzehrenden Flammen entfernt gelang es durch Zufall, einige Bücher und Papiere zu retten.»[5]

Doch Minder hatte vorgesorgt: Dutzenden von jungen Menschen, meistens noch Schulkindern, hatte er, wegen solcher Freundschaften von Spiessbürgern mit den dreckigsten Gerüchten gehetzt, seine Geschichten erzählt und sie damit offenbar für ihr ganzes Leben geprägt: Immer wieder beggnete ich am Ende der Sechziger in Jugend-Bewegungen jeder Richtung, in Hippie-Kommunen, Diskussions-Klubs, Künstlerkreisen, Redaktionen von Untergrund-Verlagen Menschen, die aus dem kleinen Burgdorf oder dessen Umgebung stammten.[11] Gut zehn solche Zeitgenossen, die ich selber zum grossen Teil während meines eigenen Aufenthalts in dieser Stadt (1957–1968) gar nicht gekannt hatte, erzählten mir, «die entscheidenden Anregungen für ihr Weltbild und ihre ganze Lebenshaltung nicht in irgendwelchen Schulen, sondern in jenen Stunden bei Minder erhalten zu haben».

So ist dieser Mann des 19. Jahrhunderts uns das beste Beispiel für eine sehr wichtige Möglichkeit: Auch er dachte, «als Sechzehnjähriger» in die «Neue Welt» auszuwandern, und erhielt 1918, «da er viele Revolutionäre während ihrer schweizerischen Asyljahre gekannt hatte», Einladungen nach Russland. Er blieb aber in seiner engeren Heimat und arbeitete für die Volksbildung und den kärglichen Lebensunterhalt. Er blieb, weil es nach seiner Überzeugung «nur eine bessere Zukunft geben kann, wenn es Leute gibt, die dableiben». Das heisst Menschen, die, allen Schwierigkeiten trotzend, die ganzen freiheitlichen Überlieferungen ihres Volkes zu sammeln, zu bewahren und weiterzugeben wissen. Und die es verstehen, diese Fülle von Tatsachen vor einer neuen Jugend zum Anschauungsunterricht auszubreiten und sie damit zu lehren, ein solches Wissen für ihre Gegenwart als Kompass in eine bessere Zukunft zu benützen. «Ich bin glücklich», erklärte er kurz vor seinem Tode, «dass ich noch erleben darf, dass eine vielgeschmähte Jugend solche Dinge, über die man zu meiner Zeit überall nur die Schultern zuckte, zu begreifen beginnt.»[9] Zwangsmässig gehörte in diesem Leben sein letzter Blick seinem Riesengemälde, das den einzigen nicht von Büchern überstellten Teil der Innenwand seiner winzigen Holzhütte ausfüllte: Aus «tausendfach verbrauchter böser Arbeitsluft» führt hier der ewige «Spielmann» sein Volk in ein neues Zeitalter der Freiheit, in dem Schönheit, Musik, Blumen, Liebe, Lust, Kunst, Phantasie wieder den Mittelpunkt bilden.

Anmerkungen

Abkürzungen:

C = A.Cérésole, Légendes des Alpes vaudoises, Lausanne 1885; BT = Beiträge zur Geschichte d. schweizerisch-reformierten Kirche, Hrsg. v. F. Trechsel, Bern 1841 bis 1842; D = R.Durrer, Bruder Klaus, Sarnen 1917–1921; EF = C.Englert-Faye, Vom Mythus zur Idee d. Schweiz, Zürich 1940; G = J.Gotthelf, Sämtliche Werke, Erlenbach-Zürich; HA = Handwörterbuch des deutschen Aberglaubens, Berlin 1927ff; HB = G.E.v.Haller, Bibliothek d. Schweizergeschichte, Bern 1785–1788; HBLS = Historisch-Biographisches Lexikon der Schweiz, Neuenburg 1921–1934; HH = J. Hansen, Quellen... zur Geschichte des Hexenwahns..., Bonn 1901; LB = V. Lötscher, Der deutsche Bauernkrieg..., Basel 1943; LT = R.Labhardt, W.Tell als Patriot u. Revolutionär..., Diss. phil. Basel 1947; OQ = W.Oechsli, Quellenbuch zur Schweizergeschichte, 2.Aufl., Zürich 1901; P = T.Paracelsus, Sämtliche Werke, Hrsg. v.B.Aschner, Jena 1926–1932; PE = P. Pulver, S. Engel, Bern 1937; QW = Quellenwerk zur Entstehung d. schweizerischen Eidgenossenschaft, Aarau 1933ff; RH = B. Reber, F. Hemmerlin v. Zürich, Zürich 1846; RT = E.L.Rochholz, Tell u. Gessler..., Heilbronn 1877; SAV = Schweizerisches Archiv f.Volkskunde, Basel; SD = H. Stricker, Die Selbstdarstellung des Schweizers im Drama des 16.Jahrhunderts, Bern 1961; SEL = G. Schirmer, Die Schweiz im Spiegel englischer u. amerikanischer Literatur..., Zürich 1929; SI = Schweizerisches Idiotikon, Frauenfeld 1881ff; SN = K. Schmidt, Nicolaus v. Basel, Wien 1866; SR = W.Stutzer, J.J.Rousseau u. die Schweiz, Basel 1950.

Die wilden Bergleute

1. In: R.Weber, Die poetische Nationalliteratur..., 3, Glarus 1867, 668.
2. K. F. Lusser, Geschichte des Kantons Uri, Schwyz 1862, 6.
3. K. Meisterhans, Älteste Geschichte des Kantons Solothurn..., Solothurn 1890, 2f.
4. J. J. Romang, in: Schweizerisches Taschenbuch auf... 1872, 1, Bern 1871, 201f.
5. SI, 2, 985f.
6. SI, 4, 273.
7. H. K. Hirzel-Escher, Wanderungen in weniger besuchten Alpengegenden..., Zürich 1829, 132.
8. P. Etterlin, Kronik v. d. loblichen Eidgnoschaft. Hrsg. v. J. J. Spreng, Basel 1764, 12.
9. QW, Abt. 3, Bd. 2, Teil 1, 73.
10. Anhang zu: Die Strettlinger Chronik. Hrsg. v. J. Baechtold, Frauenfeld 1877, 180f.
11. Vgl. A. Bernoulli, in: Jahrbuch f. schweizerische Geschichte, 6, Zürich 1881, 177ff.
12. QW, Abt. 3, Bd. 2, Teil 2, 37.
13. J. Dierauer, Geschichte d. schweizerischen Eidgenossenschaft, 1, 3. Aufl., Gotha 1919, 168.
14. E. Lerch, in: Blätter f. bern. Geschichte..., 5, Bern 1909, 313ff.
15. F. L. v. Haller, Helvetien unter den Römern, 2, Bern 1812, 482ff.
16. Vgl. E. Locher, Die Venedigersagen, Diss. phil. Freiburg, Tübingen 1922, 143ff.
17. W.Oechsli, Die Anfänge der Eidgenossenschaft, Zürich 1891, Anhang, 207.
18. OQ, 48.
19. J. J. Scheuchzer, Naturgeschichte des Schweizerlandes, 1, Zürich 1746, 482.
20. H. Dübi, in: SAV, 19, 1915, 93f.
21. M. Lienert, Die Wildleute, Zürich 1902, 76ff.
22. Die «Wilden Leute» als auf die Kultur der Alpen nachwirkende «Urbewohner» deutete u.a. L. Steub, Zur rätischen Ethnologie, Stuttgart 1854, 26.
23. F.A.Volmar, Berner Spuk..., Bern 1969, 193. Auch Volmar, mündlich.
24. Vgl. u. a H. Bender, R. Leuenberger, in: Kontakt, 4/5 (Sonderheft), Zürich 1967; Golowin, Vorwort zu G. Bourquin, L'invisible nous fait signe, Moutier 1968.
25. Vgl. Golowin, Berner im Hexenkreis, Bern 1967, 26. Nach Roland Siegrist (Thun), mündlich.
26. Pardon, 6, Frankfurt 1972, 52f. Vgl. Golowin, in: Kunstmuseum Luzern (Katalog): F. Gertsch. Hrsg. v. J. C. Ammann, Luzern 1972.

27. Schweizer Illustrierte, 23, Zürich 5. 6. 1972, 29. Auch Prof. Dr. Rudolf Gelpke, mündlich.
28. Walter Wegmüller (Basel), Vortrag in «Junkere 37», Bern (Juli 1972).
29. T.Leary, in: W. Wegmüller, Der Reiseweg, Basel 1972 (Edition Galerie Orly).

Vom Glauben der «Wilden Leute»

1. G. Schmid, Unter dem Panner des Kranichs, Oberdiessbach 1940, 35f.
2. O. Sutermeister, Sammlung deutschschweizerischer Mundart-Literatur, 2, Zürich 1882, 25f.
3. T. Vernaleken, Alpensagen, Wien 1858, 20f.
4. A. K. Fischer, Die Hunnen im schweirischen Eifischtale, Zürich 1896, 393f.
5. G, 18, 135.
6. H. A. Berlepsch, Die Alpen..., Jena 1871, 498.
7. Oltner Kalender auf das Jahr 1859, Jahrgang 2.
8. Die Schweiz, 1, Schaffhausen 1858, 142.
9. H. J. Leu, Allgemeines... schweiz. Lexikon, 19, Zürich 1764, 457.
10. Burgerbibliothek Bern, Handschrift Mss HH XXI b 361, 302.
11. H. Pestalozzi, Sämtliche Werke. Hrsg. v. G. Stecher, 3, Berlin 1928, 368.
12. W. Ebhardt, Die Zigeuner in der hochdeutschen Literatur..., Diss. phil. Göttingen, Allendorf 1928, 117.
13. Emil Leutenegger (Burgdorf), mündlich.
14. E. Leutenegger, S'Bättlerchucheli, in: Burgdorfer Dichter-Begegnungen, 3: Volkstümliches aus dem Bernbiet. Hrsg. v. Golowin, Burgdorf 1968, 46ff.
15. E. L. Rochholz, Naturmythen, Leipzig 1862, 126.
16. J. J. Jenzer, Heimatkunde des Amtes Schwarzenburg, Bern 1969, 188.
17. Vernaleken, 39f.
18. G, 18, 133f.
19. W. Muschg, Gotthelf, München 1931, 264.

Volk der Gestirne

1. Rochholz, Naturmythen, 121.
2. J. Jegerlehner, Sagen aus dem Unterwallis, Basel 1909, 65.
3. A. Jahn, Der Kanton Bern..., Bern 1850, 327f.
4. SAV, 2, 1898, 2.
5. G. Luck, in: Die Schweiz, 3, Zürich 1899, 261.
6. C. Vogt, Im Gebirg..., Solothurn 1843, 183ff.
7. Vgl. H. Göbel, Wandteppiche, Teil 3, Bd. 1, Berlin 1933, 27.
8. R. F. Burckhardt, Gewirkte Bildtepiche des 15. u. 16. Jahrhunderts..., Leipzig 1923, 47.
9. Burckhardt, 46.
10. W.Lüthi, U. Graf u. die Kunst d. alten Schweizer, Zürich 1928, 105f.
11. J. R. Wyss, Idyllen... aus d. Schweiz, 2, Bern 1822, 407.
12. SAV, 21, 1917, 37. Vgl. Golowin, Götter d. Atom-Zeit, Bern 1967, 102ff.
13. P, 4, 52.
14. G. v. Welling, Opus mago-cabbalisticum..., andere Aufl., Frankfurt 1760, 367f.
15. SN, 56.
16. A. F. Ludwig, Geschichte d. okkultistischen Forschung..., 1, Pfullingen 1922, 136.
17. Vgl. u. a. T. Arbogast, in: UFO-Nachrichten, 89, Wiesbaden 1964. Auch: Minna Bühler (Utzenstorf), Vortrag im Diskussionsklub «Junkere 37», Bern (1967).
18. Schon Flugblatt der Künstlergruppe «Arena FIERTAS», 1964. Vgl. Arena FIERTAS, Diskussions-Podium f. neue Dichtung, 1–3, Bern 1961–1964. Auch Golowin, in: Gertsch/Ammann.
19. R. Herzog, Kommunen in der Schweiz, Basel 1972, 49ff.

Brückenkopf für orientalische Ketzer

1. Ekkehart IV, Casus Sancti Galli. Hrsg. v. G. Meyer v. Knonau, Leipzig 1878, 188f.
2. Vgl. J.T. Reinaud, Invasions des Sarrazins..., Paris 1964 (Neudruck d. Aufl. v. 1836), 178ff.
3. HBLS, 6, 84.
4. Vgl. u.a. E. Pometta, Le origini piu remote della Svizzera, Mendrisio 1945.
5. J. Olivier, Le canton de Vaud, 1, Lausanne 1938, 309.
6. Vgl. E. Oehlmann, in: Jahrbuch f. schweiz. Geschichte, 3, Zürich 1878, 220f. Auch: B. Luppi, I Saraceni i Provenca..., Bordighera 1952.
7. Vgl. SAV, 15, 1911, 98f; SAV, 24, 1923, 88.
8. E. Lambelet, in: SAV, 12, 1908, 118f.
9. R. Schwab, M. Lienerts geschichtliche Dichtung, Bern 1940, 58f.
10. M. Lienert, Die Wildleute, Zürich 1902, 76ff.
11. M. Lauber, Häb Sorg derzue, Frutigen 1946, 12.

12. Vgl. u.a. F. Isabel, in: SAV, 11, 1907, 122.
13. O. Henne-Am Rhyn, Die deutsche Volkssage, 2.Aufl., Leipzig 1879, 346.
14. A. K. Fischer, Hunnen, 248.
15. Fischer, 419.
16. Dr. Robert Marti-Wehren (Bern), mündlich.
17. HA, 6, 1250. Vgl. G. C. Horst, Zauber-Bibliothek, 1, Mainz 1821, 165; Auch Horst, 2, 114; Horst, 3, 63 usw.
18. F. Hartmann, The life of Paracelsus, London 1887, 4f.
19. R. u. C. Meyer, Sterbensspiegel, Zürich 1650, 92f.
20. SAV, 15, 1911, 98f. Vgl. u.a. K. Dürr, Völkerrätsel in den Schweizer Alpen, Bern 1953, 115ff.
21. Vgl. H. Schreiber, Die Feen in Europa, Freiburg i. Br. 1842, 30.
22. Vgl. H. Hedinger, in: Jahresheft des Zürcher Unterländer Museums-Vereins, 11, Winterthur 1955, 7f.
23. J. Collin de Plancy, Dictionnaire infernal, Neuausg., Paris 1963, 64; J.-P. Clébert, Les Tziganes, Paris 1961, 26.
24. E. Lévi, Histoire de la magie, Nouvelle éd., Paris 1892, 319f.
25. E. Egli, Die St. Galler Täufer, Zürich 1887, 40.

Die Mär vom wunderbaren Sennen

1. SI, 3, 97f.
2. T. Vernaleken, Alpensagen, Wien 1858, 18.
3. Vernaleken, 24f.
4. J. R. Wyss, Idyllen, 1, 140f.
5. Wyss, 1, 145 u. 326f.
6. E. L. Rochholz, Naturmythen, 221ff.
7. H. Runge, in: Westermanns Jahrbuch d. illustr. deutsch. Monatshefte, 4, Braunschweig 1858, 31.
8. J. G. Kohl, Alpenreisen, 3, Leipzig 1851, 317.
9. Dr. A. Brüschweiler (Thun), mündlich (Dank Hinweisen von Walter Zürcher, Gurtendorf).
10. W. Eidlitz, Die indische Gottesliebe, Olten 1955, 136f.
11. Eidlitz, 224, 231 u. 254f.
12. Eidlitz, 246ff.
13. J. Herbert u. H. Ghaffar, Premier album de mythologie hindoue, Lyon 1955, 22.
14. Eidlitz, 263.
15. "Sakti is Energy, the primordial power and substance of the world." S. Kramrisch, The Hindu temple, 2, Calcutta 1946, 338.
16. Historischer Kalender..., Bern 1863.
17. C, 70.

18. Vgl. u.a. M. Eliade, Yoga, Zürich 1960, 270 u. 351ff.
19. C. Caminada, Die verzauberten Täler, Olten 1961, 245ff.
20. E. Schmid, Heilige des Tessin, Frauenfeld 1951, 128f.

Von heiligen Kühen und Bären

1. RH, 251.
2. D, 1, 45.
3. A. Tschudi, Haupt-Schlüssel... Galliae comatae..., Konstanz 1758, 112.
4. C, 296ff.
5. G. C. L. Schmidt, Der Schweizer Bauer im Zeitalter des Frühkapitalismus, 1, Bern 1932, 146f.
6. OQ, 375.
7. Vgl. W. Kupferschmid, in: Der Bund, 608, Bern 28. Dez. 1956; F. A. Volmar, Das Bärenbuch, Bern 1940.
8. R. J. Hodel, Vaterländisches Volkstheater, Diss. phil. Bern 1915, 78.
9. Mss HH XXI b 371, 66 (Handschrift, Burgerbibliothek Bern).
10. Mss HH XXI b 361, 311a.
11. Mss HH XXI b 371, 61.
12. R. u. C. Meyer, Sterbensspiegel, Zürich 1650, 86.
13. Vgl. u.a. R. Graves, Steps, London 1958, 323f. Vgl.: «Vor nicht sehr langer Zeit machte ein Schweizer mit einem Bären nur einen Begriff aus.» C. v. Grosse, Die Schweiz, 1, Halle 1791, 9.
14. RT, 7f.
15. Schweizerisches Artzney- u. Kräuter-Büchlein, in: A. Kyburz, Theologia naturalis..., Bern 1754, 30f.
16. H. Lommel, Gedichte des Rig-Veda, München 1955, 16f.
17. Wyss, Idyllen, 1, 135.
18. D. Jecklin, Volkstümliches aus Graubünden, Neuaufl., Chur 1916, 265f.
19. Vgl. C. A. Bernoulli, J. J. Bachofen u. das Natursymbol, Basel 1924, 438f.
20. Mss HH XXI b 371, 61.
21. Vgl. V. Weber, Kriegs- u. Siegeslieder... Hrsg. v. H. Schreiber, Freiburg 1819.

Alle Macht der Jugend – Reich der freien Mädchen

1. Vgl. L. Häusser, Die Sage vom Tell, Heidelberg 1840, 106f.
2. H. R. Grimm, Neu-vermehrte... Schweitzer-Cronica..., Basel 1733, 95f.
3. J. H.-A. Torlitz, Reise in d. Schweiz..., Kopenhagen 1807, 213.
4. J. G. Ebel, Schilderung d. Gebirgs-

völker d. Schweiz, 2, Leipzig 1802, 296. Vgl. u. a. K. Spazier, Wanderungen durch die Schweiz, Gotha 1790, 336f.
5. T. v. Uklanski, Einsame Wanderungen in d. Schweiz..., Berlin 1810, 296.
6. F. R. de Weiss, Principes philosophiques, politiques et moraux, 3. Aufl., Genf 1789, 104ff.
7. C. Padrutt, Staat und Krieg im alten Bünden, Zürich 1965, 190f.
8. J. Paul, Sämtliche Werke, 8 (Hesperus), Berlin 1826, 67.
9. C. J. de Mayer, Voyage en Suisse, 2, Paris 1786, 180f.
10. G. Caduff, Die Knabenschaften Graubündens, Chur 1932, 239.
11. N. Manuel, Hrsg. v. J. Baechtold, Frauenfeld 1878, 251f.
12. Vgl. K. Hirth, H. Bullingers Spiel... 1533, Diss. phil. Marburg 1919, 24.
13. Vgl. H. G. Wackernagel, in: SAV, 46, 1950, 80ff.

Hexenkunde: Durch das Dunkel zum Licht

1. G. Soldan u. H. Heppe, Hexenprozesse, Hrsg. v. M. Bauer, 1, München 1911, 216f. Auch für die englischen Schriftsteller in und nach der Reformationszeit ist die Schweiz «der Tummelplatz unheimlicher Zauberer u. Schwarzkünstler». SEL, 37ff. (Sogar das wilde Hexengemälde in Shakespeares «Macbeth» enthält Anspielungen an von Reginald Scot u. Middleton geschilderte Zaubereien im Bernbiet!)
2. HH, 411.
3. C. Meiners, Briefe über die Schweiz, 1, Frankfurt 1785, 336ff.
4. J. A. v. Sprecher, Kulturgeschichte d. Drei Bünde... Hrsg. v. R. Jenny, Chur 1951, 323.
5. Bader, 170.
6. H. G. Wackernagel, 113 (Nach P. J. Kämpfen, 1867).
7. J. Schacher, Das Hexenwesen im Kanton Luzern, Luzern 1947, 111.
8. SI, 3, 245.
9. Vgl. SI, 6, 28.
10. RT, 102ff.
11. C. Lardy, Les procédures de sorcellerie..., Neuchâtel 1866, 44f.
12. J. Cart, in: Revue historique vaudoise, 11, Lausanne 1903, 268f.
13. K. V. v. Bonstetten, Schriften. Hrsg. v. F. Matthisson, Zürich 1793, 108f.
14. Cart, 11, 268f; Auch: Revue, 5, 1897, 60f.
15. H. R. Grimm, Buch d. Natur oder Beschreibung des grossen Welt-Gebäus..., Burgdorf 1727, Vorrede.
16. J. Gotthelf, Die Rotentaler Herren, Erlenbach-Zürich 1941, 25.
17. Schweizerischer Merkur, 2, Burgdorf 1835, 372ff.
18. E. A. Evers, Vater J. R. Meyer..., Aarau 1815, 68f.
19. J. Binggeli, Eine seltsame u. ganz neue Geister- u. Wundergeschichte (ohne Verlagsangaben, wohl um 1893), 23 u. 59 (Landesbibliothek Bern).
20. M. Perty, D. jetzige Spiritualismus..., Leipzig 1877, 26.
21. Die Schwalbe, ein Berner Volksbuch, 1, Bern 1853, 54f.
22. K. Howald, in: Berner Taschenbuch, 20, 1871, 233f.
23. W. Hadorn, Geschichte des Pietismus..., Konstanz 1901, 219.
24. Schweizer Volksleben, Hrsg. v. H. Brockmann-Jerosch, 2, Erlenbach-Zürich 1931, 85.
25. F. Flückiger, Im Zwielicht, Langnau 1971, 7ff. Auch Pfarrer Dr. Flückiger, mündlich.
26. Einfluss des alten «Kultur-Untergrundes» schon auf Künstlergruppen der 50er, vgl. Golowin, in: Über H. C. Artmann, Hrsg. v. G. Bisinger, Frankfurt 1972, 122ff.

Drogen und Helden

1. Schweitzerisches Artzney- u. Kräuter-Büchlein, in: A. Kyburz, Theologia naturalis..., Bern 1754, 7.
2. Vgl. P. Kohlhaupt, Alpenblumen, Zürich 1964, 79f.
3. Vgl. z. B. A. Lütolf, Sagen... aus den fünf Orten..., Luzern 1862, 459f.
4. F. de Vaux de Foletier, Mille ans d'histoire des Tsiganes, Paris 1970, 158.
5. J. R. Wyss, Idyllen, 2, 1822, 409.
6. F. Störi, D. Helvetismus des «Mercure Suisse»... 1732–1784, Zürich 1953, 50.
7. Kyburz, Artzeny-Büchlein, 47.
8. J. H. F. Ulrich, Über das Interessanteste d. Schweiz, 1, Leipzig 1777, 110ff.
9. J. v. Muralt, Eydgnössischer Lust-Garte, Zürich 1715, Vorrede.
10. RH, 248.
11. RH, 245.
12. RH, 240.
13. RT, 137.
14. R. u. C. Meyer, Sterbensspiegel, Zürich 1650, 87.
15. Meyer, 92f.
16. Vgl. u. a. J. J. Romang, Die Bücher d. Heimat, 5, Interlaken 1928, 52ff.
17. K. Steiger, Sitten u. Sprüche der Heimat, 2, St. Gallen 1842, 87.

Die wahren Herren der Feudalzeit

1. F. Kuenlin, in: Die Schweiz in ihren Ritterburgen u. Bergschlössern. Hrsg. v. J. J. Hottinger u. G. Schwab, 1, Bern 1839, 275.
2. Vgl. H. G. Wackernagel, Altes Volkstum d. Schweiz, Basel 1956.
3. Vgl. u.a. J.-P. Clébert, 49f; Golowin, Zigeuner-Geschichten, 1, Bern 1966, Nachwort: «Vergessene und neue Phantasien um rätselhaft Volk».
4. Die Strettlinger Chronik. Hrsg. v. J. Baechtold, Frauenfeld 1877, 159.
5. Kuenlin, 289.
6. G, 17, 228.
7. T. Odinga, Benedikt Gletting, Ein Berner Volksdichter des 16. Jahrhunderts, Bern 1891, 18.
8. S. Singer, Die mittelalterliche Literatur d. deutschen Schweiz, Frauenfeld 1930, 79; Vgl. H. Frölicher, T. v. Ringoltingens «Melusine»..., Solothurn 1889.
9. A. Mickiewicz, Les Slaves, Paris 1914, 294.
10. M. Lutz, in: Die Schweiz in ihren Ritterburgen..., 1, 414ff.
11. P, 4, 232f.
12. A. Tschudi, Chronicon helveticum, Hrsg. v. J. R. Iseli, 1, Basel 1734, 236.
13. A. Büchli, Sagen aus Graubünden, 1, Aarau o. J. 24ff.
14. H. Walser, Meister Hemmerli und seine Zeit, Zürich 1940, 253.
15. BT, 4, 13f.
16. L. Rütimeyer, Ur-Ethnographie d. Schweiz, Basel 1924, 364.
17. G. Bader, Die Hexenprozesse..., Diss. jur. Zürich 1945, 170.

Das faule Volk der Eidgenossen

1. RH, 250ff.
2. SD, 63.
3. SEL, 11.
4. A. Fluri, in: Blätter f. bernische Geschichte..., 20, Bern 1924, 248.
5. H. Löhrer, Die Schweiz im Spiegel englischer Literatur 1849–1875, Zürich 1952, 72.
6. J. C. Zellweger, Geschichte des Appenzellischen Volkes, 1, neu bearb., Trogen 1830, 4.
7. Vgl. R. Ramseier, Das altbernische Küherwesen, Bern 1961, 90 u. 217.
8. L. W. Medicus, Bemerkungen über die Alpwirtschaft..., Leipzig 1795, 51ff.
9. Vgl. K. Geiser, Land u. Leute bei J. Gotthelf, Bern 1897, 19.
10. W. Bodmer, Der Einfluss d. Refugianteneinwanderung... auf die schweizerische Wirtschaft, Zürich 1946, 147.
11. E. Lerch, in: Blätter f. bernische Geschichte..., 5, 1909, 313ff. Auch: M. Graf-Fuchs, Das Gewerbe u. sein Recht in d. Landschaft Bern bis 1798, Bern 1940, 181f.
12. F. Brun, Episoden aus Reisen durch das südliche Deutschland..., 1, Zürich 1806, 359.
13. P. Kälin, Die Aufklärung in Uri, Schwyz u. Unterwalden..., Diss. phil. Freiburg i. Ue. 1945, 141.
14. C. v. Grosse, Die Schweiz, 1, Halle 1791, 269.
15. M. Vollrath, Die Moral d. Fabeln im 13. u. 14. Jahrhundert, Diss. phil. Jena 1966, 82f.
16. J. Christinger, T. Bornhauser, Weinfelden 1898, 108f.

Die Politik der Fest-Freude

1. Vgl. u.a. schon J. N. Sepp, Die Religion der alten Deutschen, München 1890; H. Brunnhofer, Die schweizerische Heldensage, Bern 1910.
2. C. Lang, Historisch-theologischer Grund-Riss..., 1, Einsiedeln 1692, 786, auch 780.
3. Quellen zur Schweizer Geschichte, 1, Basel 1877, 221.
4. Vgl. A. Dütsch, J. H. Tschudi u. seine «Monatlichen Gespräche», Frauenfeld 1943, 197f.
5. E. L. Rochholz, Die Schweizerlegende vom Bruder Klaus..., Aarau 1875, 211.
6. A. Lütolf, Die Glaubensboten der Schweiz vor St. Gallus, Luzern 1871, 20.
7. F. Meisner, Reise durch das Berner Oberland..., Bern 1821, 86.
8. W. Rudeck, Geschichte d. öffentlichen Sittlichkeit..., 3. Aufl., Berlin 1905, 172.
9. Addrich, Bilder aus dem Volks-, Staats- u. Gerichtsleben des Kantons Bern..., Solothurn 1877, 3f.
10. T. Gantner, Der Festumzug, Basel 1970, 4.
11. Hans Schwarz, (Köniz), mündlich.
12. W. Näf, Deutschland u. die Schweiz..., Bern 1936, 75f.

Ur-Bild Tell

1. Vgl. QE, Abt. 3, Bd 2, Teil 1, 69ff.
2. Vgl. J. L. Ideler, Die Sage von dem Schuss des Tell, Berlin 1836, 75f.
3. RT, 302f; SI, 12, 1349 u. 1398ff.
4. Ideler, 3.

213

5. J. G. Keyssler, Neueste Reise..., 1, Hannover 1740, 174.
6. P. Reboulet et J. de Labrune, Voyage en Suisse..., 1, La Haye 1686, 116.
7. E. Pitawall, W. Tell, d. Befreier d. Schweiz, Berlin o. J., 475.
8. Vgl. QE, Abt. 3, Bd. 1, 15.
9. J. J. Grasser, Schweitzerisches Heldenbuch, Basel 1624, 59.
10. C. Girtanner, Vormaliger Zustand d. Schweiz, 1, Göttingen 1800, 266.

Gottesfreunde im Oberland

1. Vgl. A. Jundt, Rulman Merswin et l'ami de dieu de l'Oberland, Paris 1890.
2. SN, 210f.
3. SN, 230ff.
4. W. Rath, Der Gottesfreund vom Oberland, 2. Aufl., Stuttgart 1955, 7.
5. A. Lütolf, Der Gottesfreund im Oberland (Sonderdruck aus: Jahrbuch f. schweiz. Geschichte, 1), Zürich 1877, 11.
6. J. Baechtold, in: Allgemeine deutsche Biographie, 9, Leipzig 1879, 458.
7. Lütolf, Gottesfreund, 34.
8. H. A. Schmid, Die Entzauberung d. Welt in d. Schweizer Landeskunde, Basel 1942, 47.
9. SAV, 14, 1910, 215ff. Vgl. R. Brandstetter, R. Cysat (1545–1614)..., Luzern 1909.
10. A. N. Ammann, Tannhäuser im Venusberg, Zürich 1964, 68.
11. Ammann, 38f. u. 223f.
12. SI, 1, 916.
13. J. Kübler, in: Schweizerisches Deklamierbuch, Bern 1877, 233.
14. Dr. Otto Breiter (Bern), mündlich.
15. O. Zürcher, J. Baggesens Parthenais, Leipzig 1912, 104.
16. HH, 615.
17. J. J. Hottinger, Helvetische Kirchengeschichte, 1, Zürich 1708, 840; J. Olivier, Le canton de Vaud, 1, Lausanne 1938, 122.
18. Hottinger, 2, 591f.
19. J. Bois, Le satanisme et la magie, Paris 1895, 22ff.
20. H. Francke, Arnold v. Brescia..., Zürich 1825, 137.
21. Vgl. EF, 666f.
22. Francke, 140.
23. Francke, 179.
24. F. Humbel, U. Zwingli...im Spiegel d. gleichzeitigen schweiz. volkstüml. Literatur, Leipzig 1912, 287.
25. E. Müller, Geschichte d. bernischen Täufer, Frauenfeld 1895, 64.
26. E. Müller, 64; Schon Johannes Müller v. Schaffhausen nannte die Schweiz «von alters her» ein Land «geheimer Lehre und verborgener Gesellschaften». EF, 652.
27. F. Chabloz, Les sorcières neuchâteloises, Neuchâtel 1868, 372f.
28. H. Anneler, Lötschen, Bern 1917, 126.

Baden: Hauptstadt der Wollust

1. A. Martin, Deutsches Badewesen..., Jena 1906, 240ff.
2. D. Hess, Die Badenfahrt, Baden 1969, 90f.
3. Martin, 10f.
4. L. Reinhardt, Helvetien unter den Römern, Berlin 1924, 470ff.
5. Vgl. E. L. Rochholz, Drei alemannische Gaugöttinnen..., Leipzig 1870.
6. G. Züricher, Kinderlieder d. deutschen Schweiz, Basel 1926, 66ff.
7. Martin, 57ff.
8. B. Fricker, Geschichte d. Stadt und Bäder zu Baden, Aarau 1880, 431.
9. H. Mercier, Die Badenfahrten, Lausanne 1923, 13.
10. C. v. Grosse, Die Schweiz, 2, Halle 1791, 26.
11. Angeführt bei H. Forster, H. R. Rebmann..., Diss. phil. Zürich, Frauenfeld 1942, 53.
12. J. Grob, Epigramme. Hrsg. v. A. Lindqvist, Leipzig 1929, 154. Auch bei H. R. Grimm, Poetisches Lust-Wäldlein..., Bern 1703, 274ff. steht Mahnung, «die Wasserquellen und Bäder, nicht nur (!) zur Wollust» zu gebrauchen.
13. SD, 33.
14. H. R. Grimm, Neu vermehrte, und verbesserte Kleine Schweitzer-Cronica..., Basel 1796, 227. (Wörtlich übereinstimmend mit Auflagen von 1733 u. 1786!)
15. HB, 4, 1786, 243. Vgl. Grimm, Vom grossen Misch-Masch... Hrsg. v. Golowin, Zürich 1965, 135 u. 140.

Der heilige Bergler

1. L. Omlin, Bruder Klausen-Büchlein, Einsiedeln 1904, 51.
2. B. Lussy, Wunder- u. Tugendt-Stern, d. in dem schweitzerischen Alp-Gebürg entstanden, Luzern 1732, 37.
3. Lussy, 36.
4. Vgl. Muschg, Die Mystik in der Schweiz..., Frauenfeld 1935, 379.
5. D, 2, 708.
6. D, 2, 752.
7. Canisius, Beat des ersten Schweizer-

Apostels Leben u. Lehren, Neubearbeitung, Luzern 1851, 88.
8. G. Buchmüller, St. Beatenberg, Bern 1914, 30.
9. J. Ming, D. selige Eremite Nikolaus von Flüe, 3, Luzern 1871, 301.
10. D, 2, 612.
11. D, 2, 1071.
12. D, 1, 363f.
13. D, 2, 1071.
14. D, 1, 434f.
15. D, 1, 407.
16. D, 2, 979f.
17. F. J. Stalder, Versuch eines schweizerischen Idiotikon, 1, Basel 1806, 290f.
18. C. Lang, Historisch-theologischer Grund-Riss..., 1, Einsiedeln 1692, 863f.
19. D, 2, 984.
20. D, 1, 602.
21. Vgl. u. a. A. Vock, Der Bauernkrieg im Jahr 1653..., 3. Aufl., Aarau 1837, 545ff; L. Tobler, Schweizerische Volkslieder, 1, Frauenfeld 1882, 46ff; H. Mühlestein, Der grosse schweizerische Bauernkrieg, Celerina 1942, 43f.
21. Vgl. A. v. Tillier, Geschichte des eidgenössischen Freistaates Bern..., 5, Bern 1839, 149; LT, 34f.

Die Drohung der Kommunen

1. RH, 262f.
2. LB, 33f. u. 242.
3. E. Müller, Geschichte d. bernischen Täufer, Frauenfeld 1895, 54ff.
4. SD, 88.
5. J. F. Franz, Die schwärmerischen Gräuelszenen d. St. Galler Wiedertäufer..., Ebnat 1824, 37.
6. C. A. Bächtold, Die Schaffhauser Wiedertäufer..., Schaffhausen 1900, 23.
7. Archiv f. die schweiz. Reformations-Geschichte, 1, Freiburg Br. 1869, 23.
8. G. Strasser, in: Berner Beiträge zur Geschichte d. schweiz. Reformationskirchen. Hrsg. v. F. Nippold, Bern 1884, 216ff.
9. E. Müller, 37.
10. H. Nabholz, Die Bauernbewegung in d. Ostschweiz, Bülach 1898, 63f. Vgl. P. Peachey, Die soziale Herkunft d. Schweizer Täufer, Diss. phil. Zürich, Karlsruhe 1954, 62.
11. Peachey, 102.
12. A. Kyburz, Theologia naturalis..., Bern 1754, 18.
13. Archiv, 1, 1869, 22.
14. «Das gefiel besonders dem weiblichen Geschlecht, das denn alsbald ein völlig kindisches Wesen annahm.» Franz, 48. Vgl. J. Kessler, Sabbata, St. Gallen 1902, 140 bis 165.
15. Kessler, 152; Rütimeyer, Ur-Ethnographie, 170–206.
16. I. Betschart, T. Paracelsus, 2. Aufl., Einsiedeln 1949, 14ff.
17. E. L. Rochholz, Alemannisches Kinderlied..., Leipzig 1857, 244.
18. A. Henne, Das Dasein alteuropäischer... Bevölkerung..., Schaffhausen 1847, 3.
19. Henne, Allgemeine Geschichte, 1, Schaffhausen 1845, 22. Nach einem Volksglauben zieht «Muotes» Zug «quer über die Milchstrasse», HA, 6, 370f.
20. J. Turmair (Aventinus), Bayerische Chronik, Frankfurt 1580, 389. Vgl. R. Herrnstadt, Die Entdeckung d. Klassen, Berlin 1965, 73.
21. Vgl. LB, 223ff.
22. W. Fraenger, Altdeutsches Bilderbuch, Leipzig 1930, 100.
23. LB, 42ff.
24. J. J. Hottinger, Helvetische Kirchen-Geschichte, 2, Zürich 1708, 545.
25. LB, 39ff.
26. E. Bonjour, Wesen u. Werden d. schweiz. Demokratie, Basel 1939, 17; LB, 52.
27. F. Müller-Guggenbühl, W. Tell im Spiegel d. modernen Dichtung, Zürich 1950, 27f.
28. T. Leary, Politik d. Ekstase, Hamburg 1970, 171. Auch Leary u. Prof. Dr. R. Gelpke, mündlich.
29. Leary, in: In the Swiss Highlands. Hrsg. v. W. Zürcher, (Apero, 18) Gurtendorf 1972, 7.

Ruhestörer in der Hochschule – vor 444 Jahren

1. E. Bonjour, in: Ciba-Symposium, 6, Basel 1959, 227ff.
2. Vgl. C. Kiesewetter, Faust in d. Geschichte..., 1, Berlin 1921, 22ff. u. 218.
3. R. H. Blaser, Neue Erkenntnisse zur Basler Zeit des Paracelsus, Einsiedeln 1953, 23f.
4. D. Kerner, Paracelsus, Stuttgart 1965, 40.
5. Kerner, 30.
6. R. Wolf, Biographien zur Kulturgeschichte d. Schweiz, 3, Zürich 1860, 47.
7. Kerner, 28.
8. F. Strunz, Paracelsus, Leipzig 1924, 58f.
9. Wolf, 30f.
10. A. Bartscherer, Paracelsus... und Goethes Faust, Dortmund 1911, 323ff.
11. Bartscherer, 313ff.
12. P, 4, 325. Vgl. B. Whiteside/S. Hutin, Paracelse, Paris 1966, 104.

Bauernkrieg mit geistigen Mitteln

1. G. Eis, Vor u. nach Paracelsus, Stuttgart 1965, 147.
2. Vgl. E. Grabner, in: Antaios, 11, Stuttgart 1969, 385. (Nach: J. N. v. Alpenburg, Mythen u. Sagen Tirols, Zürich 1857, 306.)
3. W. Proskurjakow, Parazels, Moskau 1935, 115ff.
4. Vgl. J. J. Scheuchzer, Natur-Geschichten des Schweizerlands, 2, Zürich 1706, 194.
5. Scheuchzer, 1, 9.
6. G. Vogt, Im Gebirg..., Solothurn 1843, 183ff.
7. A. Dütsch, J. H. Tschudi..., Frauenfeld 1943, 206.
8. J. H. F. Ulrich, Über das Interessanteste d. Schweiz, 1, Leipzig 1777, 324f.
9. Vgl. u.a. O. Henne-Am Rhyn, Die deutsche Volkssage, 2. Aufl., Leipzig 1879, 477ff.
10. J. C. Heer, Vorarlberg u. Liechtenstein, Feldkirch 1906, 18.
11. SR, 19f u. 71.
12. Zschokke, nach: Berner Taschenbuch, 40, 1891, 246.
13. C. Widmer, in: Emmenthaler-Blatt, Nr. 34–41, Langnau 1856.
14. W. Vogt, Die Schweiz im Urteil..., Diss. phil. Zürich 1935, 52.
15. A. Kyburz, Das entdeckte Geheimnis d. Bosheit in d. Brüggler-Sekte, 1, Zürich 1753, 55.
16. H. M. Williams, Eindrücke..., Hrsg. v. E. Scherer, Sarnen 1919, 19f.
17. C. J. de Mayer, Voyage en Suisse, 2, Paris 1786, 135f.

Die Gesamtheit als Geschichts-Forscher

1. Vgl. E. Reibstein, Respublica Helvetiorum, Bern 1949, 26f.
2. K. Hirth, H. Bullingers Spiel..., Diss. phil. Marburg 1919, 26.
3. K. E. H. Müller, Die Chronik des Baseler Professors H. Mutius, Prenzlau 1882, 32.
4. J. H. F. Ulrich, Über das Interessanteste d. Schweiz, 1, Leipzig 1777, 249.
5. J. J. Hottinger, Helvetische Kirchen-Geschichte, 1, Zürich 1708, Vorrede.
6. G. F. Ochsenbein, Aus dem schweizerischen Volksleben des 15. Jahrhunderts..., Bern 1881, 97.
7. W. Morgenthaler, Bernisches Irrenwesen, Bern 1915, 37.
8. D, 2, 980.
9. O. Frei, Der Staat Bern, Zürich 1969, 19.

10. A. Streit, Geschichte des bernischen Bühnenwesens, 1, Bern 1873, 26.
11. S. Liberek, Fraternité d'armes polono-suisse, Rapperswil 1945, 42f.
12. R. Feller, Geschichte Berns, 2, Bern 1955, 617.
13. H. R. Grimm, Kleine Schweitzer Cronica..., Burgdorf 1723, Dedication.
14. A. Günther, Die alpenländische Gesellschaft, Jena 1930, 321f.
15. W. Näf, Deutschland u. die Schweiz..., 116.
16. J. Villain, Die Schweiz..., Leipzig 1969, 27.

Tells Wiedergeburten

1. LT, 15ff.
2. LT, 147.
3. LT, 45.
4. RT, 153.
5. RT, 133.
6. F. Wanzenried/P. Wyss, Trachten des Kantons Bern, Langnau 1944, 11.
7. Vgl. A. v. Haller, Fabius u. Cato, Bern 1774.
8. LT, 92.
9. F. Hemmerlin, De nobilitate... (um 1490), Kapitel 1. (Landesbibl. Bern); EF, 236.
10. W. B. Mönnich, in: Jahresbericht d. Handels-Gewerbschule..., Nürnberg 1840, 14.
11. Der Spiegel, Nr. 6, Hamburg 31. Jan. 1972, 108.
12. J. C. Weissenbach, Eydgnössisches Contrafeth..., Zu zweyten Mahl getruckt, Zug 1701, Actus 5, Scena 2.
13. W. Burgherr, J. Mahler, Bern 1925, 24ff.
14. F. K. v. Erlach, Die Volkslieder d. Deutschen, 2, Mannheim 1834, 339.
15. U. Hegner, Aufzeichnungen aus Winterthurs Revolutionstagen, Neujahrsblatt d. Stadtbibliothek... auf das Jahr 1901, Winterthur 1900, 17ff.
16. C. Wälti, Alpenklänge..., 2. Ausg., Thun 1844, 121.
17. T. Bornhauser, Lieder, Trogen 1832, 36.
18. Vgl. EF 39. Bei einer kleinen, selbstverständlich sehr vom Zufall abhängigen Umfrage (Bern 1970) nannten von 50 über Fünfzigjährigen 14 die Tellsage «für uns heute von grosser Bedeutung».
19. Apero (Untergrundzeitschrift), 18, Gurtendorf 1972, 30.

Gottes barockes Welt-Theater

1. Vgl. E. Merz, Tell im Drama..., Bern 1925.
2. O. Eberle, Barock in d. Schweiz, Einsiedeln 1930, 139.
3. J. C. Weissenbach, Auffnemmende Helvetia..., Luzern 1702, 139.
4. Weissenbach, Eydgnössisches Contrafeth...,... zu Zweyten mahl getruckt, Zug 1701, Actus V, Scena VII.
5. Vgl. H. R. Rebmann, Ein lustig und ernsthaft Poetisch Gastmahl, u. Gespräch zweyer Bergen..., Bern 1620.
6. O. v. Greyerz, Sprache, Dichtung..., Bern 1933, 11.
7. B. Geiser, J. L. Aberli, 1723–1786, Diss. phil. Bern, Belp 1929, 61.
8. Weissenbach, Helvetia, 3.
9. Weissenbach, Contrafeth, Actus V, Scena II.
10. Weissenbach, Helvetia, 126f.
11. Weissenbach, Helvetia, 63ff.
12. SD, 103.
13. Weissenbach, Helvetia, 6ff.
14. Weissenbach, Helvetia, 85.
15. H. J. Möser, Tönende Volksaltertümer, Berlin 1935, 77f.
16. S. Lucius, Das schweitzerische von Milch u. Honig fliessende Canaan, u. hocherhabene Berg-Land..., Bern 1731, 1.
17. Das vierte Lied. Von denen geistlichen u. leiblichen Vorteil, welche die Berg-Einwohner u. Alp-Leute vor allen andern Bewohnern der Erden haben, in: A. Kyburz, Theologia naturalis, Bern 1752, 39.
18. K. Spazier, Wanderungen durch die Schweiz, Gotha 1790, 264.
19. J. Jegerlehner, Sagen u. Märchen aus dem Oberwallis, Basel 1913, 93ff.
20. R. Hanhart, Appenzeller Bauernmalerei, Teufen 1959, Abbild. 47.
21. J. R. Wyss, Reise in das Berner Oberland, 2, Bern 1817, 427.
22. Dr. A. Brüschweiler (Thun), «über Oberländer Sektierer», mündlich.

Die Erleuchtung des Gemsjägers

1. Sammlung bernischer Biographien, 1, Bern 1884, 252ff.
2. P. Wernle, Der schweizerische Protestantismus im 18. Jahrhundert, 1, Tübingen 1923, 300ff.
3. C. Huber, Wohlriechendes Rosengärtlein... (ohne Titelblatt, um 1735 gedruckt, in der Stadt- u. Universitätsbibliothek Bern, unter: Rar. 325), 176.
4. Huber, 159.
5. Huber, 187.
6. Huber, 194.
7. Huber, 180.
8. Huber, 192.
9. J. A. Minnich, Alpenblumen, Luzern 1836, 14f.
10. J. J. Reithard, Gedichte, St. Gallen 1842, 97ff.
11. O. Eberhard, Die schönsten Sagen des Berner Oberlandes, Bern o. J., 82.
12. Huber, 200.
13. Huber, 198.
14. Huber, 202f.
15. Huber, 199.

Der schlechteste Untertan

1. J. Kessler, Sabbata, 198; LB, 50 u. 160.
2. Vgl. den unterhaltenden Versuch, sein Land «reinzuwaschen» und dafür die Graubünden benachbarten Bergamasker Hirten des Val Camonica für «Räuber» zu erklären, bei J. A. v. Sprecher, Geschichte d. Republik d. drei Bünde, 2, Chur 1875, 354ff.
3. E. Mottaz, in: Revue historique vaudoise, 10, Lausanne 1902, 22.
4. Vgl. u.a. A. Quiquerez, Histoire des troubles..., Delémont 1875.
5. Vgl. M. Schwander, Jura..., Basel 1971, 39ff.
6. Die Verordnung beginnt: «Wir Schultheiss und Rath der Republik Bern thun kund hiemit... Datum den 13. December 1785.»
7. PE, 141.
8. Vgl. V. Erard, X. Stockmar, Delémont 1968–1971.
9. J. Gotthelf jgr. (A. Bitter), Patrizierspiegel, 1, 2. Aufl., Basel 1854, 49f.

Der Soldat und seine Fee

1. Vgl. u.a. J. Olivier, Etudes d'histoire nationale: Davel, Lausanne 1842, 35ff.; Le major Davel, Lausanne 1723, 38ff.
2. EF, 89ff.
3. H. R. Grimm, Buch d. Natur, oder Planeten-Buch..., Burgdorf 1716, 59.
4. G. Bader, Hexenprozesse, 217.
5. C, 69f.
6. C, 90ff.
7. C, 195ff.
8. E. Mottaz, Dictionnaire historique... du canton de Vaud, 2, Lausanne 1921, 665.
9. G. Bohnenblust, Goethe in d. Schweiz, Frauenfeld 1932, 20.
10. P. H. Mallet, Monumens de la mythologie et de la poesie des Celtes, Kopenhagen 1756, 39.

11. A. Specker, Studien zur Alpenerzählung in d. deutschen Schweiz, Zürich 1920, 31f.
12. HB, 4, 507.

Geschäft mit dem Blut

1. SEL, 10.
2. SEL, 12.
3. E. Bonjour, Geschichte d. schweizerischen Neutralität, 1, Basel 1970, 93; A. Stanyan, An Account of Switzerland, London 1714, 144. Vgl. SEL, 102ff.
4. J. G. Ebel, 2, Gebirgsvölker, 265.
5. B. Hartmann, Beiträge zur Geschichte d. bündnerischen Kultur, Chur 1957, 228.
6. A. Jäger, Schweizerskizzen, Leipzig 1838, 79f.
7. H. M. Williams, Eindrücke... Hrsg. v. E. Scherer, Sarnen 1919, 68.
8. J. Amiet, Kulturgeschichtliche Bilder aus dem schweizerischen Volks- und Staatsleben..., St. Gallen 1862, 3ff.
9. D. F. de Merveilleux, Amusemens des bains de Bade en Suisse..., London 1739, 21f.
10. J. Simler, Von dem Regiment d. lobl. Eydgenossenschaft. Hrsg. v. H. J. Leu, Zürich 1722, 426.
11. Die Verarmung des Landvolkes im Canton Bern,... von einem Volksfreund, Bern 1825, 30f.
12. Jäger, 79f. «Werber mit roten, mit Gold reich besetzten Uniformen stehen (in Bern) an allen Ecken...» Jäger, 142.
13. Vgl. H. Fehr, Das Recht in den Sagen d. Schweiz, Frauenfeld 1955, 19.
14. Vgl. u.a. J. A. v. Sprecher, Kulturgeschichte, Neuausg., 294.
15. Emil Leutenegger (Burgdorf), nach Erzählung seines Grossvaters.
16. W. Oechsli, Geschichte d. Schweiz im 19. Jahrhundert, 2, Leipzig 1913, 412.
17. Bruno Schönlank (Zürich): «Nach Ausspruch eines alten Unternehmers aus dem Zürcher Oberland.» Ähnlich auch u.a. Maurice Schaerer (Bern), mündlich.

Der Krieger als Philosoph

1. Leider schlechte Abbildung davon in: Mosaik, 3, Zürich 15.1.1971, 13.
2. L'illustre paisan..., Lausanne 1754, 32f. (Die Moginié-Geschichte wurde schon 1751 im «Journal Helvétique» veröffentlicht.)
3. «Le culte de Brama, ou Wistnow...» Paisan, 228.
4. E. Mottaz, Dictionnaire historique... du canton de Vaud, 1, Lausanne 1914, 421.

5. A. Lätt, D. Anteil d. Schweizer an d. Eroberung Indiens, Zürich 1934 (Neujahrsblatt d. Feuerwerker-Gesellschaft), 15f.
6. Lätt, 29f. 1777 brachte z. B. auch Oberst H. Bonjour eine Bilderfolge mit ausführlicher Darstellung der Krischna-Legende nach seinem waadtländischen Landsitz von Vallamand.
7. HB, 2, 297; PE, 342.
8. PE, 235f.
9. Vgl. Engels (teilweise von orientalischen Mythen angeregte) Gedanken über Urbewohner der Erde und der andern Gestirne! PE, 237.
10. J. S. Wyttenbach, Reise durch die merkwürdigsten Alpen des Schweizerlandes, 1, 2. Aufl., Bern 1783, 50f.
11. K. V. v. Bonstetten, Schriften. Hrsg. v. F. Matthisson, Zürich 1793, 116.

Götter des Rokoko

1. Nach: Grand dictionnaire universel... Hrsg. v. P. Larousse, 6, Paris 1870, 657.
2. J. J. Rousseau, Œuvres complètes, 2, Paris 1961, 1099ff.
3. Rousseau, Isbrannye ssotschinenija, 1, Moskau 1961, 834.
4. A. Jansen, J. J. Rousseau als Musiker, Berlin 1884, 179.
5. R. Tischner/K. Bittel, Mesmer und sein Problem, Stuttgart 1941, 22.
6. Tischner, 137.
7. Tischner, 31.
8. K. Künstler, Ikonographie d. christlichen Kunst, 2, Freiburg i. Br. 1926, 525ff.
9. HA, 9 (Nachträge), 402.
10. SI. 4, 1757f.
11. F. K. v. Erlach, Die Volkslieder d. Deutschen, Mannheim 1834–1837.
12. K. Marx, Werke u. Schriften bis Anfang 1844, Bd. 1, Halbbd. 2, Berlin 1929, 92ff.
13. Vgl. A. Künzli, K. Marx, Wien 1966, 602.
14. W. Hamm, Die Schweiz, 1, Leipzig 1847, 3.
15. Vgl. Die frühen Sozialisten. Hrsg. v. F. Kool/W. Krause, Olten 1967, 18.

Ketzer des Industrialismus

1. E. Lerch, in: Blätter f. bern. Geschichte..., 5, Bern 1909, 313ff.
2. G. C. L. Schmidt, Der Schweizer Bauer im Zeitalter des Frühkapitalismus, 1, Bern 1932, 145.
3. Vgl. L. Stucki, Das heimliche Imperium, Bern 1968.

4. Vgl. O. Kunz, Barbara..., Vorwort v. R. Grimm, Luzern 1943.
5. H. Messikommer, Die Auferstehungssekte..., Zürich 1908, 21.
6. H. Rorschach, Gesammelte Aufsätze, Bern 1965, 212f.
7. Rorschach, 206.
8. Rorschach 212. Vgl. Hadorn, 245ff.
9. Rorschach, 211. Vgl. Muschg, Mystik, 71.
10. Messikommer, 58.

Der Kräuterarzt als Revolutionär

1. Realencyklopädie f. protest. Theologie u. Kirche. Hrsg. v. A. Hauck, 1, Leipzig 1896, 601ff.
2. J. Ziegler, Aktenmässige Nachrichten über die sogenannte Antonisekte..., in: BT, 3, Bern 1842, 73.
3. R. de Saussure, in: Archives de psychologie, 17, Genf 1918, 297.
4. Ziegler, 74f.
5. Saussure, 298.
6. Neu abgedruckt in: A. Unternährer, Hier ist der Herr..., Toffen 1917, 450ff.
7. G. Joss, Das Sektenwesen im Kanton Bern, Bern 1881, 42.
8. Unternährer, Seine Berufung... (ohne Ort, Neudruck von 1914), 6f. (Landesbibliothek Bern).
9. Unternährer, Berufung, 39.
10. Ziegler, 77.
11. Unternährer, Berufung, 88.
12. G. S. Lauterburg, in: Schweizerisches Prediger-Magazin, 2, Bern 1814, 326.
13. Unternährer, Herr, 562ff.
14. «Eden», Paradies, Lustgarten ist für die Antonianer ein zeitloser Zustand = «Freud, Wollust». Vgl. Unternährer, Register u. Erklärung d. fremden Sprachen..., Saanen 1902, 15.
15. Unternährer, Herr, 837.
16. Ziegler, 104.
17. Ziegler, 107.
18. Ziegler, 121.
19. Realencyklopädie, 1, 604.
20. Realencyklopädie, 10, 1901, 638f.
21. A. Kyburz, Das entdeckte Geheimnis d. Bosheit in d. Brüggler-Sekte, 1, Zürich 1753, 55.
22. In: BT, 1, 1841, 78.
23. Joss, 40f.
24. H. Messikommer, Die Auferstehungssekte..., Zürich 1908, 33f.
25. Ziegler, 79f.
26. J. C. Füssli, Neue... Kirchen- u. Ketzerhistorie..., 2, Frankfurt 1772, 6f.
27. Nach: Berner Zeitschrift f. Geschichte u. Heimatkunde, Bern 1944, 136f.
28. F. Bouterweck, Schweizerbriefe an Cäcilien, 1, Halle 1800, 354f.
29. T. F. Ehrmann, Neueste Kunde d. Schweiz u. Italiens, Prag 1809, 56.
30. Schwcizer Volksleben. Hrsg. v. H. Brockmann-Jerosch, 2, Erlenbach-Zürich 1931, 83ff.
31. Kyburz, 1, 40.
32. SI, 2, 1294f.
33. E. Benz, nach: A. Rosenberg, Der Christ u. die Erde, Olten 1953, 136f.

Gasthäuser der Demokraten

1. SR, 74.
2. SR, 22 u. 73f.
3. A. Hauser, Das eidgenössische Nationalbewusstsein, Zürich 1941, 56.
4. J. G. Heinzmann, Kleine Schweizerreise..., Basel 1797, 23f.
5. H. L. Lehmann, Über die Schweiz u. die Schweizer, 1, Berlin 1795, 95.
6. Die Schwalbe, ein Berner Volksbuch, 1, Bern 1853, 206ff.
7. P. Schenk, in: Berner Zeitschrift..., Bern 1948, 257f.
8. Vgl. H. R. Grimm, Vom grossen Mischmasch..., Zürich 1965 (Auswahl aus seinen Schriften!); Golowin, Berner Märit-Poeten, Bern 1969.
9. LB, 194f.
10. A. Hauser, D. Bockenkrieg, Der Aufstand des Zürcher Landvolkes im Jahre 1804, Diss. phil. Zürich 1938, 24.
11. E. A. Gessler, Die neue Schweiz in Bildern, Zürich 1935, 324.
12. F. Haag, Die Sturm- u. Drang-Periode d. bernischen Hochschule, Bern 1914, 146.
13. G, 20, 12.
14. L. Theiler, Bern 80, Bern 1970, 26ff. Vgl. Artmann/Bisinger, 122ff.
15. Die Weltwoche, 1793, Zürich 22. März 1968.

Mystischer Alpinismus

1. H.-B. de Saussure, Voyages dans les Alpes, 1, Neuchâtel 1779, Einleitung, 9.
2. K. V. v. Bonstetten (1782). Vgl. Ramseyer, 94ff.
3. O. Zürcher, Baggesens Parthenais, Leipzig 1912, 20ff.
4. Vgl. A. Baggesen, J. Baggesens Biographie, Kopenhagen 1843–1856.
5. Zürcher, 28.
6. Vgl. Zürcher, 103–108.
7. J. Siegen, Gletschermärchen... aus dem Lötschenthal, Bern o. J., 69.

8. H. Löhrer, Die Schweiz im Spiegel englischer Literatur 1849–1875, Zürich 1952, 25.
9. L. Stephen (1832–1904), Der Spielplatz Europas, Zürich 1942, 39.
10. J. Baggesen, Parthenais oder die Alpenreise, 1, Neue Aufl., Leipzig 1819, 27ff.
11. Baggesen, 2, 59ff.
12. Baggesen, 1, 35ff.
13. Baggesen, 2, 208ff.
14. Baggesen, Philosophischer Nachlass. Hrsg. v. C. A. R. Baggesen, 1, Zürich 1858, 83ff.
15. Bohnenblust, 105ff. Vgl. E. Rambert, Les Alpes suisses, 4, Basel 1871, 43–130.
16. M. Savi-Lopez, Alpensagen, Stuttgart 1893, 134f.
17. Vgl. u.a. A. Bartscherer, Paracelsus, Paracelsisten u. Goethes Faust, Dortmund 1911.
18. Bohnenblust, 35f.
19. M. Meyer-Salzmann, M. Schüppach..., Langnau 1965, 45.

Aufbruch nach Utopien

1. SEL, 262.
2. G. Vorberg, J. J. Rousseau, Lord Byron..., München 1923, 63ff.
3. P. Anderson, Over the Alps, London 1969, 161f.
4. H. W. Häusermann, The Genevese background..., London 1952, 6.
5. W. Ochsenbein, Die Aufnahme Lord Byrons in Deutschland..., Bern 1905, 15f.
6. J. Brauchli, Der englische Schauerroman um 1800..., Diss. phil. Zürich, Weida 1928, 77f.
7. P. J. Kämpfen, Eine Alpen-Kur, in: Das Schweizerhaus, Ein vaterländisch Taschenbuch..., 1, Bern 1871, 63.
8. Byron, In seinen Briefen... Hrsg. v. C. Gigon, Zürich 1963, 360.
9. Byron/Gigon, 356f.
10. SEL, 255ff.
11. Raoul-Rouchette, Lettres sur la Suisse, écrites en 1819, 1820 et 1821, 2, 4. Aufl., Paris 1828, 195.
12. Byron/Gigon, 333.
13. SEL, 271. Nach: H. Richter, P. B. Shelley, Weimar 1898, 187.
14. SEL, 286.
15. SEL, 43f. Vgl. F. Byse, Milton on the Continent, London 1903.
16. Vgl. u.a. S. Rossetti, Das Tessin im deutschen Schrifttum, Olten 1947, 123.

Vom Wirthaus-Poeten zum Zeitungsschreiber

1. Paul Lang (Basel), mündlich.
2. Raths-Manual von Burgdorf 1778 bis 1780, 3. Okt. 1778, 93f. (Burgerarchiv Burgdorf).
3. W. König (Dr. Bäri), Öppis Anders, Bern 1885, 46f.
4. Allgemeine Schweizer-Zeitung, 19, Bern 12.2.1839, 75.
5. Berner Taschenbuch 24/25, Bern 1876, 13f.
6. Vgl. Berner Zeitschrift..., 1946, 100ff.
7. D. Müslin, Bern wie es war..., Bern 1798, 24f.
8. PE, 66f.
9. U. Dürrenmatt, Schärmäusers Liederbuch, Buchsizeitungs-Poesie 1882–1884, Herzogenbuchsee 1884, 4.
10. J. Howald, U. Dürrenmatt u. seine Gedichte, 1, Meiringen 1926, 67.
11. U.a. Alfred Bangerter (Oberburg), Werner Boss (Burgdorf), mündlich.
12. C. Müller, Gotthelf u. die Ärzte, Bern 1959, 74f.
13. F. Huber-Renfer, in: Burgdorfer Jahrbuch, 18, 1951, 29f.
14. R. Hunziker, J. Gotthelf u. J. J. Reithard..., Zürich 1903, 51f.
15. Huber-Renfer, in: Burgdorfer Jahrbuch, 11, 1944, 48. Auch Huber-Renfer, mündlich.

Ur-Schweiz im 19. Jahrhundert

1. Christinger, Bornhauser, 17.
2. F. v. d. Hagen, Briefe in die Heimat, 1, Breslau 1818, 202.
3. G, 18, 39.
4. W. Näf, Deutschland..., 44.
5. T. Bornhauser, Ausgewählte Schriften, 3, Weinfelden 1898, 30.
6. Vgl. R. Weber, Die poetische Nationalliteratur..., 2, Glarus 1866.
7. C. Wälti, Blumen aus den Alpen, 2, Baden 1843, 221f.
8. Wälti, Alpenklänge u. Lawinendonner, 2. Aufl., Thun 1844, 172.
9. Christinger, 152.
10. Wälti, Sturmvogel u. Nachtigall, Bern 1850, 97f.
11. Weber, Nationalliteratur..., 2, 207f.
12. Christinger, 51.
13. Wälti, Dr. Steiger's Befreiung oder die Jesuiten in Luzern, Bern 1847, 79f.
14. Dr. Werner Kupferschmid (Burgdorf), nach Ausspruch seines Grossvaters!
15. Wälti, Sturmvogel, 93f.

16. Bornhauser, Lieder, Trogen 1832, 130f.
17. Wälti, Alpenklänge, 204f.
18. Wälti, Alpenklänge, 171.

Das Volksleben als Schauspiel

1. H. A. Berlepsch, Die Alpen..., vierte Aufl., Jena 1871, 473ff.
2. Berlepsch, 486ff.
3. Berlepsch, 490.
4. F. Niderberger, Sagen ... aus Unterwalden, 1, Sarnen 1909, 42.
5. R. J. Hodel, Vaterländisches Volkstheater..., Diss. phil. Bern 1915, 26f.
6. Berner-Tagebuch, 3, Bern 1799, 109ff.
7. Vgl. E. Robert, in: Die Schweiz, 1, Schaffhausen 1858, 64ff.
8. Neuer Berner Kalender, 1848, 33.
9. Golowin, Bern mit u. ohne Masken, (Bern untergrund, 1), Bern 1968, 29.
10. N. N. Jewreinow (1879–1953), in Paris mündlich; auch B. Schönlank (Zürich).

Soldaten ohne Uniform

1. Vgl. E. A. Gessler, Die neue Schweiz in Bildern, Zürich 1935, 322f.
2. Vgl. Gessler, Die alte Schweiz in Bildern, Zürich 1933, 264f.
3. G, 18 (Die drei Brüder), 15.
4. Im folgenden Auszug, hergestellt im «Diskussionskreis für Heimatkunde der Gegenwart» (Stadtbibliothek Burgdorf, 1958–1959), aus: F. v. Erlach, Wiedergeburt des eidgenössischen Wehrwesens, Gotha 1873. Vgl. auch: Erlach, Die Freiheitskriege kleiner Völker, Bern 1867.

Der geheime Weltkrieg

1. Vgl. Mss XXI b 361, 319 (Burgerbibliothek Bern). Vgl. Golowin, Bern mit u. ohne Masken, Bern 1968, 87ff.
2. Mss HH XX b 361, 311. Vgl. A. Streit, Geschichte, 2, 28f.
3. D. Frei, Das schweizerische Nationalbewusstsein, Zürich 1964, 103f.
4. E. Dürr, A. de Gobineau, in: Basler Zeitschrift f. Geschichte..., 25, Basel 1926, 137–272.
5. W. Juker, Bern, Bern 1964, 33. Vgl. Golowin, Masken, 89f.
6. Vgl. z.B. Aufregung im deutschen Bundestag über die «sozialistisch-kommunistische Literatur» des bernischen Verleger Jenni! H. G. Keller, Die politischen Verlagsanstalten in d. Schweiz 1840–1848, 84ff.

7. T. Rohmer, Deutschlands Beruf..., Zürich 1841, 138f.

Rassisten gegen «Bergleute»

1. E. Dürr, Gobineau, 137ff.
2. Vgl. A. de Gobineau, L'Essai sur l'inégalité des races humaines, Paris 1853 bis 1855.
3. T. Rohmer, Die vier Partien, Zürich 1844, 332.
4. A. Günther, 322.
5. Vgl. W. Daim, Der Mann, d. Hitler die Ideen gab, München 1958.
6. J. Lanz-Liebenfals, Bibeldokumente, 3, (Verlag P. Zillmann) Gross-Lichterfelde o. J. (um 1907), 40.
7. V. Macchioro, in: Politisch-Anthropologische Revue, 7, Leipzig 1908, 10.
8. C. Steding, Das Reich u. die Krankheit d. europäischen Kultur, Hamburg 1938, 236f.
9. Steding, 739f.
10. Steding, 435.

Schach allen Thronen: Bakunin und Co.

1. Literatura Schwejzarii, Moskau 1969, 354. Neudruck: N. M. Karamsin, Isbrannye ssotschinenija, 1, Moskau 1964.
2. Literatura, 404f.
3. W. Perzow, Majakowskij, Moskau 1951, 428f.
4. A. Strindberg, Schweizer Novellen, München 1920, 43f.
5. Literatura, 354.
6. Vgl. R. R. Bigler, Der libertäre Sozialismus in d. Westschweiz, Köln 1963.
7. Literatura, 36.
8. G. P. Dragunow, Schwejzarija, Moskau 1968, 84.
9. A. S, Kudrjawzew/L. L. Murawiewa/ I. I. Siwolap-Kaftanowa, Lenin w Schenewe, Moskau 1967, 5.
10. Z. Gussewa, Schwejzarskie zarissowki, Moskau 1960, 77.
11. M. Bakunin, Die Berner Bären..., Zürich 1970, 20 u. 5.
12. M. Pianzola, Lenin in d. Schweiz, Berlin 1956, 139.

Glücks-Alchimie der Gesellschaft

1. H. Faucherre, Umrisse einer genossenschaftlichen Ideengeschichte, 2, Basel 1927, 42ff.
2. Literatura Schwejzarii, Moskau 1969, 406.

3. C. Manuel, A. Bitzius, Berlin 1857, 131.
4. Faucherre, 2, 55ff.
5. J. J. Treichler, Verteidigungsrede des Chiridionius Bittersüss..., Zürich 1844, 45f.
6. Treichler, 50.
7. Treichler, 62f. Vgl. A. Streuli, J. J. Treichler, Zürich 1947, 39ff. Auch: J. J. Treichler, Frühschriften. Hrsg. v. A. Streuli, Zürich 1943, 64ff. u. 194ff.
8. Faucherre, 2, 63.
9. HBLS, 3, 779f.
10. G. Duttweiler, Überzeugungen und Einfälle, Zürich o. J., 146.

Sehnsucht nach Atlantis und Neu-Helvetien

1. E. Gruner, Die Arbeiter in der Schweiz..., Bern 1968, 89f.
2. In: BT, 1, 22.
3. G. Joss, Das Sektenwesen im Kanton Bern, Bern 1881, 44.
4. Gruner, 293f.
5. Vgl. u. a. W.Weitling, Das Evangelium eines armen Sünders, Bern 1845.
6. Gruner, 292.
7. Focus, 19, Zürich 1971, 36.
8. Die Leitartikel des Oberländer Anzeigers, 3, Thun 1853, 14f.
9. C. Wälti, Alpenklänge u. Lawinendonner, 2. Ausg., Thun 1844, 172f.
10. E. Neuenschwander, in: Schweizer Lehrerzeitung, 112, Zürich 1967, 1560. Vgl. R. Weber, Die poetische Nationalliteratur, 3, 1867, 665ff; A. G. Roth, Neues aus alten Papieren, Burgdorf 1969, 19ff.
11. J. Gotthelf, jgr. (A. Bitter), Der Patrizierspiegel, 1, 2. Aufl., Basel 1854, 138ff.
12. O. v. Greyerz, Von unsern Vätern, Bern 1912, 263.
13. R. Naville, in: Berner Zeitschrift f. Geschichte..., Bern 1952, 24.
14. S. Engel, Essai... quand et comment l'Amérique a-t-elle été peuplée..., Amsterdam 1767, 14.
15. B. Candrars, Gold, Zürich 1959, 19.
16. H. Lienhard, Californien..., Zürich 1898, 123 u. 225.
17. Vgl. Zeugnis v. G. M. Sandels (1843), nach: J. Dana, Sutter of California, New York 1934, 147.
18. Vgl. J. P. Zollinger, J. A. Sutter, 2. Aufl., Zürich 1938, 105ff.
19. Zollinger, 327.

Johanna Spyri im Untergrund

1. H. Weiss, Kurze Beschreibung der Schweiz, Zürich 1844, 11.
2. Vgl. C. Kohlrusch, Schweizerisches Sagenbuch, Leipzig 1854, 175ff.
3. SEL, 43f.
4. F.V.Schmid, Allgemeine Geschichte des Freistaates Uri, 1, Zug 1788, 86ff.
5. C. Wälti, Alpenklänge, 1844, 129ff.
6. T. Leary, Psychedelic Prayers, New York 1966, VI–17.
7. Leary, I–4.
8. Vgl. u.a. Encyclopedia Americana, internat. ed., 17, New York 1965, 575g.
9. K. Kerker, J. Spyris Jugendbuch «Heidi», Eine Analyse... (Hausarbeit, Pädagog. Hochschule Rheinland), Bonn 1966, 82.
10. Mündliche Gespräche, u. a. Hinweise Dr. F. Caspars (Jugendbuch-Institut, Zürich); auch Umfragen bei «Tagungen» der «Kritischen Untergrund-Schulen» (Bern / Basel 1969) und der «Bärglütli» (1971).
11. K. Doderer, Klassische Kinder- u. Jugendbücher, Weinheim 1969, 128.
12. Doderer, 126.
13. Diese eigenartige Ineinander-Entwicklung nordamerikanischer und mitteleuropäischer «Blumenkinder»-Bewegungen zeigt eine von jener Waldeck-Woche (im Hunsrück) angeregte «Kommunen-Dokumentation» – R. U. Kaiser, Fabrikbewohner, Düsseldorf 1970.

Der alte Mann und die Jugend

1. A. Minder, D. Sohn d. Heimatlosen, Burgdorf 1925, 5ff. Vgl. auch Minder, Korber-Chronik, Zürich 1947. (Zweite Auflage, Aarau 1963.)
2. E. Gruner, Die Arbeiter..., 32f.
3. Minder, Der Sohn, 8.
4. Golowin, Berner Märit-Poeten, Bern 1969, 139.
5. Vgl. H. Fankhauser, A. Minders Erbe, in: Burgdorfer Dichter-Begegnungen. Hrsg. v. S. Golowin, 2, Burgdorf 1967, 57ff. (Minders «Postillon»-Beiträge erschienen 1903–1906 unter «Albertus Magnus».)
6. Vgl. Golowin, Minder-Nachruf, in: Volksrecht, Nr. 300, Zürich 1965.
7. Vgl. Minder, in: Psychische Studien, 40, Leipzig 1913, 323ff. u. 382ff.
8. Heute im Besitz von Martin Schwander (Oberburg).
9. Golowin, Märit-Poeten, 126f.
10. Berner Tagwacht, Bern 18. 12. 1925.
11. Zum unmittelbaren Beitrag der kleinen Stadt zu schweizerischen Jugend-Bewegungen der ausgehenden 60er vgl.

u.a. O. Frei, Der Staat Bern, Brücke oder Riegel? (NZZ-Schriften zur Zeit, 10), Zürich 1969, 122ff. u. 140ff. Den Heimatkundlichen Arbeitsgruppen in der Stadtbibliothek Burgdorf (1958–1968), genau wie denen in der «Freien Schule» im Schloss Vallamand am Murtensee (1956–1960) und im «Berner Diskussionspodium» (seit 1962) verdankt auch der Verfasser die meisten Anregungen zu diesem Buch.

Bildnachweis

S. 6 Neujahrsblatt aus Zürich, Zürich 1812
S. 11 Ausschnitt aus einem volkstümlichen Stich zum Betruf-Text. (Zentralbibliothek Zürich)
S. 17 Federzeichnung, Urs Graf (Staatliche Kunstsammlungen und Museen Dessau)
S. 21 Aus: Harper's Weekly, 1876. (Zentralbibliothek Luzern)
S. 27 Aus: A. Cérésole, Légendes des Alpes vaudoises, Lausanne 1885
S. 29 Aus: Michael Stettler, Schodoler Chronik. Neuausgabe, Aarau 1943
S. 32 Federzeichnung, Albrecht Altdorfer, 1508. (Kupferstichkabinett der öffentlichen Kunstsammlung Basel)
S. 37 Federzeichnung, Niklaus Manuel Deutsch. (Öffentliche Kunstsammlung Basel)
S. 39 Federzeichnung, Urs Graf. (Staatliche Kunstsammlungen und Museen Dessau)
S. 41 Historischer Kalender, Bern 1863. (Landesbibliothek Bern)
S. 47 Aus: M. Stettler, Schodoler Chronik
S. 53 Historischer Kalender, Bern 1869
S. 55 Stich, Daniel Lindtmayer d.J., 1594. (Staatliche Kunsthalle Karlsruhe)
S. 57 Aus: M. Stettler, Schodoler Chronik
S. 61 Lithographie. (Zentralbibliothek Luzern)
S. 64 Stich. (Zentralbibliothek Zürich)
S. 71 Bildnis des Sektierers Kohler. Aus: Kyburz, Das entdeckte Geheimnis der Bosheit der Brüggler Secte I, Zürich 1753. (Landesbibliothek Bern)
S. 75 Holzschnitt. Aus: Stumpfsche Chronik, 1548.
S. 76 Aus: M. Stettler, Schodoler Chronik
S. 78 Aus: Das Blockbuch von Sankt Meinrad. Benziger-Verlag, Einsiedeln 1961
S. 85 Aus: A. Kyburz, Das entdeckte Geheimnis der Bosheit der Brüggler Secte II
S. 91 Stich. (Zentralbibliothek Zürich)
S. 95 Ausschnitt aus Stich «Der Platz von St. Peter in Basel». (Zentralbibliothek Luzern)
S. 99 Kleine Füllkachel vom Graf-Ofen, 1665. Aus: Zeitschrift für Schweizerische Archäologie und Kunstgeschichte, Band 19, Heft 2, Birkhäuser-Verlag, Basel 1959
S. 103 Stich. (La Suisse pittoresque: Zentralbibliothek Zürich)
S. 107 Aus: I. C. Weissenbach, Auffnemende Helvetia, Luzern 1702. (Landesbibliothek Bern)
S. 111 Ausschnitt aus Lithographie. (Zentralbibliothek Luzern)
S. 113 Lithographie von J. Feltman und G. Schilt, 1882. (Zentralbibliothek Luzern)
S. 114 Stich: Franzosen bei Arth 1798/99. Aus: Katalog Schweizer Kriegsdokumente 1656–1831
S. 121 Aus: A. Cérésole, Légendes
S. 123 Holzschnitte, Jos Murer. Aus: Konrad Gesners «De Chirurgia», Zürich 1555
S. 129 Ausschnitt aus Stich «Prospect auf die Mitte des Vierwaldstättersees, ab einem Hohen Berg». (Zentralbibliothek Luzern)
S. 133 Aus: J. Baggesen, Partenais I, Leipzig 1819
S. 137 Der neue Postillon Nr. 7, Zürich 1895. (Landesbibliothek Bern)
S. 143 Aus: A. Kyburz, Das entdeckte Geheimnis der Bosheit der Brüggler Secte III
S. 145 Stich, Joliot, 1834. (Zentralbibliothek Luzern)
S. 151 Aus: F. J. Hugi, Naturhistorische Alpenreise, Solothurn 1830
S. 155 Aus: J. Baggesen, Parthenais II
S. 159 Aus: Theo Gantner, Der Festumzug, Basel 1970
S. 163 Lithographie, F. N. König. (Graphische Sammlung, Landesbibliothek Bern)
S. 169 Lithographie, F. N. König. (Graphische Sammlung, Landesbibliothek Bern)

S. 171 Stich 1838. (Graphische Sammlung, Landesbibliothek Bern)
S. 175 Aus: M. Stettler, Schodoler Chronik
S. 177 Aus: T. Gantner, Der Festumzug
S. 181 Aus: J. Gotthelf, jgr., Patrizierspiegel 1, 2. Auflage, Basel 1854. (Landesbibliothek Bern)
S. 187 Der Postheiri Nr. 13, Solothurn 1847. (Landesbibliothek Bern)
S. 189 Lithographie. (Zentralbibliothek Luzern)
S. 195 Lithographie «Sur la Scheidek». (Zentralbibliothek Luzern)
S. 197 Radierung von Hans Olde. Friedrich Nietzsche (Nietzsche-Haus, Sils Maria)
S. 197 Johanna Spyri (1829–1901). (Johanna-Spyri-Institut Zürich)
S. 199 Aus: Weibel-Comtesse, Die Schweiz historisch, naturhistorisch und malerisch dargestellt, Neuenburg 1838
S. 203 Lithographie. (Zentralbibliothek Luzern)